KB059623

나는,
휴먼

나는,
휴먼

장애 운동가 주디스 휴먼 자서전

주디스 휴먼·크리스틴 조이너 지음

김채원·문영민 옮김

BEING
HEUMANN

으 ㅁ

사계절

주디스

나에게 무엇이든 할 수 있다는 믿음을 주고,

축복의 기억을 만들어준

어머니 일제 휴먼과 아버지 베르너 휴먼에게

어떤 세상을 만들어갈지 그 비전을 공유하고,

곁에서 함께 싸워준 동료 마르카 브리스토에게

○───────────────────○

크리스틴

내가 믿는 가치에 따라 진실하게 살아간다는 것은

어떤 의미인지 가르쳐준

나의 어머니와 아버지

로럴 워닉 조이너와 브라이언 조이너에게

　　내 책을 한국에 소개해준 박찬오, 김원영, 그리고 사
계절출판사에 감사드린다. 크리스틴 조이너와 함께 이 책을 쓰는
과정은 사랑이 넘치는 시간이었다. 많은 사람들이 내게 자서전
을 쓰라고 권했지만, 내 이야기가 흥미로울지 확신이 없었다. 흥
미롭게 읽을 사람들이 있겠다는 믿음이 생기자마자 나는 내 이야
기를 듣고, 함께 글을 쓰고, 책을 만들 사람이 필요하다는 것을 알
았다. 함께 일할 멋진 작가를 만난 것은 정말 큰 행운이었다. 크리
스틴과 내가 함께 이 프로젝트를 시작해 마침내 미국, 영국, 일본,
그리고 이제 한국에서 책이 출간되기까지는 여러 해가 걸렸다.

　　나는 장애인의 이야기를 읽고 배우는 일이 매우 중요하다고,
우리의 목소리가 더 많은 사람들에게 들려야 한다고 강력하게 믿
는다. 우리의 이야기는 우리가 가진 장애의 유형에 따라, 우리가
장애를 얻은 시기에 따라 매우 다양하다. 나는 생후 18개월에 소
아마비로 인해 장애를 갖게 되었다. 많은 사람들이 나이가 들면

서 장애를 얻게 된다. 우리 중 누군가는 눈에 보이는 장애를 가지고 있을 것이고, 또 다른 누군가는 눈에 보이지 않는 장애를 가지고 있을 것이다.

그러나 결국 우리 모두는 존중받기를 원한다. 사람들이 우리를 공동체의 의미 있는 구성원으로 바라보기를 원한다. 우리 대부분은 지역 사회 안에서 장애가 있는 혹은 없는 다른 사람들과 함께 살아가기를 바란다. 학교에, 대중교통 체계에, 주거와 고용 영역에, 그리고 식당, 호텔, 극장, 박물관 등 여가와 문화생활을 위한 장소에 통합integration되기를 원한다. 우리는 집에서, 지역 사회에서, 직장에서 우리가 필요한 활동 보조 서비스Personal Assistance Services(PAS)를 받기를 원한다. 우리 중 많은 사람들이 장벽을 경험했고, 지금도 계속해서 경험하고 있다. 이러한 장벽은 우리가 사회에 제공하는 가치를 제대로 인식하지 못하고, 우리의 가치를 제한하는 방해물을 놓는 정부와 지역 사회에서 비롯한다.

『나는, 휴먼』은 독자들에게 내가 누구이며, 무엇을 이루고 싶었는지 나 스스로 깨닫게 된 삶의 여러 순간들을 엿보게 해줄 것이다. 이 책은 내가 어떻게 점점 더 강하고 결단력 있는 사람이 되었는지, 우리 세계를 모두에게 더 나은 장소로 만들기 위해 다른 활동가들과 함께 일하는 것이 얼마나 값진 일인가를 어떻게 배웠는지에 관한 이야기이다.

나는 이 책을 통해 모든 나라와 지역의 독자들이 차별은, 그것이 누가 맞닥뜨린 차별이든 용납되어서는 안 된다는 것을 인식할 수 있기를 바란다. 우리는 함께 목소리를 높여 말해야 한다. 우리가 변화의 주체가 되어야 한다.

한국은 장애 인권 영역에서 국제적인 리더 역할을 해왔다. 자립생활센터 설립, 장애 인권을 위한 여러 사업에 장애인을 통합 inclusion하기 위한 투쟁, 유엔 장애인권리협약 비준 과정에서 보여준 리더십 등은 단지 몇 가지 예에 불과하다. 내 책이 우리를 둘러싼 장벽을 허물기 위해 분투하는 한국의 동료 장애인들의 목소리에 작은 힘을 실어줄 수 있다면 더없는 영광일 것이다.

– 2022년 2월, 주디

저는 오랫동안 제 이야기를 쓰겠다는 생각을 밀어내
왔습니다. 그때의 기억을 되살리는 것이 힘겨운 일임을 애써 부
인하지는 않겠지만 그 이유 때문만은 아니었습니다. 그보다는 이
모든 이야기가 저 혼자만의 이야기라고 생각하지 않았기 때문입
니다. 사는 동안 제가 이룬 일들은 결코 저 혼자서 해낸 것이 아니
었습니다. 어머니, 아버지, 형제, 학교 친구 또는 동료 활동가들이
서로 돕고, 경청하고, 웃으며 만들어낸 결과였습니다. 저는 이 모
든 과정에서 그들의 사랑과 지지가 항상 제 귓가에 속삭이고 있
다고 느꼈습니다. 제 이야기가 제가 그들을 기억하는 방식으로
그들을 빛낼 수 있기를 바랍니다. 사생활 보호를 위해 사람들의
이름과 특정한 세부 사항을 변경했고, 제 기억과 주변 사람들의
기억을 바탕으로 몇몇 상황을 재현했습니다.
　이제, 조심스럽게 저의 이야기를 공유하고자 합니다.
　들어주셔서 감사합니다.

나는 한 번도 장애가 없었으면 좋겠다고 생각한 적
이 없다. 나의 부모도 그런 생각을 하지 않았다고 확신한다. 부모
님에게 그에 대해 물어본 적은 없지만, 만약 내가 그런 질문을 했
더라도 부모님은 나에게 장애가 없었다면 우리 삶이 훨씬 더 나
았을 것이란 식의 대답은 하지 않았을 것이다. 부모님은 나의 장
애를 수용했고 묵묵히 앞으로 나아갔다. 그것이 바로 나의 부모
였다. 그들의 방식이었다. 부모님은 내가 소아마비에서 회복되었
을 때 의사의 조언을 따르지 않기로 결정했다. 당시 나는 걸을 수
없다는 것이 확실해진 상태였다. 30대가 되어서야 그때 의사가
했던 제안에 대해서 들었다.

"딸아이를 시설에 보내는 것이 좋겠습니다."

의사가 해준 조언이었다.

그 의사가 어떤 개인적인 감정을 가지고 한 말은 아니었다. 나
의 가족이 독일 이민자라는 것과도 상관이 없었다. 나쁜 의도도

아니었다. 그는 두 살짜리 아이를 시설에 보내는 것이 자기 앞에 있는 어린 부모가 할 수 있는 최선의 선택이라 믿었을 것이다.

1949년은 다양한 방식으로 시설에 보내는 것이 일반적인 시기였다. 부모가 시설에 있는 자녀를 방문하는 것조차 권장되지 않았다. 장애가 있는 아이를 양육하는 것은 경제적으로, 사회적으로 매우 힘든 일로 여겨졌다. 장애 자녀는 가족에게 커다란 상처였다. 사람들은 장애를 가진 아이가 있는 가정은 가족 구성원 중 누군가가 큰 잘못을 저질렀을 거라고 생각했다.

나는 부모님이 의사에게 어떻게 반응했는지 알지 못한다. 우리 가족은 이런 이야기를 거의 하지 않았기 때문이다. 하지만 나를 시설에 보내자는 말에 부모님은 분명 마음이 편치 않았을 것이다. 나의 어머니와 아버지는 홀로코스트에 의해 고아가 되었다. 그리고 10대에 미국으로 보내졌다. 히틀러가 정권을 잡을 무렵이었고, 상황이 점점 더 나빠져 사람들이 아이들의 안전을 걱정하기 시작했지만 그보다 더 악화될 줄은 몰랐다. 열네 살이었던 아버지는 브루클린으로 가서 삼촌과 함께 살았고, 운 좋게도 다른 형제 셋도 곧 미국으로 건너왔다. 외동이었던 어머니는 아는 사람 하나 없는 시카고에 가서 살아야 했다. 미국에 있던 어머니의 먼 친척이 독일의 어머니 가족을 방문해 상황이 악화되고 있다는 소식을 전했기 때문이다. 그 이야기를 들은 나의 조부모는 당신들의 외동딸을 그 먼 친척과 함께 떠나보냈다.

나는 가끔 어머니가 어떤 기분이었을지 상상해보곤 했다. 열두 살의 어느 날, 여태껏 한 번도 만난 적 없는 사람들이 집을 방문한다. 그리고 2주 후에 갑자기 독일을 떠나 시카고에서 그 낯선 사람들과 살게 된다면 어떤 기분일까. 어머니는 늘 가족이 다시 함께할 거라고 믿었다. 전쟁 중에도 돈을 모아 부모님을 모셔오겠다는 생각으로 열심히 일했다. 나중에 어머니는 부모님이 살해되었다는 것을 알게 되었다.

만약 내가 10년 일찍 태어나 독일에서 장애인으로 살아야 했다면 어땠을까? 독일 의사도 아마 시설로 보내라고 조언했을 것이다. 다른 점이 있다면 하얀 벽과 룸메이트가 있는 작은 방에서 간호사들이 먹여주는 음식을 먹고 자라는 대신 특별한 클리닉으로 보내졌을 것이고, 그곳에서 죽었을 것이다.

아우슈비츠와 다하우 이전에도 장애 어린이를 퇴출시키는 시설이 있었다. 후에 대량 학살로 이어질 히틀러의 시범 프로젝트는 먼저 장애 어린이를 대상으로 시작되었다. 의사들은 장애 자녀를 특별히 지정된 소아과에 보내라고 권했다. 그곳에서는 아이들을 고의로 굶기거나, 독극물 주사를 놓았다. 그 프로그램이 더 큰 아이들까지 포함하는 쪽으로 확대되자 의사들은 가스 주입 실험을 했다.

5000명의 아이들이 이 시설에서 살해되었다.

나치는 장애가 있는 사람들을 사회의 유전적, 재정적 짐으로 여겼다. 살 가치가 없는 생명이라 여겼다.

그래서 새로운 나라의 권위 있는 의사가 "우리가 당신의 딸을 데려가서 키우겠습니다"라고 말했을 때 부모님은 절대로 동의할 수 없었을 것이다. 그들은 가족이 뿔뿔이 흩어져 어떤 아이들은 먼 곳으로 보내지고, 어떤 아이들은 나라에 빼앗겨 영영 돌아오지 못한—이 모든 것은 체계적인 비인간화와 살인을 부추기는 캠페인의 일부였다—나라에서 왔기 때문이다.

나의 부모님은 딸이 장애인이든 아니든 함께 살기로 했다.

부모님은 완고하거나 권위에 무조건 반대하는 분들이 아니었다. 두 분은 사상가였다. 그들은 증오와 비인간성을 그대로 수용하는 사회에서 어떤 일이 일어나는지 잘 알고 있었다. 어머니와 아버지는 자신의 가치관에 따라 살아가는 용감한 사람들이었다. 그들은 단지 보고 싶지 않다는 이유로 나라 전체가 어떤 것을 보지 않기로 결정했을 때 무슨 일이 일어나는지 직접 경험했다. 결과적으로 부모님은 어떤 것도 보이는 그대로 받아들이지 않게 되었다. 어떤 것이 옳지 않다고 여겨진다면 반드시 그에 대해 질문해야 한다고 가르쳤다. 그것이 권위 있는 사람의 지시이든, 선생님이 수업 중에 한 말이든 말이다. 부모님은 과거 혹은 자신들에게 일어났던 일에 연연해하지 않았다.

그들은 과거를 잊는 것이 아니라 과거를 통해 배우려고 애썼다. 어머니 일제 휴먼과 아버지 베르너 휴먼은 앞을 향해 나아갔다. 특히 어머니 일제는 더욱 진취적인 사람이었다.

어머니 일제는 낙천주의자였고 투사였다.

그 딸인 나 역시도 그렇다.

우리가 샌프란시스코 연방 정부 건물을 점거했을 때나 뉴욕시 교육위원회와 싸울 때 내가 이 모든 것에 대해 생각하고 있었다고 말할 수는 없다. 이제 와 돌이켜 보니 이 모든 것이 한데 어우러져 나를 내가 되어야 할 사람으로 만들었다.

SIGN 504
ED HUMAN RIGHTS
ACCD

사진 주디스 휴먼 제공

차례

일러두기

- 서구의 장애학에서는 수어를 사용하고 농문화를 공유하는 이들을 '농인Deaf'으로 지칭하
  면서 청력의 손상이라는 생물학적 특성을 공유하는 사람들인 '청각장애인deaf'이나 '난청
  인hard of hearing'과 구분한다. 원서에서는 구분 없이 모두 'deaf'라고 쓰고 있어 한국어판에
  서는 포괄적인 의미의 '청각장애'로 번역하였다. 유사한 맥락에서 'blind'는 '시각장애'로
  번역하였다.
- 본문에서 고딕체로 표기한 단어나 어구는 원서에서 이탤릭체로 강조한 부분이다.

1부
────────

뉴욕 브루클린,
─────────────────

1953
          ────────

1장   나비

사람들은 내가 했던 일들이 세상을 변화시켰다고 이야기한다. 그러나 사실 나는 내가 어떤 사람이 될 거라고 단정하는 남들의 말을 받아들이지 않기로 했을 뿐이다. 그리고 나에게는 그 말들을 기꺼이 뒤엎을 의지가 있었다.

무엇보다 '나 홀로'가 아니라 '우리'였다는 말을 먼저 해야겠다. 세상을 바꾼 이야기는 어떤 것이든 항상 많은 사람이 함께 만든 이야기다. 그 이야기 안에는 많은 아이디어, 많은 논쟁, 많은 토론, 늦은 밤까지 계속된, 매우 효과적이었던, 결국 웃음으로 끝나곤 하던 많은 브레인스토밍, 많은 신념가들, 많은 우정, 많은 실패, 거의 포기나 다름없던 많은 순간들, 그리고 많고 많고 **많은** 사람들이 있다. 그렇다, 이것은 나의 이야기이다. 그러나 나는 수많은 사람 가운데 하나일 뿐이다. 나는 우리 곁을 떠난 영웅과 지금 살아 있는 영웅, 이 많은 영웅들이 제대로 평가받기를 원한다.

먼저 나의 부모님이 나를 시설에 보내지 않기로 결정한 뒤에 무슨 일이 일어났는지, 그러니까 나의 어린 시절에 대해 이야기할 것이다. 그래야 당신은 그때가 어떤 모습의 세상이었는지 이해할 수 있을 것이다. 우리가 샌프란시스코 연방 정부 건물을 점거하기 전, 사람들이 의회의사당 계단을 기어오르기 전, 구조적인 변화가 시작되기 전의 세상 말이다.

1953년에 나는 여섯 살이었다. 드와이트 D. 아이젠하워가 대통령이었고, 엘리자베스 테일러가 박스 오피스 스타였으며, 재키 로빈슨이 흑인 최초로 메이저리그 경기에 출전했고, 2차 세계대전이 끝난 지 이제 막 8년이 지난 해였다. 엘비스 프레슬리가 〈에드 설리번 쇼〉에 출연하기 3년 전이며, 다저스는 여전히 브루클린에 있었고, 많은 미국인들이 미국의 평화와 번영을 축하하며 700만 명의 베이비부머를 한창 만들어내던 시기였다. 그러나 보편적으로 느끼고 있던 번영에 비해 아프리카계 미국인, 라틴계 미국인 혹은 다른 소수자들처럼 2차 세계대전 이후의 풍요로움에서 배제된 사람들의 들끓는 불만은 분명하게 드러나지 않았다. 1953년 전국유색인종지위향상협회National Association for the Advancement of Colored People는 '브라운 대 토피카 교육위원회 소송Brown v. Board of Education of Topeka(미국 캔자스주 토피카에 사는 올리브 브라운은 자신의 여덟 살 딸이 흑인이라는 이유로 집에서 가까운 학교에 다니지 못하고 먼 거리의 흑인 전용 학교까지 걸어가야 하는 것에 분노해 토피카 교육위원회를 상대로 소송을 걸었다. 1954년 연방 대법원은 남부의 17개 주에서 백인과 유색 인종이 같은 공립학교에 다니지 못하게 해온 정책을 불법이라고 판결했다—옮긴이)'을 연방 대법원으로 올려 보내는 중이었고, 2년 후인 1955년에는 앨라배마주 몽고메리에서 로자 파크스가 버스에서 백인 승객에게 자리 양보를 거부하는 일이 일어났다.

당시 나의 부모님은 그들의 새로운 국가에서 벌어지는 사건들에 큰 관심을 보였고, 브루클린의 다른 이민자 이웃들과 함께 뉴스를 예의 주시했다. 나는 여섯 살이었기 때문에 국가적인 뉴스는 거의 이해할 수 없었지만, 나와 같은 사람들이 어떤 삶을 살았는지에 대해서는 여섯 살의 관점에서 많은 것을 이야기할 수 있다. 1949년 소아마비 대유행의 영향을 받은 4만 3000명가량의 미국 어린이 가운데 한 명이었던 나는 사지마비 장애가 있었다. 나에게는 미국 남부에서 분리를 상징하던 '오직 백인만Whites only'이라는 작은 표식이 붙어 있지는 않았지만, 내 삶 역시도 분리된 삶이나 마찬가지였다. 물론 나는 가족과 친구들의 애정이라는 보호막 속에서 성장했기 때문에 오랫동안 그 사실을 이해하지 못했다. 여섯 살의 나에게는 내가 살던 블록이 내 세계의 전부였고, 다른 세계에 가볼 여지는 없었다.

1953년 여름, 당신은 옆집에 사는 알린에게 가기 위해 수동 휠체어로 아주 경미한 경사가 있는 길을 내려가고 있는 나를 발견할 것이다. 알린의 집으로 가는 긴 여정은 어머니가 우리 집에서 인도로 이어지는 경사로로 나를 밀어주는 것으로 시작된다. 거기

서부터 나는 휠체어의 핸드림(수동 휠체어를 이용자가 직접 밀 때 잡는 바퀴의 손잡이 부분—옮긴이)을 잡고 조금씩 앞으로 나아간다. 내가 전동 휠체어를 가지게 된 것은 그로부터 15년이 지난 후의 일이다. 그 무렵 캐나다인 조지 클라인이 2차 세계대전에서 귀환하는 참전 용사들을 위해 전동 휠체어를 발명하고 있었지만, 대량 생산에 이르기까지는 4년을 더 기다려야 했다.

나는 어린 시절 겪은 소아마비로 팔에 힘이 거의 없었기 때문에 수동 휠체어를 움직이는 데 굉장한 노력을 기울여야 했다. 알린의 집에 갔다가 돌아오는 가장 좋은 방법은 두 집 사이의 도로에 있는 아주 낮은 경사를 통해서였다. 그 경사는 상상할 수 있는 가장 경미한 정도의 경사였다. 지나가는 보행자 누구도 그것이 경사도라는 것을 눈치 챌 수 없었을 것이다. 하지만 나는 그 꼭대기에 올라가면 반대편으로 쉽게 내려갈 수 있다는 것을 알았다. 인도를 따라 올라가니 주방 창문을 통해 라디오 소리가 들려왔다. 주방에서는 네 살배기 남동생 조이가 어머니, 그리고 또 다른 남동생 리키와 함께 시리얼을 먹고 있었다. 아버지는 당시 우리 집에서 운영하던 정육점으로 아침 일찍 출근한 뒤였다.

경사의 거의 꼭대기에서 마지막으로 아주 살짝만 더 올라가려고 숨을 참았을 때 뒤통수로 뜨거운 태양이 내리쬐었고 눈 위로는 머리카락이 흘러내렸다. 아무 생각 없이 머리카락을 넘기려고 바퀴에서 한 손을 뗐다. 양손이 안정적으로 잡고 있지 못하다 보니 휠체어는 미끄러져 원래의 자리로 굴러 내려갔다. 한숨을 쉬며 고개를 들고 희망을 품은 채 주위를 둘러보았다. 아이들이 아직 나오지 않았나? 나를 살짝 밀어줄 사람을 찾아보았다. 하지만 거리는 조용했다. 나는 심호흡을 하고, 고개를 숙이고, 다시 시작했다.

얼마 후였을까. 5분? 10분? 30분? 여섯 살 아이에게 시간은 다른 의미다. 나는 알린의 집 현관 앞에 도착해 문까지 올라가는 계단 세 개를 바라보았다. 내 원정에서 꽤나 곤란한 부분이었다. 휠체어를 타고는 계단을 올라가 알린의 집 초인종을 누를 수 없었다. 즉 내가 알린의 집 앞 보도에 앉아 나와서 놀아달라고 소리쳐야 한다는 뜻이었다.

나는 잠시 앉아 있었다. 알린의 집은 정면에서 보면 위층이 하얀 판자로 장식된 좁고 붉은 벽돌집이었고, 한쪽에 꽃이 피어 있는 직사각형 모양의 잔디밭이 있었다. 파란색 수국을 빼면 우리 집과 똑같았다. 차가 집 앞에 있다면 암스콕 집안 사람들이 집에 있다는 뜻이다. 운이 좋다면 누군가 나를 보러 나올 것이다. 우리 집 쪽을 다시 바라보았다. 삼촌은 아니지만 우리가 삼촌이라고 부르는 프랭크 삼촌의 목소리가 알린의 집 다른 쪽 옆의 볼스네 집에서 들려오기에 소리를 질러봤지만 역시나 아무도 나오지 않았다. 2층 침실 창문에 시선을 두고 알린의 그림자를 지켜보았다. 하얀 커튼이 바람에 살랑살랑 흔들렸다. 나는 마지막으로 한 번 더 거리를 둘러보며 놀러 나온 사람이 있는지 확인했다. 새가 짹짹거리다가 텅 빈 거리를 날아서 볼스네 집 지붕에 내려앉았다.

용기를 짜내어 소리쳤다.

"알리이이인, 나와서 나랑 놀자!"

부끄럽지만 기다렸다. 알린이나 알린의 부모님 혹은 동생들이 내 목소리를 들을 수 있을 정도로 크게 소리쳐야 했지만, 우리 블록 사람들이 모두 들을 정도로 큰 소리를 내고 싶지는 않았다.

아무도 없었다. 집 안에서는 어떤 인기척도 없었다. 나는 다시 조금 더 크게 소리쳤다.

"알린, 나와서 나랑 놀래?"

잠시 소리치던 걸 멈추고 알린의 집을 바라보았다. 여전히 아무도 없었다. 우리 블록 사람 모두가 내 목소리를 듣게 되리라는 걱정을 내려놓고 다시 외쳤다.

"알린!"

목청껏 크게 외쳤다.

"나와서 놀자고!"

"안녕, 주디!"

알린의 어머니가 문 앞으로 나왔다.

"알린 곧 나올 거야."

5분 후 알린이 현관문 앞에 나타났다. 녹색 체크무늬 드레스에 갈색 머리를 내리고, 팔 안쪽에 인형을 들고 있었다. 우리가 아이비 이모라고 부르던 알린의 어머니와 우리 어머니는 항상 드레스를 입혀주었다. 루스 이모라고 부르던, 친한 친구 메리의 어머니도 마찬가지였다. 알린은 세 계단을 뛰어내려 왔다.

"우리 뭐 하지?"

"메리랑 놀 수 있는지 물어보자."

내가 말했다. 알린이 내 휠체어를 밀어 3초 만에 메리의 집에 도착했고, 계단을 올라가 초인종을 누르고 메리와 놀 수 있는지 알아보았다. 루스 이모가 괜찮다고 말하자 금발머리를 포니테일로 묶은 메리가 손에 인형을 든 채 밖으로 나왔다. 메리와 알린은 나를 뒷마당으로 밀고 갔고, 우리는 큰 단풍나무 그늘 아래서 평소 좋아하던 인형놀이를 했다. 메리와 알린이 같은 거리에 사는 것은 내게 행운이었다. 길 사이의 경사가 어느 정도이든 나 혼자서는 휠체어로 인도에서 내려가 길을 건너서 반대편 인도로 올라갈 수 없었기 때문이다. 인도로 올라가는 연석은 내게 만리장성 쯤 되는 장벽이었다.

곧 그 블록에 사는 다른 아이들이 놀러 나오기 시작했다. 패치, 베스, 테디, 내 동생 조이, 메리의 동생 에디와 빌리, 알린의 동생 폴과 프랭키 오빠가 나왔다. 거리는 일방통행이었고, 길에 차는 거의 없었다.

그때 나는 휠체어를 타고 그 나이 또래 아이들의 놀이에 전부 참여하는 것을 당연하게 여겼다. 아이들도 내가 놀이를 할 수 없다고 생각하지 않았기 때문에 함께 놀 수 있는 방법을 찾아냈다. 줄넘기를 하거나 롤러스케이트를 탈 때도 마찬가지였다. 신발 위에 롤러스케이트를 올려놓고 휠체어로 스케이트를 타는 척하거나 줄넘기의 줄을 넘기거나, 아니면 다른 방법으로 함께 놀았다.

나는 그게 '다르다'라고 생각하지 않았다. 우리가 어린이였기 때문에 가능했던 일이라는 것을 이제는 안다. 어린이는 해결사다. 풀 수 있는 문제라고 생각하면 대부분의 일을 해결할 수 있다는 사실을 나는 아주 어린 시절에 배웠다.

부모님들이 집에 있는 토요일 밤, 가끔 야외에서 아버지들은 바비큐를 하고 어머니들은 수다를 떨며 피크닉 테이블을 차렸다. 우리는 그릴 위에서 익어가는 햄버거와 프랑크푸르트 소시지 냄새를 맡고는 음식이 준비되기를 간절히 기다리며 길에서 놀았다. 일요일이면 조이와 나는 히브리 주일학교에 갔다. 주일학교에 다녀온 다음에는 차를 타고 가서 리언 삼촌이나 코니아일랜드 근처 시게이트에 사는 앨프리드 삼촌과 사촌들을 만나 해변에 놀러 갔다. 뒷마당에 만들어둔 간이 수영장에서 수영을 하기도 했다.

곧 9월이 되었고, 여름 방학이 끝나고 학기가 시작됐다. 아침 공기는 쌀쌀했고 모든 것이 달라졌다. 9월에 메리와 두 남동생은 가톨릭 학교에 갔고, 알린과 알린의 동생, 내 동생 조이는 공립학교에 갔다. 나도 그 애들과 함께 학교에 가야 했지만 갈 수 없었다.

다섯 살 때 어머니가 나를 데리고 유치원에 등록하러 갔던 날을 기억한다. 어머니는 내게 예쁜 드레스를 입히고 휠체어를 밀어 유치원으로 갔다. 그리고 유치원 계단 위로 휠체어를 올려주었다. 하지만 원장은 내 입학을 거부했다.

"주디는 화재 위험 요인fire hazard이라고요."

충격을 받은 어머니에게 원장은 유치원에서 휠체어가 얼마나 위험한 장애물이 될 수 있는지 설명했다. 휠체어를 사용하는 아이들은 학교에 다닐 수 없었다. 나는 집에 머물러야 했다.

그날부터 나를 학교에 입학시키기 위한 어머니의 긴 싸움이 시작됐다. 아버지가 관여하지 않은 것은 아니었다. 아버지도 내 교육에 관심이 많았지만, 새벽 4시부터 저녁 7시까지 정육점에서 일을 해야 했다. 매일매일 싸워야 할 일들이 어머니 앞에 떨어졌다. 나는 그 일들이 내가 학교에 갈 수 있다는 징표라고 생각했다. 세상이 정말로 내가 학교에 가는 걸 원하지 않았다면 일제 휴먼을 내 어머니로 만들었을 리 없다. 일제 휴먼에게 불가능을 말하는 것 자체가 큰 실수였다.

처음에 어머니는 나를 지역의 유대교 정통 탈무드 학교 예시바 yeshiba에 입학시키려고 했다. 교장은 완곡하게 거절하려는 의도로 내가 히브리어를 충분히 배우면 입학할 수 있다고 이야기했지만, 솔직히 어머니는 그 대답을 거절로 받아들이지 않았을 것이다. 교장에게 "안 된다"라는 말을 듣지 않았기 때문이다. 어머니는 부정적인 대답을 들어도 긍정적으로 해석할 수 있는 아주 작은 단서에 귀를 기울였다. 어머니는 끈기의 화신이었다. 재미있는 건 다른 사람들이 어머니를 쉽게 과소평가했다는 것이다. 아버지는 어머니를 '작은 고추'라고 불렀다. 키가 5피트(약 152센티미터)도 채 되지 않았지만 어머니는 사람을 편안하게 하는 아름다운 미소를 가진 사람이었다. 의외의 모습을 보기 전까지는 그 내면의 강철 같은 단단함을 누구도 알아차리지 못할 것이다.

그래서 어머니는 교장의 제안이 납득할 만한 것이든 아니든 상관없이 내가 히브리어를 확실히 배울 수 있게 했다. 이스라엘 사람인 내 물리 치료사의 아내에게 히브리어 지도를 부탁했고, 몇 주간 매일 히브리어 선생님의 아파트에 나를 데려다주었다. 나중에 어머니는 농담처럼 내가 다른 학생보다 히브리어를 훨씬 잘했다고 말했다. 어머니가 전화를 걸어 주디가 히브리어를 배웠으니 여름이 끝날 때쯤 학교에 등록하고 싶다고 이야기했을 때 교장은 어머니가 자신의 말을 실제로 따랐다는 사실에 아마도 놀랐을 것이다. 그는 입학이 가능하다고 말했던 것을 번복했다.

"음, 아마 소용없을 것 같아요."

교장이 말했다. 어머니는 엎질러진 물에 슬퍼하지 않고 계속해서 나아갔다.

유대교 학교가 나를 거절한 지 얼마 지나지 않아서 뉴욕시 교육위원회가 어머니에게 전화를 걸어 내가 다닐 수 있는 프로그램을 설명하더니 와서 보라며 우리를 초대했다. 누구도 내가 통합 학교에 다닐 수 있을 거라 생각하지 않는다는 것을 어머니는 그제야 알게 되었다. 내 기억에 그 프로그램은 친구들이 말하던 학교의 모습과 전혀 비슷하지 않았다. 아이들은 책상에 앉아 있지 않았고 혼란스러워 보였다. 부모님은 프로그램 등록을 거절했다.

1학년이던 해의 몇 주가 지나고 교육위원회는 어머니에게 다시 전화를 걸어 내가 가정교육을 받을 자격이 있다고 말했다. 위원회는 캠프필드 선생님을 우리 집에 보냈다. 선생님은 일주일에 두 번, 하루는 한 시간, 다른 하루는 한 시간 반 동안 거실의 카드 테이블에서 나를 가르쳤다. 일주일에 두 시간 반으로 의미 있는 무언가를 배울 수 있다는 생각은 정말 터무니없었지만, 캠프필드 선생님은 좋은 사람이었고 나는 어머니가 아닌 다른 사람에게 배울 수 있어 좋았다. 부모님은 교재나 책 혹은 내 교육을 보충하기 위한 어떤 것도 받지 못했다. 확실히 가정교육은 어떤 측면으로도 조이나 다른 친구들이 받고 있는 것과 비교할 만한 수준은 아니었다.

하지만 나는 이 사실을 전혀 알지 못했다. 그냥 보통의 어린이였기 때문이다.

그리고 나는 행복한 어린이였다. 내가 아는 한 우리 블록의 가톨릭 가정 아이들은 가톨릭 학교에 다녔고, 개신교 가정 아이들과 내 남동생은 공립학교에 다녔으며, 나는 우리 집에서 '학교'에 다녔다. 우리 모두 서로 '다른' 학교에 다니고 있었다. 1953년 그해 조이가 유치원에 다니기 시작하고 나만 계속 집에 머물면서 이건 뭔가 정당하지 않은 것 같다는 막연한 느낌이 들었지만 말로는 표현할 수 없었다.

집에서 캠프필드 선생님이 내준 변변치 않은 과제를 하기도 했지만 내가 주로 한 일은 독서였다. 나는 읽고 또 읽었다. 오후에 동생이 하교하거나 친구들이 집에 놀러오면 밖에 나가 놀 시간이라는 것을 알았다. 그때부터 오후 과외 활동 시간이 될 때까지 놀곤 했다. 정규 학교 수업이 끝나고 나는 조이, 사촌들, 친구들과 함께 과외 활동에 참여했다. 일요일, 월요일, 목요일에는 히브리어 학교에, 화요일에는 스카우트에 갔고, 수요일에는 피아노를 치러 갔다. 오후 과외 활동에서 나는 유일하게 휠체어를 탄 사람이었지만 다른 아이들과 전혀 다르다고 느끼지 않았다. 가끔 휠체어로 계단을 거꾸로 올라가 브라우니단Brownies(일종의 걸스카우트―옮긴이)에 참석하거나, 히브리어 수업을 듣기 위해 엘리베이터를 타러 가는 길에 회당 뒤의 쓰레기를 통과해 뒤쪽 계단으로 내려갈 때 약간 불편하다고 느끼기는 했다. 어느 날 가엾은 우리 어머니가 내 휠체어를 뒤로 젖히다가 빗자루에 걸려 넘어지는 바람에 휠체어는 계단 아래로 튕겨 내려가고 나는 굴러 떨어져 입술이 찢어지는 일이 있었다. 하지만 우리 집에 있는 것 같은 경사로를 왜 그곳에는 두지 않는지 궁금해하는 것 말고는 그 문제를 깊게 생각하지 않았다. 일단 가야 할 곳에 도착하고 나면, 미술이나 공예를 하거나 히브리어를 공부하거나 다른 아이들과 함께 유대교 문화를 배우는 것은 더할 나위 없이 만족스러웠다.

모두가 학교에 가고 혼자 집에 머물게 되는 9월이 되기 전까지 나는 여름의 습한 공기를 마시며 길에서 놀았다. 9월이 되자 캠프필드 선생님이 손에 교재를 들고 다시 우리 집 문을 두드렸고, 히브리어 학교와 피아노 레슨, 브라우니단이 시작됐다. 나뭇잎의 색이 바뀌어 떨어지더니 곧 눈이 내려 길을 덮었다. 루스 이모, 아이비 이모, 그리고 스카우트의 리더이자 훗날 내 수학 선생님이 된 말람 부인이 어머니와 커피를 마시러 우리 집에 올 때도 있었다. 캠프필드 선생님의 '학교'에서 하교하고 알린, 메리, 패치, 베스, 테드와 밖에서 놀았다. 유대교 주일이면 우리는 유대교 회당에 갔다. 일요일에는 히브리어 주일학교에 갔고, 그 후에 이모, 삼촌, 사촌들을 만나러 가거나 박물관에 가곤 했다.

가끔 부모님이 연극이나 발레, 오페라 입장권을 사 오셨다. 아버지는 젊은 시절부터 문화생활을 굉장히 좋아해서 독일에 살 때 종종 이웃 마을 극장에 가려고 몇 마일을 걸어가 단지 공연을 보기 위해 전단지 돌리는 일을 하기도 했다. 아버지는 우리가 문화예술과 가까이 지내도록 해주었다. 버스나 기차에는 접근할 수 없었지만, 어머니와 아버지가 내 휠체어를 접어서 차 트렁크에 넣고 함께 갔다.

일요일에는 아버지가 정성껏 요리해주는 베이글, 훈제연어, 흰살 생선과 사탕, 달걀, 패스트라미(양념한 소고기를 훈제하여 차게 식힌 것—옮긴이)를 브런치로 맛있게 먹기도 했다. 식탁에 함께 앉아 있는 것이 지루했던 적은 한 번도 없다. 아버지는 토론거리를 들고 와서 우리를 논쟁하게 만드는 것을 좋아했다. 당시에 우리는 조간, 석간신문을 구독했고 아버지, 어머니, 남동생들과 나는 항상 신문, 잡지, 책을 읽었다. 우리 집에서 어떤 것에 대해 의견이 있다면 방어할 준비를 해야 했다. 우리는 논쟁하고, 토론하고, 정말 많이 웃어서 이웃들은 창밖에서 분명히 우리 목소리를 들었을 것이다. 곧 여름이 되고 방학이 시작되면, 다시 거리에서 노는 시간이 돌아올 것이다.

이런 시간 속에서 리키가 자라 걷기 시작했고, 조이는 1학년을 시작하는가 싶더니 이내 2학년이 되었고, 나는 일곱 살이었다가 곧 여덟 살이 되었다.

그때의 나날들을 색깔로 칠한다면, 밝은 분홍색과 라벤더 색을 쓸 것이다. 정복해야 할 턱과 계단이 있었고 학교는 나를 받아주지 않았지만, 나는 명랑하고 만족해하며 사는 아이였다.

우리가 사탕 가게에 갔던 그날까지만 해도 말이다.

화창하고 아름다운 날이었던 것 같지만 흐린 날이었을지도 모른다. 기억이 잘 나지 않는다. 알린이 내 휠체어를 밀어주었고, 사탕 가게에서 무엇을 살지, 그날 저녁에 무엇을 하고 싶은지 대화를 따라가고 있던 생각이 난다. 길모퉁이를 돌면 사탕을 살 수 있어 기뻤다. 나글러 박사의 벽돌집 앞에서 잠시 멈추었다가 길을 건넜다. 어머니의 병원 진료를 따라간 적이 있어 그 집이 나글러 박사 집이라는 사실을 알고 있었다. 알린은 휠체어를 돌려서 연석 밑으로 내리고는 다시 앞으로 밀어서 길을 건넜고, 반대편에 도착해서는 휠체어 아랫부분의 금속 막대를 발로 눌러 나와 휠체어를 뒤로 젖힌 다음 인도 위로 들어올렸다. 이때 아이들 몇몇이 반대편에서 우리를 향해 다가왔다. 아이들은 인도를 따라 천천히 걷고 있었다. 우리 옆을 지나치려고 할 때 알린이 내 휠체어를 옆으로 옮겨서 지나갈 공간을 만들어주었다. 우리는 그 아이들이 누구인지 몰랐고 우리 대화에 정신이 팔려 있어 별로 신경 쓰지 않았다. 그 아이들 중 하나가 갑자기 나를 돌아다보아서 깜짝 놀랐다. 한 남자아이가 내 앞에 서서 고개를 숙이고는 휠체어를 쳐다보았다.

"너 아프니?"

큰 소리로 내게 물었다. 무슨 말인지 몰라서 그 아이를 쳐다보았다.

"뭐라고?"

"너 아파?"

그 아이가 다시 끈질기게 물어보았다. 아이의 목소리가 크게 울렸다. 나는 그 말을 지우려고 머리를 흔들었다. 여전히 혼란스러웠지만 대답할 수 없었다.

"너 아프냐고."

그는 마치 내가 어린 아기인 양 천천히 물어보았다. 그 말이 머릿속에 울려 퍼지며 세상이 고요해졌다. 그 말 말고는 아무 소리도 들리지 않았다.

"너. 아프냐고. 아. 프. 니? 아. 파?"

나는 움츠러들었고 혼란으로 얼어붙어 어딘가로 숨어버리고 싶었다. 그 질문으로부터 숨을 수 있는 곳이라면 어디든. 그 아이는 끈질기게 나를 바라보고 있었다.

"너 아프냐고?"

그 아이가 거의 소리치듯이 물었다. 불현듯 나글러 박사의 집 앞이라는 사실이 생각났고, 나는 민망함에 얼굴이 빨개졌다.

그 아이는 내가 의사한테 간다고 생각한 걸까? 하지만 나글러 박사는 내 주치의가 아니라고. 분했다. 눈물을 참았다. 사람들 앞에서 울 수는 없었고, 울지 않을 것이었다. 나는 아픈 사람이 아니다. 말도 안 되는 소리였다. 내가 아픈 사람이 아니라는 걸 알고 있었다. 그렇지만 왜 그 아이는 내게 그렇게 물어본 걸까?

스스로에 대한 확신이 사라졌다. 나는 아픈 사람인가?

그 아이의 눈을 통해 나 자신을 보니 주변의 빛이 사라졌다. 마음 한구석에서 어두운 그림자가 떠올랐다. 이전까지 감추어두었던 말과 생각, 반쯤 흘려들었던 대화들이 스포트라이트 조명 아래로 뚝 떨어졌다.

조명이 번쩍 터지고 나서 인생의 모든 것의 의미가 뒤틀어졌다. 나는 이 학교에도 갈 수 없고, 저 학교에도 갈 수 없었다. 나는 이것도 할 수 없고, 저것도 할 수 없고, 계단을 걸어 올라갈 수도 없고, 문을 열 수도 없고, 길을 건너는 것조차 할 수 없었다.

나는 **달랐다**. 항상 그 사실을 알고 있었다. 하지만 그게 아니었다. 온 세상은 내가 아픈 사람이라고 생각했다. 아픈 사람은 집 안에서 침대에 누워 있다. 아픈 사람은 밖에서 놀지 않고, 학교에 가지도 않는다. 아무도 그들이 밖에서 놀거나, 어떤 무리의 일원이 되거나, 세상의 한 부분이 될 것이라고 기대하지 않는다.

사람들은 내가 세상의 한 부분이 될 것이라고 생각하지 **않았다**. 이 사실을 갑자기 깨달았다. 마치 그 사실이 내 몸 구석구석에 오래전부터 존재하던 것 같았다. 나 말고 다른 사람들은 이미 다 알고 있었다고 생각하니 구역질이 날 정도로 굴욕감을 느꼈다. 사람들이 나에게 계속 숨겼던 걸까? 부끄러움이 배 속 깊숙한 곳에 차가운 덩어리로 자리 잡고 있다가 팔다리로 퍼져 나가는 것을 느낄 수 있었다.

날씨가 맑았던가 흐렸던가. 모르겠다. 알린이 내 휠체어를 밀었고, 우리는 함께 가게에 가서 사탕을 사고 수다를 떨었다. 그리고 나비였던 나는 애벌레가 되었다.

그날 밤 가족에게 아무 말도 하지 않았다. 저녁 식사 시간에 동생들이 부모님과 큰 소리로 이야기를 나눌 때에도 나는 가만히 있었다. 저녁을 먹고 자러 들어갔다. 다음 날 아침에 일어나서 아침을 먹고 놀러 나갔다. 메리, 알린, 패치, 베스, 테드 등 블록의 모든 아이와 줄넘기를 하고 놀았다. 그러고 나서 아이들과 모여 앉아 평소에 이야기하던 것들에 대해 떠들었다. 월요일에 남동생은 학교에 갔고, 캠프필드 선생님이 집으로 왔고, 남동생이 하교를 한 뒤에 같이 히브리어 학교에 갔다. 목요일에는 피아노를 치고 브라우니단에 갔다. 모든 것이 똑같았지만 미묘하게 달랐다. 완전히 이해할 수 없고, 어떤 말로도 표현할 수 없었지만 무언가 달라졌다는 감정을 의식하게 되었다. 그날 이후로 그 어떤 것도 예전과 같지 않았다.

그 무렵 남동생과 함께 학교에 갈 수 없다는 것이 잘못된 논리임을 의식하게 되었다. 물론 학교에는 계단이 있지만, 내가 유대교 회당에 예배를 드리러 갈 때면 매번 아버지가 계단 두 개 위로 나를 들어서 올려주곤 했다. 학교에서는 매일 나를 들어서 계단 위로 올려주면 왜 안 되는 거지? 이해할 수 없었다. 평소 우리 블록에서 놀 때 문제를 해결하는 방식으로 쉽게 해결할 수 있는 문제인 것 같았다. 부모님이 나를 학교에 보내고 싶어 한다는 것은 알았지만, 두 분은 그 학군의 학교들이 내 입학을 거부하는 진짜 이유를 말해주지 않았다. 물론 나도 물어보지 않았다. 베일에 감추어진 어두운 주제인 것 같아서 나도 입을 다물고 있었다.

사탕 가게에 가는 길에 일어났던 사건 후 얼마 지나지 않아서 어머니는 마침내 나를 학교에 입학시키는 데 성공했다.

그리고 모든 것이 바뀌었다.

학교에 가게 된 첫날, 아침 일찍 일어났다. 아버지는 새벽 4~5시쯤 출근하기 전에 내게 행운을 빌며 굿모닝 키스를 해주었다. 아버지가 출근한 뒤로는 다시 잠을 이룰 수 없었다. 학교! 걱정과 흥분으로 가슴이 두근거렸다.

침대에 누워 몸을 가만히 두지 못하고 팔을 이리저리 움직이며 침실과 주방 사이의 접이식 칸막이 문을 바라보았다. 어머니가 옷을 입혀주러 들어오기를 바라면서. 7시에 버스가 올 때까지 기다릴 수 없을 것 같았다. 그러나 집은 너무 고요했다. 베개 쪽으로 몸을 다시 웅크리고 천장을 바라보며 숨을 내쉬었다. 어쩌면 엄마가 올지도 몰라. 눈을 감고 온 힘을 다해 집중하면서 어머니가 침실로 들어오는 모습을 그려보았다. 희망을 가지고 눈을 떴지만 아무도 없었다. 포기하고 다시 누워서 눈을 감았다. 나는 기다림에 익숙했다.

우리가 유대교 학교에서 입학을 거부당한 이후 3년 동안 어머니는 대안을 찾고 다른 부모들을 모았다. 우리 집은 돈이 많지 않았기 때문에 나를 위한 선택지는 공립학교나 적은 예산으로 입학할 수 있는 학교여야 했다. 어머니는 소아마비를 겪은 다른 아이들의 부모를 찾아다니고, 학교를 조사하고, 뉴욕시 교육위원회 사람들을 만나고, 들어주는 사람이라면 누구든 찾아가 이야기하고 정보를 알아냈다. 이 과정에서 우리 지역의 여러 학교에서 제공하는 장애 어린이를 위한 프로그램인 '건강보호 21 Health Conservation 21' 대기자 명단에 내 이름을 올렸다. 마침내 내 이름이 명단 1번에 오르자 평가를 받으러 오라는 요청이 왔고, 결국 학교에 가게 되었다. 미국에서 공립학교에 가기 위해 대기자 명단에 이름을 올리고 학교에 다닐 수 있는지 능력을 심사받는 일은 불법이어야 했지만, 교육위원회는 이를 묵인했다. 늦가을까지 심사가 열리지 않았기 때문에 나는 겨울이 되어서야 입학 허가를 받았고, 4학년이 절반쯤 지난 후에야 학교에 다니게 되었다. 아홉 살이던 해였다.

어머니는 등교 첫날 내게 꽃이 달린 분홍색 드레스를 입히려고 했다. 일어나 옷을 입는 것은 물론 생활에 필요한 모든 부분에서 어머니의 도움을 받았기 때문에 어머니가 고른 옷이 내가 입고 싶은 옷이 아닐 때 나는 불리한 입장이 되었다. 보통 때 같으면 어머니는 옷장에서 옷을 골라 꺼내놓은 다음 동생을 깨우러 갔지만, 이번만큼은 나에게 선택할 시간을 주었고 내가 입고 싶은 옷을 입게 해주었다. 나는 녹색 드레스를 골랐다.

우선 어머니는 내게 파란 타이츠를 입히고 신발을 신긴 다음 척추 코르셋이 달린 기다란 다리 보조기에 신발을 걸어주었다. 그런 다음 나를 일으켜 옷을 입히고는 목발을 건네주었다. 나는 침실 바로 오른쪽에 있는 화장실로 천천히 걸어갈 수 있었다. 그때까지만 해도 혼자서 화장실에 갈 수 있을 만큼 팔 힘이 충분히 있었다. 곧이어 어머니는 내 갈색 머리가 빛나도록 빗질을 해주었다. 나는 휠체어를 타고 식탁으로 갔고, 어머니는 조이가 일어났는지 확인하러 위층으로 뛰어갔다. 혼자 식탁에 앉아 시리얼을 한 숟가락 먹고, 라디오에서 흘러나오는 눈 이야기를 한 귀로 듣고 한 귀로 흘려보냈다.

드디어 내 또래 아이들과 함께 교실에서 수업을 듣는다. 늦게라도 다닐 수 있는 것이 못 다니는 것보다 낫다고 생각했다. 그릇에 담긴 콘플레이크를 쿡쿡 찔렀다. 학교에 다니는 것은 어떤 일일까? 긴장감으로 위장이 요동쳤다. 집을 떠나 학교에 가는 것 자체가 엄청난 변화였다. 몇 년간 동생과 친구들에게 수업과 학년에 대해 들어왔지만 실제로는 교실에 들어가 본 적도, 내가 몇 학년인지 들어본 적도 없었다. 나는 완전히 새로운 학교에서 4학년이 될 예정이었다.

'건강보호 21'은 장애 어린이만을 대상으로 하는 프로그램이었기 때문에 내가 아는 누구도 그 프로그램에 다니지 않을 것이었다. 그때는 그것이 무슨 뜻인지 알지 못했지만 말이다. 병원에서 우연히 장애가 있는 아이를 몇 명 만난 적은 있지만, 그들과 오래 시간을 같이 보낸 적은 없었다. 이런 사실을 떠올리며 시리얼을 조금씩 씹어 먹었다. 버스에 혼자 탄다니 떨렸다. 나는 버스에 타본 적이 없었다. 내가 아는 모든 버스에는 계단이 있는데 어떻게 탈 수 있을지 궁금했다. 어머니는 아침 7시경 버스가 우리 집에 올 것이며, 8시 반쯤 학교에 도착할 것 같다고 말해주었다. 학교는 차로 15분 거리에 있었기 때문에 어머니가 말해준 시간이 정확하다면 버스를 한 시간 반 동안 타는 것은 좀 이상한 일이라고 생각했다.

아침 식사를 포기하고 숟가락을 내려놓았다.

"엄마! 나 다 먹었어!"

더 이상 기다리지 못하고 소리쳤다. 책가방에 필통과 공책을 챙겨 넣고 싶었다.

창문 밖에 버스가 온 것을 보고 어머니가 집 앞으로 나갔다. 우리 집의 독일 양치기 개 럭키가 먼저 버스를 보고 짖기 시작했다. 버스가 우리 거리로 들어오자 어머니는 내 휠체어를 밀고 주방문 밖으로 나와 경사로를 따라 대문 밖으로 나왔다. 나는 손으로 핸드림을 밀어 이동을 도우려 했지만 날이 춥고 코트 자락이 방해가 되었다. 골목에 도착한 후 어머니는 이웃집 바깥으로 난 차도로 가서 그 길을 따라 버스가 기다리고 있는 거리로 나를 밀고 내려갔다. 버스 운전기사와 나중에 로이스라고 부르게 된 조수가 우리를 기다리는 동안 하늘에는 분홍색과 주황색 줄무늬가 드리웠다.

내 눈높이에서는 버스 창밖으로 나를 내려다보는 사람의 얼굴이 보였다. 운전기사가 휠체어를 리프트로 옮기는 동안 어머니는 내 옆에 서 있었다. 로이스가 버스 안에서 버튼을 눌러 나를 천천히 들어 올려주었다. 어머니는 내게 짧게 입맞춤을 하고는 내가 버스에 타자 손을 흔들었다.

"좋은 하루 보내라, 얘야!"

어머니가 말했다.

"학교 끝나고 여기서 기다리고 있을게."

그 말은 럭키도 집에 있을 거라는 뜻이라 위로가 되었다. 곧 운전기사는 버스 안으로 들어와 운전석 쪽으로 갔고, 로이스는 내 휠체어가 흔들리지 않도록 안전벨트를 매어주었다.

그때 나는 정말로 신이 났다. 휠체어가 들어가는 버스에 타다니! 버스가 천천히 움직이기 시작하자 로이스는 우리가 학교에 도착하기 전에 다른 학생들을 더 태울 거라고 설명했다. 로이스와 운전기사는 둘 다 친절한 사람이었다.

슬쩍 버스 안을 살펴보았다. 버스는 보통 크기였고, 휠체어가 여섯 대 들어갈 수 있는 공간이 있었다. 휠체어를 탄 다른 여학생이 나를 보고 미소 지었지만 말을 꺼내지는 않았다. 나는 평소 외향적인 아이였는데도 갑자기 부끄러웠다. 여러 명의 학생이 더

탔는데 그중 몇몇도 휠체어를 타고 있었다. 몇 정거장인지는 모르겠지만 한 시간 반이 지나고, 버스가 거대한 붉은 벽돌 건물이 있는 곳으로 올라갔다. 정문 앞에 'P.S. 219'라고 적혀 있었다. 공립학교Public School 219라는 뜻이었다. 4층 높이의 학교는 한 블록 전체를 차지하고 있었다. 휠체어 이용자가 탈 수 있는 버스 여러 대가 동시에 들어오는 중이었다.

건물 밖으로 아이들이 걷거나, 계단에 앉아 있거나, 구석에 삼삼오오 모여 있거나, 사방에서 학교로 오는 모습이 보였다. 여기가 내가 다닐 학교다! 행복하다는 생각이 들었다. 다른 학생들을 지켜보고 있자니 벨이 울렸다. 학교 밖에 있던 아이들이 건물 앞의 크고 넓은 문으로 몰려 들어갔다.

몇몇 어른이 서서 내가 탄 버스와 휠체어를 실을 수 있는 또 다른 버스가 주차하기를 기다렸다. 이들은 내가 학교에 오고 갈 때와 화장실에 갈 때 도움을 주고, 여러 치료 일정을 잡아주는 사람들이라는 것을 나중에 알게 되었다. 한 아이 다음에 다른 아이가 교정기나 클러치를 짚고 버스 계단을 내려가거나 리프트에서 내려서 학교로 들어가는 과정을 흥미롭게 지켜보았다. 드디어 내 차례였다. 우리를 기다리던 어른 한 사람이 내 이름을 묻고는 자신을 소개한 후 나를 교실로 데려다주었다.

교실 문 앞에서 다른 여성을 마주쳤다.

"네가 주디구나."

그 여성이 웃으며 말했다.

"내 이름은 파커란다. 너희 반 선생님이야."

파커 선생님은 나에게 셸리라고 소개한 아이와 같은 책상에 앉으라고 했다. 셸리는 버스에서 마주쳤던 여자아이 중 한 명으로 휠체어를 사용했다. 그리고 나는 그 애가 소아마비라는 것도 알게 되었다. 반에는 여덟아홉 명의 아이들이 있었고, 모두 휠체어를 타거나 교정기를 차고 있거나 아니면 둘 다였다. 아이들의 나이가 모두 다른 것 같아서 혼란스러웠다. 여기가 4학년인가? 학교에 가본 적은 없지만 학년이란 특정 나이대를 의미한다고 알고 있었다. 조이는 다섯 살에 유치원에 다니기 시작했고, 여섯 살에 1학년이었고, 일곱 살에 2학년이었다. 옆에 앉은 곱슬머리 남자아이는 내 또래인 것 같았지만, 구석에 앉은 갈색 포니테일 머리의 키 큰 여자아이는 적어도 열여섯 살이나 열일곱 살 정도는 되어 보였다.

과제가 쉬워서 마음이 놓였다. 파커 선생님은 아주 천천히 말했고, 그가 나누어준 과제물은 캠프필드 선생님과 했던 과제를 반복하는 것이나 다름없었다. 과제가 어려울까 봐 걱정했는데 순식간에 끝내버렸다. 주위의 아이들은 여전히 과제와 씨름하고 있었다. 나는 어떤 아이들이 무작위로 어디론가 불려 나간다는 사실을 알아차렸다.

그 아이들이 어디에 가는 것이냐고 물었더니 셸리가 작은 목소리로 "치료"라고 이야기해주었다. 그들은 물리 치료, 작업 치료, 언어 치료를 받고 있었다.

다른 학생들이 과제를 끝내는 동안 나는 책을 읽었다. 파커 선생님이 점심을 먹어야 하니 책을 치우라고 말했다. 우리는 다른 방으로 이동해서 작은 테이블에 모여 앉았다. 샌드위치를 먹으며 주위 아이들의 이야기를 조용히 들었다. 그들은 매우 우호적으로 말했고, 종종 누군가 내게 질문을 하기도 했다. 나는 여전히 너무나 수줍었다. 그 아이들이 밖에 나가서 놀 때 나는 위층에서 아이들이 쿵쿵거리는 발소리와 외치는 소리를 들었다. 그러나 그 가운데 한 사람도 직접 보지는 못했다. 그들이 누군지 궁금했다.

한 시간쯤 되는 점심시간이 끝난 후에 파커 선생님이 불을 끄더니 휴식 시간이라고 알려주었다. 나는 깜짝 놀랐다. 네 살 이후로 낮잠을 잔 적이 없었지만, 다른 학생들을 따라서 눈을 감고 휠체어에 조용히 앉아 있으려고 애썼다. 마침내 파커 선생님이 불을 켜고 다른 과제물을 내주어서 기뻤다. 과제물을 빨리 마치고 다시 책을 읽기 시작했다.

파커 선생님이 책을 툭 접으며 집으로 돌아가야 하니 책가방을 싸라고 할 때 마치 시간이 하나도 지나지 않은 것 같았다.

이것이 학교에 간 첫날의 이야기이다.

그 뒤로 나는 점점 더 편해졌고, 다양한 장애를 가진 반 아이들과 금방 친구가 되었다. 뇌성마비 장애가 있는 학생들은 점심시간에 도움이 필요했다. 직원들이 도움을 주기는 했지만 친구들 몇몇과 그들의 식사를 돕는 것이 즐거웠다. 내가 쓸모 있는 사람이라는 느낌이 정말 좋았다. 나는 그들이 선호하는 구체적인 방식에 귀를 기울이기 시작했다. 어떤 방법으로 먹고 싶을까? 얼마나 빨리 씹고 나서 다음 한 입을 먹기 위해 도움을 받고 싶을까? 언제 감자칩을 먹고 싶을까? 샌드위치를 먹기 전? 먹는 동안? 먹고 난 후? 구석에 앉아 있던 포니테일 머리의 키 큰 여자아이 조니 라파둘라는 내가 생각했던 것만큼이나 나이가 많았는데, 책을 잘 읽지 못했다. 역시나 나이가 많은 질 키르슈너도 마찬가지였다. 나는 두 사람이 좀 더 잘 읽을 수 있도록 돕기 시작했다.

우리는 모두 재미있게 놀고 많이 웃었다. 내 새로운 친구들은 다른 친구들만큼 또박또박 말하지는 못했지만, 우리는 친구 사이니까 기꺼이 시간을 들여 서로의 이야기를 들었다.

나는 곧 '위층 아이들'에 대해 더 많은 것을 알게 되었다. 그들은 우리 위층 학교에 다니는 장애가 없는 아이들이었다. 위층 아이들은 우리와 달랐다. P.S. 219에 다니는 보통 아이들이었다. 우리는 지하실에서 하는 '건강보호 21' 프로그램에 다니는 특수교육반 아이들이었다. 둘은 완전히 분리되어 있었고, 당시에는 그 사실을 잘 몰랐지만 하루일과도 완전히 달랐다.

우선 위층에 있는 아이들은 우리보다 훨씬 더 긴 시간 학교에 머물렀다. 그 아이들은 아침 8시 반부터 오후 3시까지, 여섯 시간 정도 학교에 머무르며 지도를 받는 정규 교육과정으로 배우고 있었다. 초등학교에서 중학교로, 고등학교로, 이상적으로는 대학교로 진학할 수 있도록 구성된 양질의 교육과정이었다. 또한 위층에 있는 아이들이 다니는 학교는 의무교육이었다. 학교는 사회의 이익을 위해 아이들에게 지식과 기술, 가치를 전달하는 공간이다. 미국에서 학교 교육은 매우 중요하다고 여겨져 1918년 이후 의무화되었다. 이는 우리를 제외하고 모두에게 적용되는 사실이었다.

선생님도, 교장 선생님도, 뉴욕시 교육위원회도, 그 누구도 특수교육반 아이들이 공부하기를 기대하지 않았다. 사람들은 우리가 초등학교에서 중학교, 고등학교, 대학교로 진학하리라 기대하지 않았다. 우리는 스물한 살이 될 때까지 '건강보호 21' 프로그램에 다니다가 스물한 살이 되면 보호 작업장sheltered workshop에 들어가게 되어 있었다.

우리 반 아이들은 아홉 살부터 스물한 살까지 다양했다. 갈색 포니테일 머리의 조니 라파둘라, 키가 큰 질 키르슈너와 우리 모두는 점심시간 이후에 의무적으로 휴식을 취해야 했다. 물리 치료, 작업 치료, 언어 치료가 수업 시간 중에 진행된다는 것을 감안하면 우리가 교육을 받는 시간은 하루에 세 시간 미만으로 더 줄어들었다. 열여덟 살인 조니와 열아홉 살인 질이 책 읽는 법을 잘 모를 수밖에 없는 이유 중 하나였다.

우리는 미국 교육 시스템에 참여할 필요가 없었을 뿐 아니라, 실제로 교육에서 배제되어 지하실에 숨겨져 있었다.

하지만 아홉 살 꼬마의 눈에 '건강보호 21' 프로그램은 완전히 새로운 세계였다. 더 이상 매일 집에 혼자 앉아 있지 않아도 된다는 것이 정말 행복했다.

내가 학교에 입학한 시기에 상황이 바뀌기 시작했다. 장애 자녀에 대한 부모의 기대가 현실에 도전하고 있었다. 이 프로그램에 참여한 학생의 부모 중 우리 부모님과 비슷한 사람들, 자녀가 학교를 마치고 대학에 가고 직업을 갖게 되기를 기대하는 부모들이 있었다. 아버지와 어머니는 '건강보호 21' 프로그램에서는 아무것도 배울 수 없다며 걱정했다. 특히 나는 이미 고등학교 수준의 책을 읽고 있었고 분명히 학문적 도전이 필요했다. 하지만 부모님은 내가 학교에 가지 않는 것보다는 '건강보호 21' 프로그램에라도 가는 것이 낫다고 판단했다.

나와 내 친구들은 학교에 다니는 것이 기쁘기는 했지만 동시에 무시당하는 느낌, 우리가 배울 수 없는 존재이자 이 사회와 아무 관련 없는 존재로 분류당한다는 것을 인식하게 되었다. 그동안 몰래 품어왔지만 말로는 표현할 수 없었던 묵은 감정을 처음으로 표현했다. 사람들이 나를 빤히 응시할 때의 불편함, 옷장에 갈 수 없어서 내가 입고 싶은 옷이 아니라 엄마가 골라주는 옷을 입어야 하는 답답함을 털어놓았다. 새로운 친구들이 나와 같은 생각을 하고 있다는 것은 내게 굉장한 발견이었다. 우리는 왜 위층 아이들과 다른 대우를 받아야 하는지를 이해하려고 몇 시간이나 노력했다. 우리가 무엇인가를 배울 수 있는 시간을 빼앗을 뿐인 휴식 시간에 대해, 왜 휴식 시간을 가져야 하는지에 대해 토론했다.

의도치 않았지만 우리가 '건강보호 21'에서 함께 보낸 날들은 배제와 맞닥뜨리며 연대하는 시간이었고, 훗날 우리의 성공에 가장 중요한 요소가 될 어떤 것을 우리에게 가르쳐주었다. 사회는 우리에게 정반대의 이야기를 했지만 우리 모두는 각자가 세상에 기여할 수 있는 어떤 것을 가지고 있다는 사실을 배워가는 중이었다. 스티브는 기가 막힌 농담을 하는 사람이었고, 닐은 수학을 잘했다. 낸시는 아름다운 미소와 강한 정신력을 가진 다정한 친구였다. 우리는 비슷한 목표를 공유했고, 비슷한 투쟁을 경험했으며, 계속해서 성장해나가며 미래에 우리의 삶이 우리가 원하는 모습대로 되기를 꿈꾸며 서로를 지지하게 될 것이었다.

그때 우리가 배우기 시작한 모든 것을 오늘날에는 장애 문화라고 부른다는 것을 이제는 안다. '장애 문화'는 실은 생김새, 생각, 믿음, 행동이 다르다고 누군가를 무시하지 않고 모든 사람의 인간성을 존중하도록 배우는 문화를 가리키는 용어이지만 말이다. 마치 불교의 가르침이나 아이들의 문화와 같다. 다른 내용을 교육받기 전까지는 아이들이 자연스럽게 하던 일들 말이다. 천천히 경청하고 서로의 참모습을 들여다보기. 질문하기. 연결하기. 재미있게 노는 방법을 찾기. 배우기.

금요일 방과 후에 새로운 친구인 프리다, 린다와 함께 놀게 되었다. 린다는 근육위축증을 가진 유대인이었다. 우리는 함께 모여서 몇 시간이고 끝도 없이 떠들곤 했다. 하지만 우리가 가장 강하게 연결되어 있다고 느끼는 건 프리다와 함께일 때였다. 프리다는 나보다 한두 살 어렸지만 나이는 전혀 문제가 되지 않았다. 프리다는 정말 똑똑하고 자기 생각을 잘 표현하는 아이였고, 우리는 모든 것에 대해 이야기를 나누었다. 프리다의 부모님도 유대인이었고, 홀로코스트 생존자였다. 프리다 가족은 전쟁 기간 동안 폴란드에서 하수구에 숨어 살았다. 그 후로는 브루클린에 살고 있었다. 아버지는 노동조합에 속해 있었고 사회주의자였다. 집에서는 온 가족이 이디시어로 이야기했다. 하루는 프리다와 내가 휠체어를 타고 보도를 지나가는데 늘 그렇듯이 사람들이 우리를 쳐다보았다. 우리는 평소처럼 그들을 무시하는 대신 돌아서서 이야기했다.

"차라리 사진을 찍으세요. 그게 더 오래 남을걸요?"

우리는 이렇게 말하고 낄낄대며 헤어졌다.

지금 돌이켜 보면 사탕 가게 사건으로 더 이상 내가 그 블록에 속한 사람이 아니라는 느낌이 든 이후에 만약 학교에 다니지 않았다면 어떤 일이 일어났을지 모르겠다. 프리다와 나는 분리되고 배제되었으며, 부모님들만이 우리에게 어떤 것을 기대했을 뿐이다. 하지만 우리는 서로를 찾아냈다.

'건강보호 21' 프로그램을 시작한 여름에 나는 장애 어린이를 위한 여름 캠프에 갔다. 어머니가 다른 장애 어린이의 어머니에게 오크허스트 캠프Camp Oakhurst(1906년에 설립된 뉴저지 해안 근처의 여름 캠프로 장애인과 그 가족에게 다양한 활동 프로그램과 휴식을 제공한다—옮긴이)에 대해 들은 뒤 부모님은 나를 캠프에 보내기로 결정했다. 나와 캠프가 이후 10년간 이어갈 인연의 시작이었다.

캠프에 대한 가장 오랜 기억 중 하나는 연극에서 내가 피터 팬

역할을 맡은 일이다. 초록색 모자에 초록 부츠가 내 의상이었다. 사라는 웬디였다. 사라는 뇌성마비 장애가 있었기 때문에 대사를 길고 정성스럽게 늘어뜨려 최선을 다해 또박또박 전달했다. 사라가 완벽한 웬디로 변신한 덕분에 대사에 시간이 얼마나 걸리는지는 아무도 신경 쓰지 않았다. 준은 다리 교정기와 클러치를 짚는 개구쟁이 요정 팅커벨이었다. 피터 팬을 맡은 내가 크고 아름답게 노래를 부르자 캠프 전체가 조용한 가운데 내 노래를 들었다. 내 노래는 어린 시절과 자립과 자유에 대한 애정을 담은 것이었다. 자립을 소중히 여기는 피터 팬의 마음을 내 마음속 깊이 느꼈다. 나 역시 같은 감정을 가지고 있었고, 이는 내가 처음으로 느껴본 새로운 감정이었기 때문이다.

캠프에서 우리는 처음으로 자유를 맛보았다. 부모가 옷을 입혀주고, 우리가 입을 옷과 먹을 음식을 골라주는 것, 친구들의 집에 갈 때 차를 태워주는 것……. 캠프는 이러한 것들에서 자유로운 공간이었다. 비장애인 친구들은 자라나며 자연스럽게 벗어나게 되지만, 접근 불가능한 세상에서 우리는 할 수 없었던 일들이다. 우리는 부모를 너무나 사랑했지만, 또한 그들에게서 벗어나는 자유를 만끽했다.

캠프에서 첫 남자 친구를 사귀었다. 이름은 에스테반, 푸에르토리코 출신이었다. 그는 근육위축증이 있었고, 나처럼 휠체어를 탔지만 혼자 휠체어를 밀지는 못했다. 다른 사람이 우리 둘의 휠체어를 밀어주었다. 그는 부스스한 갈색 곱슬머리를 가진 사람이었다. 우리는 함께 이야기하는 것을 좋아했다. 영화를 보던 날 밤 그가 무릎에 놓인 내 손을 잡아주었고, 손을 잡은 채로 함께 앉아서 영화를 보았다.

우리가 느꼈던 자유는 단순히 부모로부터의 자유가 아니라, 삶에서 일상적인 도움을 받지 않아도 되는 자유였다. 우리는 캠프 밖 삶에서 끊임없이 우리를 따라다니던 감정, 누군가의 짐이라는 감정을 느끼지 않아도 되는 자유에 도취해 있었다.

여름에 어머니는 나를 성경학교에 등록했다. 유대교 어린이에게는 좀 이상한 일이었지만 성경학교는 다른 아이들과 나를 연결하는 교육 활동, 내가 학교에 가기 전까지 어머니가 끊임없이 찾아다니던 그런 활동이었다. 성경학교에서 나는 노래를 부르고 게임을 하고, 여름의 성경학교 프로그램에서 할 수 있는 모든 것을 다 했다. 내가 좋아하고 즐기는 활동이었다. 그러나 어느 날 프로그램 활동 가운데 어느 소소한 일부가 지하실에서 진행되었다. 물론 나는 갈 수 없었고, 프로그램에 참여할 수 없었다. 부모님과 나는 이러한 장벽을 받아들이는 데 익숙했기 때문에 어머니는 그에 대해 아무 말도 하지 않았다. 하루 활동 중 아주 작은 일부에 참여할 수 없다는 사실을 아마 우리는 받아들였을 것이다. 매우 친절했던 목사님이 나를 데리고 계단을 내려가겠다고 제안했다. 그때의 나는 작고 가벼웠기 때문에 목사님이 나를 데리고 내려가는 것은 꽤 쉬운 일이었다. 그러나 어머니는 그러지 못하게 했다. 어머니는 지하실에 다른 아이들과 함께 있지 않아도 괜찮으니 그럴 필요가 없다고 말했다.

반평생을 내 앞에 놓인 장애물을 넘어서려 노력하던 어머니가 왜 그 제안을 거절했을까? 어머니는 내가 그들의 짐이 될까 봐 걱정했다. 나를 프로그램에 참여시키는 일이 너무 어려워지면, 이후에 나를 애써 참여시키지 않고 돌려보내려 할까 봐 우려했던 것이다. 내가 배제되지 않도록 싸우는 일과 통합되려고 너무 애쓰다가 결국 배제되는 위험 사이의 가느다란 줄 위에서 어머니는 외줄타기를 하고 있었다. 성경학교에서 우리는 운이 좋았다. 목사님은 모든 아이가 무언가를 하고 있는데 내가 하지 못하는 것은 이상한 일이라고 생각하는 부류의 사람이었고, 어머니가 그럴 필요 없다고 이야기했음에도 불구하고 나를 안아 들고 계단을 내려갔다. 아마도 어머니는 행복했을 것이다.

그렇지만 중요한 것은 어머니가 나의 욕구가 다른 사람의 짐이 될 것을 걱정했다는 점이다. 그래서 나 역시도 나 자신과 내 욕구가 짐이라고 생각했다. 나는 그것을 그냥 그대로 받아들였다.

어머니가 아무리 확고하게 밀어붙이는 사람이라도 밀어붙이지 **않는** 영역이 있었다. 목사님이 나를 계단으로 데리고 내려가는 일은 불편하고 굳이 그럴 필요가 없으며, 어쨌든 아이들도 지하실에 오래 있지는 않을 테니 내가 가지 않아도 괜찮을 것이다. 그러니 밀어붙이지 말자. 이번에는 목사님이 선한 분이라 하자는 대로 했지만, 무엇보다 부모님은 당신의 아이가 짐이 되는 것을 원치 않았다. 이는 부모가 자녀들이 이런 상황에 적응하여 참여하지 않는 것을 받아들이도록 해야 한다는 뜻이었다. 우리는 이러한 사실을 배웠다. 우리를 통합시키는 것이 누군가의 '선함nice'에 달려 있다는 사실 또한 받아들였다.

'건강보호 21' 프로그램에 들어간 것도 마찬가지라고 느꼈다. 정규 학교처럼 누구나 학교에 다녀야 하기에 자동으로 받아들여지는 것이 아니라, 심사를 받아야 했다. 그 모든 평가를 거치고 나서도 사람들은 나를 프로그램에 받아들일 것인지 말 것인지 투표를 했다. 누군가 내 입학을 거부했다고 생각하지는 않지만 굳이 데려올 필요가 없었다는 느낌, 치워버리고 싶다면 치워버릴 수도 있다는 느낌이 항상 들었다.

하지만 캠프는 완전히 달랐다. 캠프는 우리를 위한 것이었다. 우리의 필요를 염두에 두고 기획되었고, 부모님들은 우리를 여기에 참여시키려고 비용을 지불했다. 우리의 참여는 누군가의 관대함에 달려 있지 않았고, 우리에게 주어진 것이었다. 내가 무엇을 하고 싶거나 어디에 가고 싶을 때 누군가에게 부탁을 해야 한다는 걸 걱정할 필요가 없었다. 옷을 입혀주고 화장실에 데려가는 일이 얼마나 힘들까 죄책감을 느낄 필요가 없었다. 진행 요원들은 우리에게 이런 일을 해주며 보수를 받았고, 이 사실이 세상을 바꿔놓았다. 현실에서 누군가에게 비용을 지불하지 않고 혹은 굳이 그 일을 해줄 필요가 없을 때 부탁을 한다는 것은 그 사람의 호의에 기대야 한다는 뜻이기 때문이다. 호의를 베푸는 동안 시간이 흐른다. 호의란 당신의 일을 돕기 위해 그들이 자신이 하던 일을 멈추어야 한다는 뜻이다. 이는 언제나 방해로 느껴질 수 있다.

캠프에서는 내가 필요로 하는 것을 한 번에 많이 부탁하는 것에 대해 걱정할 필요가 없었다. 너무 많은 것을 한꺼번에 부탁하지 않기 위해 남몰래 필요한 일들에 순위를 매길 필요도 없었다. 내가 어떤 것에 접근할 수 없을 때, 그리고 나의 모든 세계가 접근 가능했더라면 나 스스로 할 수 있었을 어떤 일을 누군가 안 된다고 말했을 때 나쁜 감정을 느낄 필요도 없었다.

나는 사회가 우리를 포함한다면 어떤 느낌일지 캠프를 통해 생각해보게 되었다.

2장　반항하는 사람

　　　　땀에 흠뻑 젖은 손에서 연필이 미끄러지고 심장은
불안으로 고동쳤다. '누구나 언젠가는 시험 보는 일에 익숙해져
야 해'라고 나 자신에게 말했다.

'열네 살 때는 아니지.'

마음속 깊은 곳에서 다른 목소리가 대답했다.

1961년에 나는 십스헤드 베이 고등학교에 다니고 있었다. 어
머니와 장애 자녀를 둔 다른 어머니 그룹이 성공적으로 교육구를
압박하여 자치구 내의 많은 학교들이 직원의 보조를 통해 휠체어
로 접근 가능하게 되었다. 나는 P.S. 219의 '건강보호 21' 프로그
램에서 처음으로 고등학교에 진학한 학생이었다. 내 인생에서 처
음으로 진짜 기대, 진짜 성적, 진짜 시험에 직면하게 된 것이다.

숨을 쉬고 진정하려고 노력했다. 공부를 하지 않은 것은 아니

었다. 지난 몇 주 동안 공부를 했다. 25명의 학생이 집중하고 있는 침묵 속에서 교실 시계의 분침이 요란하게 째깍거렸다. 시계를 올려다보았다. 아직 30분이 남아 있었다.

오줌을 눌걸. 점심 때 샌드위치를 먹으며 물을 마시지 말걸. 화장실에 가는 것을 도와줄 사람이 없을 때는 마시는 물의 양을 조절하는 것에 익숙했지만, 아침에 물을 마시지 않았으니 괜찮을 거라고 생각했다. 내가 틀렸다. 으악.

오줌이 마렵다는 생각을 그만두고 고개를 숙인 채 계속해서 글을 썼다. 마지막 문장을 마무리할 때 벨이 울렸다. 교실이 갑자기 책을 쾅 하고 놓는 소리, 가방 잠그는 소리, 의자 끄는 소리로 가득 찼다. 주위에서 탄성이 터져 나왔다.

"야, 스콧. 시험은 어땠어?"

"킴, 기다려!"

"존, 학교 끝나고 축구하러 가니?"

그 와중에 나는 조용히 연필로 장난을 치며 앉아 있었다. 시험에 대한 불안한 마음은 종이 울릴 때마다 학교 복도를 마주해야 한다는 내 습관적인 자의식으로 옮겨갔다. 나는 한 시간 반 동안 버스를 타고 브루클린을 거쳐 십스헤드 베이까지 가곤 했다. 우리 동네 고등학교는 휠체어로 접근할 수가 없었기 때문이다. 십스헤드 베이는 원래 뉴욕시 변두리에 있는 어촌 마을이었다. 아이들은 항구에서 수영을 하고 야구도 하는 끈끈한 집단에서 성장했다. 그 아이들 가운데 아는 사람은 아무도 없었다. 그리고 지금은 그 아이들 중 한 명에게 다음 수업에 가는 것을 도와달라고 부탁해야 했다.

큰 소리로 부탁하지 않기 위해 소란스러움이 가라앉기를 기다리며 조용히 앉아 있었다. 내가 실제로 외로운 만큼 외로워 보이고 싶지는 않아서 가방에서 무언가를 찾는 척했다. 곧 소란이 잦아들었다. 남은 사람이 누구인지 교실을 둘러보았다. 7교시 수학 수업 시간에 보았던 여학생이 내 맞은편에서 책을 정리하고 있었다. 항상 좋은 질문을 하는 학생이었기에 알아볼 수 있었다. 이름이 뭐였더라? 나는 필사적으로 그 아이의 이름을 기억하려 애썼다. 세라? 스텔라? 샐리?

"음, 저기 미안한데, 혹시…… 괜찮으면…… 다음 수업에 가는 것 좀 도와줄래?"

초조해서 말문이 막혔다.

"좋아!"

여학생은 나를 쳐다보더니 금방 밝게 웃었다. 정말로 밝게 웃었다.

"312호에 영어 수업을 들으러 가야 해. 너는 어디로 가니?"

"이런! 나는 207호 역사 수업에 가야 해. 아래층이야. 네 수업이랑 다른 길인 것 같네. 미안해. 나 때문에 네가 늦으면 안 되지만 괜찮으면 가는 길에 화장실에 들러도 될까?"

내 얼굴은 홍당무가 되었다. 마음이 불편했다.

"물론이야!"

그 아이는 휠체어 뒤로 걸어와 나를 문밖으로 밀어주며 재잘거렸다. 복도에 들어선 뒤 나는 정면을 바라보며 그 아이에게 이름을 물었다. 샐리였다. 이것은 내 잔꾀 중 하나였다. 이 아이에게만 집중하고 주위를 둘러보지 않는다면, 내게 소외감을 주는 아이들의 재잘거림과 여럿이 몰려다니며 노는 모습을 보지 않을 수 있었다.

십스헤드 베이에 입학하기 전까지 나의 학교생활이라고는 전부 '건강보호 21'에서 보낸 시간이었다. 그리고 여름 방학은 장애 학생들만의 외딴 세계인 캠프에서 보냈다. 장애가 없는 아이들의 물결에 갑자기 휩쓸리자 나는 불안했다. 아이들은 빠르게 복도를 지나가고, 책을 옮기고, 서로 이야기하고, 소리 지르고, 농담을 주고받고, 방과 후 계획을 세웠다. 내가 할 수 있는 일은 아무것도 없었다. 교실로 떠밀려 들어오는 일과 한 시간 반 동안의 등하교 시간 사이에 보통의 아이들이 낮 시간 동안 하듯 다른 친구들과 어울릴 여지는 조금도 없었다. 대화에 끼어드는 것은 물론 대화를 새로 시작할 자신감도 없었다. 무엇보다 휠체어에 앉아 있으면 내 얼굴이 정확히 다른 사람들의 엉덩이 높이에 있게 되어 누군가 허리를 숙여주지 않으면 대화가 어려웠다. 둘째로 내 생애 처음으로 경쟁적인 학교에 다니고 있다 보니 평가에 대한 불안감 때문에 긴장을 풀기 어려웠다. 가장 중요하게는 장애가 없는 아이들은 교실에서 다른 사람과 상호 작용을 하고, 처음 듣는 농담을 하는 방법을 잘 알고 있었다. 나는 마치 완전히 다른 문화에서 다른 언어를 구사하며 살아온 것 같았다. '장애 세계'와 '일반 세계'의 분리는 내가 채워가야 할 깊은 틈새를 만들어냈고, 나는 마치 두 명의 주디가 되어야 할 것만 같은 기분이었다. '건강보호21'에서 외따로 떨어져 보낸 시간은 장애 세계에서의 내 위치에 대한 강한 자신감을 주었지만, 일반 세계에서 나는 위태로웠다. 내가 살던 블록에서의 경험으로 나는 장애가 없는 세계를 잘 알고 있었지만, 새로운 고등학교에서 만난 아이들은 우리 동네에서 오래 알고 지낸 아이들, 히브리어 학교나 브라우니단처럼 어른이 지도하는 활동에서 만난 아이들과 달리 휠체어를 탄 아이와 상호작용하는 데 익숙하지 않은 것 같았다. 내가 보기에 그들은 나를 함께 어울려 놀면 재미있을 보통의 10대 여학생으로 봐주지 않았다. 그리고 점차 남학생들에게 관심을 갖게 되면서 나는 그들이 나를 여자 친구가 될 수도 있는 상대로 보지 않는다는 것도 알게 되었다.

아무도 내가 데이트를 할 것이라고는 기대하지 않았다. 나는 '불구자crippled'였고, 명시적으로나 암묵적으로나 어떤 남학생도 내게 눈길을 주지 않을 것이라는 말을 자주 들었다. 나를 '성이 없는 존재non-sex'로 보는 것 같았다. 아이들이 나를 쳐다볼 때는 오로지 내 휠체어만 보는 것 같았다. 그뿐이었다. 그들은 나를 무시조차 하지 않았다. 나를 똑바로 쳐다보는 것을 보면 알 수 있었다. 내 존재를 기억조차 하지 않았다. 무의식적으로 나를 '없는 존재nonentity'로 분류한 것 같았다.

하지만 캠프에 있을 때 나는 평범한 여학생으로 대접받는 것이 어떤 기분인지 알았다. 그곳에서 나는 아픈 아이로 보이지 않았고, 댄스파티나 데이트에서는 물론 축구 경기장 뒤에서 남학생과 키스를 할 때도 제외되지 않았다. 결혼할 수 없는 불구의 여자아이로 여겨지지 않았고, 어머니가 될 수 있는지도 문제가 되지 않았다. 남학생들이 나에게 눈길을 주지 않을 것이라고 말하는 사람은 아무도 없었다. 캠프에서 우리는 파티를 열었고, 록 음악을 크게 들었고, 어두운 곳으로 몰래 나가서 진한 사랑을 나누었다. 그곳의 진행 요원들은 젊고 재미있었다. 그들은 우리가 엘비스 프레슬리, 처비 체커, 버디 홀리, 샘 쿡, 셔를스의 노래를 부르고 춤을 추는 동안 기타를 쳤다. 우리는 모두 빅 바퍼가 작곡한 〈아주 작고 노란 물방울무늬 수영복Itsy Bitsy Teenie Weenie Yellow Polka Dot Bikini〉이나 〈샹티 레이스Chantilly Lace〉의 가사를 전부 알고 있었고, 다른 곳에서 춘 적이 없는 춤을 추었다. 캠프는 우리가 겉모습을 의식하지 않는 유일한 곳이었다.

그러나 우리 휴먼 집안에서는 장애물을 받아들이지 않는다고 배웠다. 우리는 계속해서 앞으로 나아간다. 그래서 나는 한 시간 반의 등하교 시간과 짧은 특수교육 수업 시간에 장애를 가진 다른 아이들과 친구가 되었다. 전 학년을 통틀어 아홉 명 혹은 열 명 정도였지만, 우리는 함께 모여 있을 때 장애가 없는 아이들과 하는 나머지 수업에 임할 힘을 얻었다. 동네 친구들은 더 이상 우리 블록에서 놀지 않았다. 그 아이들은 탄산음료 가게에서 시간을 보내다 영화를 보러 가는 등 내가 할 수 없는 일들을 하러 다니기 시작했다. 사람들과 연결되기 위해 나는 점점 더 전화에 의존하게 되었다. 전화가 나를 외로움에서 구해주었다.

결혼을 기대해서는 안 된다는 말은 우습게도, 사실 우습지 않지만 나를 학교에서 거두는 성취로 내몰았다. 많은 여성에게 대학 진학이 '부인' 학위 Mrs.' Degree, 즉 배우자를 찾기 위한 잠재적인 경로로 권장되던 시절, 내가 받은 메시지는 정반대였다. 내가 결혼을 해서 나를 돌봐줄 남편을 갖게 되리라고는 기대할 수 없었던 것이다.

"너는 너 스스로를 돌봐야 해. 고등학교 학위로는 너 자신을 돌볼 수 없으니 대학에 가야 한단다."

어머니가 내게 했던 말이다. 그것은 선물이었다. 왜냐하면 나의 부모님은 대학을 나오지 않았고, 우리는 이웃의 많은 사람들이 대학을 나오지 않은 동네에 살았으며, 또한 여성이 고등학교 졸업 이후에도 학업을 이어갈 것이라고는 기대되지 않던 시대에 바로 내가 여성이었기 때문이다. 메리도, 알린도, 그리고 내 사촌 여동생들도 대부분 대학에 갈 계획이 없었다. 내가 학업을 이어가도록 부추긴 것이 꼭 결혼 전망에 대한 메시지만은 아니었다. 교육은 우리 부모님에게 항상 매우 중요한 일이었다. 부모님 생각에 노동을 하고 우리를 돌보는 것은 두 분의 일이었고, 학교에 가서 좋은 성적을 받는 것은 우리의 일이었다.

그래서 고등학교에서 나는 데이트를 하지 않았다. 전화로 대화하고 공부했다. 아주 열심히 공부해서 졸업할 때쯤에는 상을 받는다는 것을 알았다.

십스헤드 베이에 있는 학교에서 졸업식을 하기에는 학생이 너무 많아서 졸업식은 브루클린 칼리지에서 열렸다.

나는 차 뒷좌석에 앉았다. 내가 무대에 올라가 상을 받는 것을 보기 위해 아버지가 우리 가족을 브루클린 칼리지에 태우고 갔다. 나는 웃음을 감출 수 없었다. 자랑스러웠다. 외로웠던 순간, 당혹스러움, 고된 노력, 시험에 대한 불안감, 실패에 대한 두려움, 이 모든 것을 그곳에서 버텨냈다. 나를 돌아보며 어머니가 웃었다. 어머니와 아버지도 나를 자랑스러워한다는 것을 알았다. 모두의 반대, "안 됩니다, 주디는 여기서 환영받지 못해요"라고 말했던 모든 사람, 그리고 모든 싸움 끝에 나는 마침내 고등학교를 졸업했고, 롱아일랜드대학교에 합격했다.

아버지는 졸업식장 근처에서 찾을 수 있는 가장 가까운 주차장으로 들어가 차를 세웠다. 조이가 옆문을 밀어 열었고, 남동생들은 거리로 나갔다. 나는 앉은 채로 아버지가 경사로를 따라 휠체어를 밀어 내려주기를 기다렸다. 꽃무늬 원피스에 검은색 졸업 가운을 입고, 긴 머리가 어깨 너머로 떨어지는 것이 좋았다. 나는 이모와 이모부가 우리 어머니를 찾아와 인도에 무리 지어 서서 수다 떠는 모습을 보았다.

브루클린 칼리지에 있는 거대한 홀이 미어터질 지경이었다. 모자를 쓰고 졸업 가운을 입은 졸업생들이 가족과 사진을 찍거나,

서로 팔짱을 낀 채 활짝 웃고 있었다. 옆에는 조부모들이 함께 서 있었고, 어린 형제자매들이 그 사이로 인파를 헤치며 서로 쫓아 다녔다. 아버지는 조심스럽게 인파를 뚫고 나를 무대 쪽으로 밀어주었다. 상을 받는 학생들은 무대 위에 앉아 있다가 호명이 되면 곧장 앞으로 나가 청중 앞에서 축하를 받을 수 있었다.

"죄송합니다…… 실례합니다…… 죄송합니다…… 실례합니다……."

아버지와 나는 천천히 홀을 지나갔다. 엄마, 동생들, 이모, 이모부, 사촌들이 자리를 찾기 위해 흩어졌다. 휠체어에 앉은 채로는 거의 볼 수 없었지만 아버지는 홀의 왼쪽 편을 향해 가고 있었다. 무대로 다가가자 인파가 점점 줄어들었다. 나는 무대에서 계단을 발견했다. 바로 문제를 찾아냈다. 경사로가 없었던 것이다.

"아빠, 경사로가 없어요."

나는 불안해하지 않으려고 애쓰며 말했다.

"음, 아마 뒤에 하나 있을 거다."

아버지는 흥분하지 않으려 애쓰면서 애매하게 말했다. 그러고는 계단 아래로 가서 경비원에게로 눈을 돌렸다.

"실례합니다, 선생님. 무대로 가는 경사로가 있나요? 내 딸이 상을 받는데 무대에 앉기로 되어 있거든요."

그 남자가 대답하기를 기다리는 동안 가슴이 두근거렸다. 제발, 제발, 제발 경사로가 있게 해주세요. 이렇게 많은 인파 앞에서 무대로 들려 올라가고 싶지 않았다. 아버지가 나를 옮기려고 뒤에서 휠체어를 계단으로 올리는 것도 보고 싶지 않았다.

나를 쳐다보며 경비원이 고개를 저었다.

"아니요, 선생님. 죄송합니다. 경사로는 없어요. 계단뿐이에요."

심장이 내려앉았다. 아버지는 아주 조용히 한숨을 쉬었다. 그런 다음 단호하게 내 휠체어를 계단 쪽으로 끌어당겼다.

"좋아, 얘야. 늘 하던 대로 내가 휠체어를 올려줄게."

아버지는 내 휠체어를 돌려서 계단을 오르기 시작했다. 나는 당황스러운 감정과 싸우며 얼마나 많은 사람이 내 어색한 입장을 보고 있는지 확인하지 않으려 숨을 몰아쉬며 정면을 바라보았다. 그러느라 아버지를 부르는 소리가 들릴 때까지 교장 선생님이 거기 있다는 걸 눈치 채지 못했다.

"선생님! 휴먼 씨! 잠깐만요. 주디를 그냥 여기 맨 앞줄에 두세요. 주디는 무대에 오를 필요가 없습니다."

"뭐라고요?"

아버지가 믿을 수 없다는 듯이 계단 중간쯤에서 잠시 멈추어 섰다.

"괜찮아요. 제가 주디를 데리고 올라갈 수 있어요."

"아니요, 아니요. 그럴 필요 없어요."

교장 선생님이 고개를 저었다. 아버지는 혼란스럽고 기분이 나빠 보였다. 내 얼굴이 점점 뜨거워졌다. 나는 사라지고 싶었다. 아버지가 교장 선생님에게 말했다.

"보세요. 아주 쉬워요. 그냥 휠체어를 무대 위로 올리면 돼요.

2분 정도 걸릴 겁니다."

교장 선생님이 아버지를 쳐다보며 단호하게 말했다.

"아니요. 주디는 무대에 설 필요가 없어요. 맨 앞줄에 두세요."

분명했다. 교장 선생님은 내가 무대에 오르는 것을 원하지 않았다. 속이 메스꺼웠다.

"아빠, 집에 가요. 여기 있고 싶지 않아요."

눈물이 났다. 어깨를 편 아버지는 마치 키가 커진 것처럼 보였다. 아버지는 이오지마전투에 참전한 적이 있는 전직 해군이었고, 군대에서 퍼플 하트Purple Heart 훈장(미군에서 복무하는 동안 부상을 당하거나 죽은 사람에게 대통령 이름으로 수여되는 군사상―옮긴이)을 받기도 했다.

"저는 주디를 데리고 계단을 올라가 무대에 앉게 할 겁니다."

아버지가 죽도록 침착하게 모든 단어를 천천히 발음하며 교장 선생님에게 말했다.

"그래서 무대 위에서 상을 받게 할 겁니다. 다른 모든 아이와 함께 말입니다."

나는 얼어붙은 채 교장 선생님을 쳐다보았다. 그는 뭐라고 말할까? 한참 동안 교장 선생님은 아무 말도 하지 않았다. 마침내 그는 마지못해 허락했다.

"위로 데리고 올라가세요."

그가 말했다. 눈물을 멈출 수 없었다. 굉장한 굴욕감을 느꼈다.

"아빠, 집에 가고 싶어요. 집에 데려다주세요."

"안 돼, 주디."

아버지는 엄격했다.

"집에 갈 수 없어. 여기에 있을 거야. 너는 무대에 앉아 상을 받게 될 거야. 너는 열심히 공부했어. 네 상이고, 너는 그걸 받을 자격이 있어."

아버지는 남은 계단을 올라가 무대 위의 자리로 나를 밀어주었다. 마음을 가라앉히려고 심호흡을 했다. 아버지 말이 옳았다. 이건 내 상이고, 마음속 한구석에서는 그렇게 느껴지지 않았지만 여기가 내 자리라는 것을 나는 알고 있었다. 나는 머리띠를 똑바로 하고 눈물을 닦았다.

아버지가 내 옆에 서자 교장 선생님이 우리 쪽으로 걸어왔다.

"주디를 저기에 두세요."

그가 무대 위 나머지 학생들 뒤의 빈 공간을 가리키며 말했다. 마지못해 아버지의 의견을 따르긴 했지만, 교장 선생님은 나를 뒤에 두고 싶어 했다. 그는 내가 사람들 눈에 보이는 것을 원하지 않았다.

아버지는 기분이 좋지 않았다. 턱에 힘을 주고 이를 악물고 있었다. 하지만 무대 뒤 교장 선생님이 가리킨 곳으로 나를 밀고 갔다. 나는 또 한 번 눈물을 꾹 참았다.

"행운을 빈다, 애야. 우리가 지켜볼게."

내 정수리에 키스를 하고 아버지는 자리를 떠났다. 청중을 바라보았다. 이 사람들 앞에서 울지 않을 것이다.

'여기가 내 자리야.'

나는 나 자신에게 조용히 다시 말했다.

교장 선생님이 내 이름을 부르고는 무대 뒤로 걸어오기 시작했을 때 나는 무대 앞으로 휠체어를 천천히 밀고 가는 중이었다. 나는 조금 앞으로 나아갔을 뿐인데, 교장 선생님이 나를 가로막더니 상을 건네주었다.

"감사합니다."

내가 말했다. 물론 아무도 내 말을 듣지 못했다.

얼마 후 9월에 나는 롱아일랜드대학교에 입학했다. 브루클린에 있는 부모님 집에서 차로 20분 정도 거리였다.

롱아일랜드대학교에서 나는 언어 치료를 공부하기로 결심했지만, 언어 치료사가 되고 싶어서는 아니었다. 나는 교사가 되고 싶었다. 그런데 교육학을 전공하는 것은 좋은 생각이 아닌 것 같다는 게 문제였다. 교육학을 전공하면 내 교육을 지원하는 펀딩이 끊길까 봐 걱정이 되었다. 원래 1차 세계대전에 참전해 장애를 갖게 된 군인들의 취업을 지원하고자 개발된 프로그램을 통해 미국직업재활국US Office of Vocational Rehabilitation(Rehab)에서 내 학비를 지원해주고 있었다. 우리가 '재활국Rehab'이라고 부르던 그곳은 장애인이 취업을 준비하거나 직업을 가질 수 있게 도왔다. 친구들은 내게 재활국이 장애인의 현실에 맞는 직업이라고 간주하는 일들을 받아들이라고 경고했다.

"재활국에 교사가 되고 싶다고 말하지 마."

친구들이 내게 이야기했다.

"교사가 되고 싶다고 하면, 휠체어를 탄 교사는 없으니 너도 될 수 없다고 얘기할 테니까."

내가 공부하고 싶은 분야에서 나와 비슷한 장애인이 일하는 모습을 그들에게 보여줄 수 없다면 재활국이 학비를 지불하지 않을 거라는 뜻이었다. 그래서 언어 치료를 비롯해 재활국이 '허용할' 것으로 예상되는 전공을 선택해야 했고, 교사가 되기 위해서는 다른 길을 찾아내야 했다.

운이 좋게도 1960년대에는 전쟁 후 베이비붐으로 교사 수요가 늘어나 교육위원회에서 교육 학점이 적은 사람도 교사로 인정해주고 있었다. 교육학을 부전공으로 공부한 나도 교사 자격이 있다고 인정되었다. 나는 뮤지컬 공연을 좋아해서 말하기와 연극을 전공하며 교육, 말하기, 연극 수업을 들었다. 재활국 사람을 만났을 때는 교육에 대한 관심은 언급하지 않고 언어 치료사가 되고 싶다고 말했다. 이에 대해 재활국은 나에게 사회복지사가 적성에 맞는다며 그런 결과가 나온 시험지들을 보여주면서 사회복지사가 되기를 강요하려 했다. 그러나 내 부모님이 개입했다.

"보세요, 우리 딸은 언어 치료사가 되고 싶어 한다고요. 언어 치료사가 되게 해주세요."

장애를 가진 다른 언어 치료사가 있었으므로 재활국은 마지못해 동의했다.

안타깝게도 내 레이더에 걸린 장애물은 재활국만이 아니었다.

뉴욕시 교육위원회는 그때까지 휠체어를 사용하는 교사를 한 번도 고용한 적이 없었다. 내가 어릴 때부터 알고 있었듯이 그들은 휠체어를 타는 사람에 대해 부정적인 관점을 가지고 있었다. 내가 교사가 될 시점에 그들이 내게 교원 자격증을 줄 것 같지 않았다. 먼저 나는 미국시민자유연합American Civil Liberties Union(ACLU)에 전화를 걸어 이야기했다.

"제가 교사가 되고 싶은데요. 휠체어를 타는 교사에 대해 들어본 적도 없고, 그런 사람을 만나본 적도 없어요. 제가 뭘 해야 할까요?"

미국시민자유연합에서는 이렇게 말했다.

"음, 그냥 가서 필요한 과정을 이수하세요. 그리고 혹시 문제가 있으면 저희에게 전화하세요."

내가 1학년 때의 일이다.

나는 대학 기숙사에 살고 있었다. 롱아일랜드대학교는 중요 강의동 서너 개 정도가 있는 작은 캠퍼스였다. 대부분의 학생은 통학을 했지만, 나는 캠퍼스에 살면 더 많은 경험을 쌓을 수 있을 거라 생각했다. 당시 뉴욕의 버스와 기차 시스템에는 휠체어가 접근할 수 없었으니 집에서 통학하려면 매우 힘들기도 했을 것이다. 이미 초중고 몇 년간 집에서 통학을 했는데, 이는 내가 동료 학생들에게서 소외감을 느낀 이유 중 하나였다. 대학에서 또다시 소외감을 느끼고 싶지 않았다.

내가 살던 기숙사는 건물 안으로 들어가기까지 두 개의 계단이 있었고, 경사로는 없었으며, 화장실에도 계단이 있었다. 그때까지 나는 전동 휠체어를 사용하지 않았다. 다시 말해서 화장실에 갈 때, 기숙사로 들어갈 때, 수업에 갈 때마다 나를 계단으로 올려달라거나 목적지까지 밀어달라고 누군가에게 부탁을 해야 했다. 보통은 아는 사람에게 밀어달라고 했지만, 가끔은 모르는 사람에게 부탁하기도 했다. 내가 롱아일랜드대학교를 선택한 이유 중 하나는 다행히 이곳은 캠퍼스가 좁아서 접근할 수 없는 곳이 일부 장소뿐이었기 때문이다. 물론 나는 도움을 요청하는 데 익숙했다.

기숙사에서 혼자 사는 일의 가장 큰 어려움은 교정기를 차거나 벗고, 옷을 갈아입고, 침대로 오가는 아침과 밤이었다. 1학년이 되기 전 여름에 캠프에서 만난, 대학에 나보다 1년 먼저 들어온 친구가 나를 기꺼이 도와줄 여학생을 한 명 소개해주었다. 그렇게 해서 나는 첫해에 같이 방을 쓰고 평생 친구가 될 토니와 만나게 되었다. 뉴멕시코 출신인 토니는 맨해튼 외곽의 바너드 칼리지에 다녔지만 대학에 숙소가 부족해 롱아일랜드대학교 기숙사에 살았다.

하지만 토니는 아침, 저녁에만 기숙사에 있었고, 낮 시간에는 없었으며, 가끔 저녁에도 할 일이 있으면 나갔다가 밤늦게 방에 돌아왔다. 이는 내가 화장실에 가거나 수업에 들어갈 때 전략을 세워 행동해야 한다는 뜻이었다.

나는 같은 층에 사는 친구를 사귀었다. 그리고 필요할 때 도움을 주는 사람들이 있었다. 누구한테 도와달라고 부탁해도 좋을지를 판별하는 일종의 촉을 길렀다. 거절할 것 같지 않은 사람들에게는 곧바로 이야기할 수 있었다. 그들은 어떤 양심의 가책 때문이 아니라 그저 "물론이죠, 제가 도와드릴게요"라고 말할 수 있는 사람들이었다. 반면 어떤 사람들에게는 절대로 물어보지 않았다. 그리고 어떻게 대답할지 가늠이 되지 않아 꼭 필요할 때만 물어보는 사람도 있었다. 내가 어떤 부탁을 하면 쉽게 해주겠다고 할 것도 같고, 거절할 것 같기도 한 사람들이었다. 내가 "화장실에 가는 것 좀 도와주시겠어요?"라고 물어본다면 그들이 불편해할 테니 이런 사람들에게 도움을 요청하는 일은 정말이지 싫었다.

도와달라고 부탁하는 것에는 익숙했지만 도와달라고 말하기 싫었다. 내가 물리적으로 수업에 갈 수 없거나 계단을 오를 수 없어서 도와달라고 부탁하는 것인데도 스스로 무언가를 충분히 잘하고 있지 않은 것 같다는 느낌이 항상 들었다. 화장실에 가야 하는데 주위에 도와줄 사람이 없으면 어떻게 하나 늘 걱정했다. 내가 뭘 할 수 있을까? 나는 화장실에 갈 필요가 없도록 최선을 다했고 가능한 한 음료를 적게 마시려고 노력했다. 그리고 무엇을 마실지, 화장실에 가야 한다면 주위의 누구에게 도움을 받을지, 혹시 시험이나 그 밖의 다른 일 때문에 그들이 나를 도와줄 수 없는 것은 아닌지 등 많은 것을 계획하고 고민했다. 사실 요즘도 화장실에 갈 방법이 없을 때 곤란해지지 않기 위해 이런 일들을 어느 정도는 하고 있지만, 당시에는 전략을 짜고 부탁을 하는 내 능력에 전적으로 의존하고 있었다.

돌이켜 보면 이런 일들은 내 타고난 외향성을 억압했다. 내가 타인의 호의에 그렇게 의존하지 않았더라면 그 시절에 나는 아마 훨씬 더 외향적이었을 것이다. 나는 새로운 사람들과 교류해야만 하는 상황으로 나를 억지로 밀어 넣어야 했다. 캠프에서 만난 시러큐스대학교 친구가 자기가 나가던 여학생 사교 클럽의 롱아일랜드대학교 지부에 나를 소개하지 않았더라면 나는 아마 절대로 여학생 사교 클럽에는 나가지 않았을 것이다. 여학생 사교 클럽이 있는 건물에는 계단이 있어서 오갈 때 휠체어를 들어 올려야 했지만 그 클럽의 서약에 따르면 하루에 몇 시간은 나가 있어야 하고, 몇 시간은 안내 데스크에 있어야 하며, 내가 참여해서 해야 하는 일들도 있었다.

그래도 나는 가끔 외로웠다. 친구 에일린과 로이스가 같은 층에 살고 있었고, 다른 친구도 몇 명 있었으며, 다른 사람들도 다 좋았지만 모든 일에 완전히 통합되지 못했다. 사람들이 미친 듯이 데이트를 하는 시기였고 공간이었지만 나는 데이트를 하지 않았다. 캠프와 장애인 커뮤니티에서는 연애를 했지만 대학에 와서는 하지 않았다. 사실상 대학에서 알게 된 사람들과는 대학 시절 내내 단 한 번도 데이트를 하지 않았다.

한번은 주말 밤 방에 혼자 있을 때 누군가 문을 두드렸다. 주말에는 보통 집에 가곤 했는데 그 주에는 웬일인지 가지 않았다. 문앞에는 마주친 적은 있지만 잘 모르는 남학생이 서 있었다. 남학생이 명랑하게 말했다.

"안녕! 방해해서 미안한데, 그냥 궁금해서. 우리가 3 대 3 데이트를 할 건데 오기로 했던 여학생 중에 한 명이 올 수 없게 되었어. 오늘 밤 그 애 대신 올 수 있는 사람이 혹시 있을까?"

나는 할 말을 잃고 문간에 앉아 있었다. 바람이 나를 때리고 지나갔다. 잠깐 동안은 내 모든 세포가 완전히 다른 이야기를 들었기를, 남학생이 나를 3 대 3 데이트에 초대한 것이기를 바랐다. 나는 "응! 나 한가해. 나 정말 가고 싶어!"라고 말할 수 있었다.

하지만 그 남학생이 순진한 호기심과 기대감으로 나를 바라보았던 이유는 모임에 마지막 타자로 나갈 다른 여학생, 다른 어떤 여학생을 알고 있기를 바랐기 때문이다. 내가 할 수 있는 것은 "아니, 없어"라는 말뿐이라는 느낌이 들었다. 나는 조용히 문을 닫고 빈 방으로 돌아섰다. 혼란스러웠고 감각이 둔해질 정도로 가슴 저리게 슬펐다. 평범한 사람으로 보이기 위해서는 무엇을 해야 할지 알 수 없었다.

장애가 없는 사람들의 세상에 완전히 받아들여질 수 있으리라는 희망을 마음 깊은 곳에서 서서히 포기하고 있었다.

나는 장애 학생들에게 다가갔다. 내가 롱아일랜드대학교를 좋아했던 이유 중 하나는 장애 학생 커뮤니티가 있다는 점이었다. 대학이 좀 더 접근 가능한 곳이었으면 좋겠다는 바람에 대해 우리는 많은 이야기를 나누었다. 기숙사와 화장실을 드나드는 계단은 조금의 과장도 없이 너무나 불편했다. 그러나 접근성 문제를 다루는 방법에 모두가 동의한 것은 아니었다. 심리학과 학과장은 학교 신문 기사에서 장애 학생들이 접근 불가능한 환경에 있으면 심리적으로 엄청난 충격을 경험할 수 있으므로 롱아일랜드대학교에 오지 않는 편이 더 나을 것이라고 전했다.

그런 수준과 빈도로 배제되는 경험이 정신적으로 큰 충격을 준다는 사실을 이제야 깨달았다. 그 당시에는 내 일상적인 경험의 범위를 벗어나지 않는 것 같았지만, 그런 일에 반복적으로 대처하는 일은 내게 명백히 영향을 주었고 그로 인한 고통이 멈추지 않는다는 것을 알게 되었다. 하지만 흥미롭게도 그렇게 내버려지는 것에 대한 내 반응은 배제당할 때, 특히 삶에 대한 통제력을 잃어버렸다고 느낄 때 일반적으로 나타나는 타인에 대한 분노나 공격성이 아니었다. 아마도 내가 통제력을 잃거나, 우리가 상황을 바꿀 수 없다는 사실을 받아들이지 않았기 때문일 것이다. 또한 나는 배제되었다는 느낌을 내면화하지 않았고, 그것을 나 자신의 내적 결핍으로 돌리지도 않았다. 세상에서 영원히 버려졌다는 감정을 전혀 받아들이지 않았다.

그 무렵 우리가 맞닥뜨리는 장애물에 대한 친구들과 나의 의견이 부모님의 의견과 달라지기 시작했다. 우리 부모님 세대는 장애를 프랭클린 루스벨트 대통령과 연관시켰다. 루스벨트 대통령은 소아마비로 인한 신체의 마비를 대중 앞에서 적극적으로 숨겼다. 그는 휠체어에 앉아 있는 모습을 사진으로 찍거나 이동할 때 도움을 받는 것을 결코 허용하지 않았다. 장애는 개인이 싸우거나 정복해야 하는 것이라고 말했다. 우리는 이 사실에 동의하지 않았다. 우리의 문제를 '고쳐서' 해결되는 의료적 문제라고 보지 않았다. 우리는 접근성 부재가 우리의 문제가 아니라 사회의 문제라고 보기 시작했다. 우리의 관점에서 장애는 누군가에게 언제든 일어날 수 있는 일이고, 실제로 그렇기 때문에 사회가 이러한 삶의 진실을 중심으로 인프라와 시스템을 설계하는 것이 옳았다. 우리는 시민권 운동과 함께 성장했다. 로자 파크스가 버스의 백인 전용 구역에 앉지 못하는 것에 저항했을 때 나는 여덟 살이었고, 1964년 시민권법Civil Rights Act이 통과되었을 때는 막 대학생이 되었다. 모든 사람이 사회에 평등하게 참여할 수 있도록 하는 것은 정부의 책임 아닐까?

나는 점점 더 정치에 이끌렸다. 이런 생각은 나를 내 좁은 세계 바깥으로 끌어냈고, 나는 더 많은 사람을 만나며 내가 본래 가진 사교적 자아에 좀 더 가까워졌다. 나는 학생회에 출마하여 당선되었다.

"아니요, 등록금 인상에 관해 싸우려면 학장님을 만나기 전에 지원책을 좀 더 마련해야 해요."

부모님 집의 식탁 옆에 놓여 있던 병원 침대에 누워 전화기에 대고 말했다. 학생회장이 "동의합니다"라고 말했다.

"전략을 짜기 위해 전체 학생회를 소집하는 게 어떨까요?"

나는 학생회장에게 인사한 뒤 스피커 버튼을 누르고 전화를 끊었다. 그런 다음 엄마를 불렀다.

"엄마, 잠깐 시간 있을 때 나 좀 돌려 눕혀줄래요?"

학생회장과 나눈 대화 내용 몇 가지를 메모해야 했다. 침대에 등을 대고 눕는 것보다는 몸을 돌려서 엎드리면 좀 더 쉽게 메모할 수 있었다.

2학년 겨울에 나는 어깨에서 무릎까지 깁스를 하고 있었다. 긴 머리를 잘랐고, 의사들이 네 개의 금속 크라운을 달기 위해 머리에 구멍을 네 개 뚫어놓은 상태였다. 내 깁스에는 커다란 금속 고리가 두 개 있어 부모님과 친구들이 그것으로 나를 돌려 눕혀주곤 했다. 계속되는 척추 만곡을 막기 위해 새해가 되자마자 척추를 접합하는 수술을 두 차례 받았다. 회복되기까지 긴 시간이 필요했다. 6월까지 식탁 옆에서 지내야 했는데 그때는 고작 2월이었다.

전년도에 2학년 총무 선거에 나갔다가 떨어졌지만 수술 직후에 경쟁했던 상대가 그만두었다. 친구들의 도움을 받아 부모님 집 식탁 옆 내 자리에서 다시 선거에 나갔고 당선되었다. 말할 필요도 없이 나는 항상 통화 중이었다. 비록 집에서 움직이지는 못했지만 나는 학생회장과 함께 열심히 일했다.

롱아일랜드대학교 학생회는 내가 대학에 입학했을 때와는 크게 달라졌다. 내가 신입생일 때는 여학생과 남학생의 사교 모임으로 학생회가 운영되었다. 그러나 베트남전쟁이 상황을 빠르게 바꿔놓았다. 2학년 11월 기준으로 매달 4만 명이 징집될 정도로 2

년간 전쟁 규모가 확대되었다. 사람들이 죽고 있었고, 그보다 더 많은 사람이 부상을 입고 돌아왔다. 반전 운동이 확산되면서 다른 많은 대학 캠퍼스와 마찬가지로 롱아일랜드대학교의 학생 운동도 점차 성장했다. 이런 분위기는 학생회에 대한 관심을 키우는 도화선이 되었고, 롱아일랜드대학교 학생회는 나를 포함하여 반전 운동에 적극적인 학생들이 장악했다.

어머니가 식탁 옆으로 와서 내 몸을 돌려줄 때 "고마워요, 엄마"라고 말했다. 어머니도 운동에 점점 관심을 갖기 시작했다. 내가 교육받는 것을 언제나 가장 열렬히 지지해주는 사람이었던 어머니는 유대교 회당에서 점심 식사와 행사를 준비하는 등 정기적으로 자원봉사를 하고 있었다. 어머니의 이웃들도 당시 상황에 연루되기 시작했다. 흑인 가족이 이사 온 뒤에 백인 이웃들이 동네 분위기가 나빠진다고 불평하는 일이 일어나자, 어머니는 그 흑인 가족을 위해 목소리를 높였다. 어머니는 사람들이 상황을 다르게 볼 수 있도록 분위기를 만들었다. 비록 우리 동네에 사는 사람의 대다수가 백인이었고 이런 인구 구성이 실제로 변하기까지는 수년이 걸렸지만, 어머니는 애초부터 백인들이 교외로 이사 가는 것에 반대했다. 물론 어머니는 조용한 방법으로 이 일들을 해냈다.

한편 나는 반전 운동과 학생회에서의 내 지위에 몰두해 있었다. 식탁 옆에서 한 걸음도 움직이지 못했지만 거의 모든 수업을 듣고 있었다. 친구들이 매 수업마다 나를 위해 옮겨주던, 이그제

큐튼Executone이라는 전화기 같은 기계로 수업을 들었다. 질문을 하고 싶을 때는 버튼을 클릭하면 교수님이 내가 참여하고 싶어 한다는 사실을 알 수 있었다. 역설적이게도 가끔 나는 학교에서 보다 식탁 옆 내 자리에서 좀 더 일반의 세계에 통합되는 듯한 느낌을 받았다. 물론 캠퍼스에서 지내던 날들이 그리웠지만, 화장실로 데려가 달라거나 도와달라는 부탁을 끊임없이 해야 한다는 걱정을 하지 않고도 사람들과 연결되고 수업에 참여할 수 있어 해방감을 느꼈다. 또한 2학년 총무의 자리는 '일반' 세계에서 내게 주어진 분명한 역할이었다. 나는 모임과 행사에 꼭 필요한 사람이었기에 그 세계에 받아들여지고 통합된 것 같았다. 이 모든 사실이 결합하여 예상치 못한 소속감을 느끼게 되었다.

롱아일랜드대학교 3학년 때는 교사 지망생인 새 친구 토니와 방과 후 과외 클리닉에서 많은 시간을 보냈다. 졸업을 준비하며 아이들을 가르치는 경험을 쌓기 위해 토니와 나는 아이들의 숙제를 도와주는 프로그램을 운영했다. 포트 그린 지역에서 온 아이들과 함께 일하면서 내가 아이들과 관계 맺는 일에 소질이 있다는 걸 알게 되었다. 함께 앉아 개념을 설명하거나 수학 문제 풀이를 고쳐주며 이야기를 나누고 그들의 삶에 대해 배우는 일이 즐거웠다. 그러나 시간이 흐르면서 졸업을 하고 교원 자격증을 딸 시점에 어떤 일이 벌어질지 점점 더 걱정되기 시작했다. 자격증을 따기 위해서는 시험을 봐야 할 뿐만 아니라, 내가 건강하고 전염성 질환이 없다는 것을 확인하는 건강검진을 받아야 했다.

리빙스턴가 110번지 뉴욕시 교육위원회 건물의 황동으로 도금된 이중문까지는 고작 다섯 개의 계단이 있을 뿐이지만, 그때는 굳이 계단이 몇 개인지 세어보지 않았다. 스물다섯 개였을 수도, 열 개 아니면 두 개였을지도 모르지만 개수는 문제가 되지 않았다. 내가 알고 있는 것은 계단이 있었다는 것과 그에 대비해 미리 준비를 했다는 사실이었다. 다행히 토니는 내 임무를 위한 팀에 기꺼이 함께해주었다. 토니는 계단 아래에서 잠시 멈추고는 나를 쳐다보았다.

"준비됐어?"

토니가 물었다. 나는 고개를 끄덕였다. 준비됐어.

"가자!"

토니는 미소 지으며 휠체어를 돌려 검정 손잡이를 잡고는 계단으로 나를 끌어올린 다음 건물 안으로 후진해 들어갔다.

나는 그 무렵에 막 수동 휠체어를 전동 휠체어로 바꾸는 모터레트Motorette를 달았다. 우리는 모터를 다시 끼우고 로비로 운전해 들어갔다. 로비는 정부 건물에 기대했던 것과는 전혀 다르게 넓고 화려했지만 둘러볼 시간이 없었다. 나는 휠체어를 굴려 접수 데스크로 가서는 카운터 뒤에 서 있는 유니폼 입은 남자를 올려다보았다.

"제임스 박사님을 만나러 왔습니다."

"3층, 312호입니다. 여기에 사인해주세요."

남자가 따분하다는 목소리로 말했다.

나무 패널로 만든 엘리베이터 버튼은 언제나처럼 내 손이 닿지 않는 곳에 있었다. 이는 토니가 그곳에 함께 온 이유 중 하나였다. 토니가 버튼을 누르고, 우리는 엘리베이터가 도착하기를 기다렸다. 느리고 삐걱거리는 엘리베이터가 건물 위층에서부터 수직 통로를 따라 내려오는 소리가 들렸다. 나는 눈을 감고 심호흡을 했다. 토니는 내 초조함을 느낄 수 있었을 것이다. 나는 이 건강검진이 어디까지나 의례적인 일일 거라고 확신할 수 없었다. 구두시험과 필기시험은 이미 합격했다. 의사와의 이 약속이 나와 내 교원 자격 사이에 남은 마지막 관문이었다. 혹시 나에게 아이들을 위험에 빠뜨릴 의학적인 문제가 있는지 확인하기 위한 의례적인 검사였다. 간단한 일일 것이다. 모든 예비 교사에게 해당되는 기준이었고, 나는 건강했다. 내 요구는 완벽하게 합리적이라는 것을 알고 있었다. 내가 바라는 것은 교사가 되는 것뿐이다.

그렇지만 불안감이 배 속을 휘감았다. 내가 정당하게 평가받을 것이라고는 도저히 믿을 수가 없었다. 학교와 관련된 일 중에서 내게 간단하거나 의례적인 것은 단 하나도 없었다.

나는 팔걸이를 꽉 움켜쥐고 의사가 내게 할 만한 모든 가능한 질문을 생각해보려 애썼다. 엘리베이터 문이 미끄러지듯 열렸다. 나는 휠체어를 운전해 안으로 들어갔고, 토니가 3층 버튼을 눌렀다.

엘리베이터가 힘겹게 2층을 지나고 멈췄다. 문이 천천히 열렸다. 토니와 나는 조용히 복도를 둘러보며 312호를 찾았다. 토니가 무거운 문을 밀어서 내가 사무실 안으로 들어갈 수 있게 도와주었다.

"제임스 박사님을 만나러 왔습니다."

접수 데스크에 있는 여성에게 목적을 말했다. 그 여성이 서류를 뒤적거리며 고개를 들었다.

"주디 휴먼?"

"네."

내가 대답했다.

"여기서 기다려주세요."

책상 옆으로 휠체어를 옮겼다. 너무 떨려서 잡지책을 넘길 수도, 토니에게 무언가 이야기를 할 수도 없어 마음을 진정시키려고 애썼다. 접수 데스크 옆의 문이 열리더니 나이 든 여성이 안쪽으로 머리를 내밀었다.

"주디 휴먼?"

그 사람은 주위를 둘러보며 의아하다는 듯한 목소리로 나를 불렀다. 평균 키와 체중의 여성이었고, 짧은 회색 머리는 지난 10여 년간 유행했던 스타일로 눌려 있었다. 미소를 지은 채 입을 앙다문 모습이었고, 실용적인 신발로 바닥을 가만히 딛고 서 있었다.

"네, 전데요."

내가 말했다. 그쪽 방향으로 휠체어를 움직였다. 그 여성은 손을 내밀더니 나의 긴 갈색 생머리와 앞머리부터 휠체어에 놓여 있는 플랫폼 슈즈까지를 눈으로 훑어 내렸다. 그런 다음 "제가 제임스 박사예요"라며 나를 작은 사무실로 안내하고는 구석에 있는 갈색 목제 책상에 앉았다.

처음에는 어느 정도 예상 가능한 검진이었다. 제임스 박사는 내 혈압을 체크하고, 심장박동 소리를 듣고, 일반적인 질문을 했다. 모두 정상입니다. 긴장이 약간 풀렸다. 의사는 계속해서 내 소아마비 병력에 대해 물었다. 생후 18개월 때 바이러스에 감염되어 한 달간 앓았어요. 석 달 동안 철제 인공 폐iron lung(밀폐된 철제 용기에 머리를 제외한 모든 신체를 넣은 뒤 음압을 간헐적으로 주어 호흡을 돕는 인공호흡기―옮긴이) 안에 들어가 있었고, 그 병의 후유증으로 사지마비 증상이 생겼어요. 걸을 수 없고, 손과 팔만 제한적으로 사용할 수 있습니다.

의사의 질문이 차츰 날카롭고 거세졌다. 20년간 해온 소아마비 관련 의료적 처치에 대해 물었을 때는 거의 관음증적인 호기심으로 질문하는 것 같았다. 질문에 따라 내가 받았던 두 번의 수술과 소아마비 후에 했던 재활에 대해 자세히 설명하며 나는 점점 더 불편해졌다. 일이 잘못되어가는 것 같았다. 어떤 경계를 넘고 있었다.

네, 다섯 살 때까지 병원을 들락거렸어요. 여섯 살 때 무릎과 엉덩이의 힘줄을 풀어주는 수술을 했고요, 최근에는 척추 접합 수술을 받았습니다. 나는 이런 질문이 내가 2학년 학생들에게 영어를 가르치기 위해 교실에 앉아 있는 것이 의학적으로 위험한가를 판단하는 일과는 무관하다고 확신했다.

"네, 네. 음, 팔을 들어주세요."

의사가 이어서 말했다. 팔꿈치를 팔걸이에 올려놓고 팔을 최대한 들어올렸다. 여전히 나는 이 지시가 이날의 검진과 무슨 관련이 있는지 알 수 없었지만, 의사에게 팔을 들 수 없다고 말했다.

의사는 내가 걸어본 적이 있는지 알고 싶어 했다. 불안감이 솟구쳤다. 귀에 익은 알람 소리가 머릿속에서 쨍그랑 울리기 시작했다. 이는 분명 적절하고 타당한 범위를 넘어서는 일이었다.

"음, 척추 접합 전에는 교정기와 목발을 이용해 섰지만 실제로 걸어본 적은 없습니다."

나는 한 번도 길을 걸어본 적이 없었다.

의사는 곧 내게 숨을 들이쉬어라, 내쉬어라 할 때와 똑같이 사무적인 어조로 화장실에 어떻게 가는지 보여달라고 했다.

예상 밖의 질문이 복부를 강타했다. 이것은 잘못된 일이고, 완전히 부적절했다. 내 눈에 뜨거운 분노의 눈물이 차올랐다. 이런 일이 일어나서는 안 된다.

하지만 당연하게도 그런 일이 일어났다. 내가 무슨 말을 할 수 있었을까? 나는 휠체어를 돌려 밖으로 나가고 싶은 충동과 싸웠다. 대답할 수밖에 없었다.

나는 이미 수년간 대담한 응시와 공격적으로 던지는 사적인 질문에 맞서 차분한 태도를 유지할 수 있도록 감정을 관리하는 능력을 단련해왔다. 덕분에 간신히 일정 정도의 평정심을 유지했다. 나는 갈라진 목소리로 의사에게 말했다.

"음, 다른 교사들도 학생들에게 화장실에 가는 방법을 보여줘야 한다면 물론 그렇게 하겠지만, 그런 것이 아니라면 제가 그 일을 혼자 처리할 수 있다는 것을 믿으셔도 됩니다."

능숙한 대답에 스스로 약간 놀랐다. 내 입에서 그런 대꾸가 나올 줄은 전혀 몰랐다. 의사는 내게서 눈을 돌렸지만 별다른 대답은 하지 않았다. 곧이어 '내가 걸을 수 있는가'라는 주제로 다시 돌아갔다.

"어떻게 걷는지 다시 말해주세요."

의사가 말했다. 나는 혼자서는 걷지 못한다고 다시 설명하려 노력했다. 저는 두 살 때부터 휠체어를 탔고 혼자 서거나 앉을 수 없어요. 걸을 수 없기 때문에 교정기나 목발을 짚고 교실에 들어가는 것은 나에게도 학생들에게도 안전하지 않을 거라고 거듭 강조했다. 내 전동 휠체어는 이동의 문제를 해결해주었다.

내 설명이 전달되지 않은 것 같았다. 제임스 박사는 간단한 메모를 하고는 서류철을 접더니 2차 진료에 다시 오라고 말했다. 그때는 교정기를 신고 목발을 가지고 와서 어떻게 걷는지 보여달라고 했다.

진료는 끝났다. 눈물은 이미 흘렀다. 가슴에 분노가 휘몰아쳤다. 나는 나쁜 일이 일어날까 봐 걱정했고, 그래서 미국시민자유연합에 전화를 걸었고, 가능한 모든 결과에 대해 계획을 세우려 했지만 이런 일은 생각해보지 않았다. 내 상상을 넘어서는 일이었다. 충격을 받았고 넌더리가 났다.

나는 완전히 혼자라고 느꼈다. 의사는 내게 하고 싶은 일, 하고 싶은 말을 다 했지만 나는 아무것도 할 수 없었다. 규칙도 한계도 없었다. 차별의 감각이었다.

대기실로 와서 목소리를 차분하게 유지하기 위해 눈물과 분노를 참으며 토니에게 이제 가자고 말했다. 엘리베이터에서 무슨 일이 있었는지 설명했다. 토니는 나를 위해 분개했지만 달리 무슨 말을 할 수 있었을까? 그는 내 일상에서 이런 종류의 대우가 드문 일이 아니라는 것을 알고 있었다. 우리는 로비를 빠져나올 때까지 입을 다물었고, 휠체어를 계단에 부딪치며 내려왔지만 내 마음은 하나의 반복되는 질문으로 향하고 있었다. 포기해야 하나, 계속해야 하나? 포기인가, 계속인가?

제임스 박사가 요청한 후속 건강검진을 지원해줄 사람을 찾았다. 장애에 대해서 잘 알고, 진료를 받을 때 의사의 질문 앞에서 나의 증인 역할을 해주어 나를 덜 취약하게 해줄 사람을 원했다. 롱아일랜드 장애 학생 프로그램의 회장이자, 전국유색인종지위향상협회의 구성원이자, 2차 세계대전에 참전했던 퇴역 군인인 시어도어 차일즈 박사가 제격일 것 같았다. 그는 차별을 직접 경험했고, 이 상황을 이해하는 친절하고 통찰력 있는 사람이며, 무엇보다 기꺼이 도와주기로 했다.

토니는 다시 능숙한 솜씨로 내 휠체어를 다섯 계단 위로 올려주었다. 그러고는 다시 엘리베이터 버튼을 누르고 나, 그리고 차일즈 박사와 함께 의사의 진료실로 걸어갔다. 우리는 다시 갈색 소파에 앉아 기다렸다. 하지만 이번에는 제임스 박사가 작은 대기실로 고개를 내밀 때 조금도 웃어 보이지 않았다. 내가 진료실에 차일즈 박사와 함께 들어가도 되느냐고 묻자, 제임스 박사는 토니와 차일즈 박사는 밖에서 기다려야 한다며 거절했다. 위장이 툭 하고 떨어지는 것 같았다.

휠체어를 타고 진료실로 들어가자 방에 낯선 남자 둘이 앉아 있었다. 제임스 박사는 다른 두 의사를 내 건강검진에 참여하도록 초대했다고 말했다.

소개나 인사치레도 없이 세 사람이 함께 나를 조사했다. 내 소아마비 진단과 병력을 확인하고는 걸을 수 있느냐는 등 또다시 공격적인 질문을 쏟아냈다. 나는 그날 목발과 교정기를 가져가지 않기로 결심했었다. 의사들에게 그렇게 말하자 제임스 박사는 서류에 무언가를 적었다. '반항하는 사람Insubordinate.'

이 황당한 재판의 어느 시점에 제임스 박사가 두 사람에게 말했다.

"이 사람은 가끔 바지에 소변을 본답니다."

"무슨 말씀을 하시는 거예요?"

무슨 말을 들은 건지 믿을 수가 없었다. 제임스 박사는 내 말을 무시했다. 그 혼란 속에서 나는 제대로 생각할 수가 없었다. 단어들이 내 몸을 지그재그로 통과하는 것 같았다. 이런 일이 일어나면 안 된다고 생각했다. 일어나서는…… 안 돼……. 안 돼. 일어나면. 안 돼.

나는 스물두 살이고, 내가 바라는 것은 그저 2학년 학생을 가르치는 것뿐이었다. 이런 일에 대비해 내가 받을 수 있는 훈련이나 워크숍이 있었나? 그들이 항상 누군가를 질병을 가진 대상으로, 인간보다 못한 존재로 취급한다면 무엇을 준비할 수 있겠는가?

석 달 후 판정서가 우편으로 도착했다. 뉴욕시 교육위원회는 내가 학생을 가르칠 수 없는 사람이라고 결정했다. 놀랍지 않았다. 이유는 다음과 같다.

'양쪽 하지마비, 척수성 소아마비 후유증.'

걸을 수 없으므로 공식적으로 아이들에게 위험한 사람이 된 것이다. 전염성 질병을 가진 것도 아닌데 어찌된 일인지 오염된 사람으로 취급되었다.

내가 얼마나 똑똑하고 능력 있는지, 내 성적이 얼마나 좋은지, 경험이 얼마나 많은지는 중요하지 않았다. 그것은 교육위원회에게 전혀 중요한 일이 아니었다.

걸을 수 없기 때문에 2학년을 가르칠 자격이 없다고 여겨졌다. 그들은 그렇게 결정을 내리고, 나에게 보낼 흰 종이 한 장에 그렇게 인쇄했다.

3장 싸울 것인가, 싸우지 않을 것인가

　　나는 교육위원회와 싸워야 한다는 것을 알았지만, 무엇을 해야 할지 몰라 불안했다. 하지만 이때는 처음으로 나의 권리를 위해 스스로 일어나 무언가를 해야겠다고 결심한 순간이기도 했다. 내가 나 자신을 위해 싸우는 것은 부모님이 나를 위해 싸우는 것과는 매우 다르게 느껴졌다. 현미경 아래 완전히 노출된 것 같은 기분이었고, 가르치는 것에 대해서도 자신이 없어졌다. 나의 권리를 얻기 위해 이전의 나는 요구하지 못했던 것을 공개적으로 요구할 수 있을까? 나에게 권리가 있었던가? 많은 사람이 휠체어에 앉은 여성이 얼마나 잘 가르칠 수 있는지 궁금해하며 지켜볼 것이다. 만약 내가 이 싸움에서 승리한 후에 형편없는 교사로 평가받는다면 나의 실패는 만천하에 드러나게 된다. 내가 가르치는 일을 잘 해내지 못해 사람들이 장애가 있는 사람은 누구를 가르칠 수 없다고 생각하게 된다면? 그렇게 된다면 결과적으로 많은 사람에게 해를 끼치는 일이 되지 않을까? 장애를 가진 교사가 수천 명 있다면 실력 없는 교사 한 명이 눈에 띌 일은 없다. 그러나 내가 장애를 가진 유일한 교사로서 실패한다면 사람들은 장애인에 대해 어떤 인식을 갖게 될까? 생각만으로도 속이 울렁거렸다.

동시에 책임감도 느꼈다. 장애가 있는 친구들이 내 주위로 모여들었다. 나의 교사 면허 취득이 거부될 것으로 예상되자 친구들은 내게 맞서 싸울 것을 권했다. 우리는 내 사례가 본보기가 될 수 있다고 믿었다. 그리고 장애 이슈에 대한 인식도 높일 것이라 생각했다. 나는 우리의 이런 생각을 다 믿었지만, 무엇인가를 믿는 일이 항상 일을 쉽게 만들어주지는 않는다는 것도 잘 알고 있었다. 내가 무엇을 해야 하는지 알고 있다고 해서 그것을 생각할 때마다 내 몸을 채우는 강렬한 공포가 줄어들지는 않았다.

그러나 만약 내가 싸우지 않는다면, 누가 이 싸움을 할까? 나는 미국시민자유연합에 다시 전화했다.

"3년 전에 연락을 했었습니다."

나는 한 남자와 통화를 했고, 이후에 나에게 일어났던 일을 설명했다. 그리고 면담 일정을 잡아달라고 요청했다. 그러나 그 남자는 그럴 필요가 없다고 말했다.

"전화상으로 정보를 주셔도 괜찮을 것 같습니다. 가지고 있는 지원 서류들을 보내주세요. 살펴보고 연락드리겠습니다."

그가 말했다. 며칠 후 그 남자가 내게 다시 연락했다.

"죄송합니다, 휴먼 씨. 당신의 사례를 살펴보았지만 교사 면허 취득과 관련된 어떠한 차별도 발견할 수 없었습니다. 당신의 의학적 사유가 면허 거부의 원인이며, 그것은 차별로 보기 어렵습니다."

나는 순간 할 말을 잃었다. 의사가 나를 대한 방식이 차별이 아니라고? 내가 걸을 수 없다는 이유로 교사 면허를 불허하는 것이 차별이 아니라고? 나는 휠체어로 이동하는 데 전혀 문제가 없었다. 필요하다면 아이들을 내 무릎에 앉히고 안전하게 이동시킬 수도 있었다. 모든 시험을 통과했고, 좋은 성적을 받았으며, 토니와 함께 개발한 클리닉을 통해 다양한 연령대의 학생들과 의무 이수 시간 이상의 실무 경험도 했다.

나는 3년 동안 미국시민자유연합에 기대를 걸고 있었다. 자격증을 취득하러 갈 때나 문제가 생기지 않을까 걱정이 될 때마다 만약 일이 잘못되면 미국시민자유연합이 나를 도와줄 거라는 사실을 상기하곤 했다. 시민권 운동은 나에게 영감을 주었다. 이를 통해 장애를 둘러싼 장벽이 우리의 잘못으로 만들어진 것이 아니라 시스템의 문제라는 것을 알게 되었다. 하지만 미국시민자유연합은 불협화음의 원인이 나에게 있다고 했다. 어안이 벙벙했다.

나는 미국시민자유연합 대표를 설득하기 위해 안간힘을 썼다. 하지만 상소할 법적 근거가 없다는 게 문제였다. 1964년에 제정된 시민권법은 인종, 피부색, 종교, 출신 국가에 따른 차별을 없애기 위한 조항은 포함하고 있었지만 장애에 대한 조항은 없었다. 내가 인용할 수 있는 법 조항이나 판례가 전무했다. 만약 법의 보호를 받을 수 있었다면, 나는 즉시 전화를 끊고 평등고용기회위원회Equal Opportunity Employment Commission에 연락을 하면 되었다. 하지만 장애 권리 단체가 없었기 때문에 내가 할 수 있는 유일한 선택은 장애인에 대한 차별이 존재한다는 사실을 알리고 그 남자를 설득하는 일뿐이었다. 너무나 절망적이라 울고 싶었다. 하지만 애써 침착함을 유지했다. 그는 내 말을 계속 들어야 했다. 나는 다시 설명했다.

"제발 제가 가서 설명할 수 있게 해주세요."

그에게 말했다.

"의학적인 이유로 직업 선택을 거부당하는 것이 얼마나 차별적인 처사인지 충분히 설명할 수 있습니다."

"죄송합니다. 휴먼 씨, 우린 이미 당신의 상황을 충분히 검토했습니다."

나는 분노했고 마음 깊이 큰 상처를 입었다. 미국시민자유연합조차도 나에게 문을 열어주지 않았다. 왜 나를 환영하지 않는 곳의 문을 끊임없이 두드려야 하는 것일까?

미국시민자유연합의 반응은 나의 전투력을 끌어올렸다. 그들이 교육위원회의 차별적인 문제 행동을 인식하지 못한다면, 내 이야기를 세상에 직접 하는 수밖에 없다고 생각했다. 나는 장애인이 교육, 고용, 교통 접근성 측면에서 마주하는 삶의 장벽이 일

회성 문제가 아니라는 것을 분명히 알리기 위해 내 이야기를 이용하기로 결심했다. 우리의 장애는 재활로 치료될 수 있는 의학적인 문제가 아니었다. 나는 소아마비로 인한 신경 세포 손상을 극복해서 걷겠다는 생각은 전혀 하지 않았고, 그것이 내 삶의 목표도 아니었다. 베트남전쟁에서 장애인이 되어 돌아온 퇴역 군인의 팔과 다리는 다시 자라지 않으며, 척수 치료를 한다고 해서 그들이 다시 걸을 수 있는 것도 아니다. 근육위축증을 가진 친구들이 장애 없이 다시 태어날 수 있는 방법도 없다. 사고, 병, 유전적인 요인, 신경학적 장애, 노화 등은 성별이나 인종과 같이 인간의 기본적인 상태를 나타낸다. 따라서 학교나 고용주, 시의회가 장애인이 참여할 수 없는 방식으로 정책을 만들고 건물을 세우고 버스를 설계하도록 허용하는 것은 우리의 시민권을 침해하도록 내버려두는 것이나 다름없다. 정부는 우리의 권리를 보호해야 할 책임을 가져야 했다.

만약 우리가 아무것도 하지 않고 정부가 우리를 계속 무시하도록 내버려둔다면 정부는 아무런 책임도 지지 않으려 할 것이다.

교육위원회를 상대로 소송을 진행한다는 생각은 나를 위축시켰고, 나는 무엇을 어떻게 해야 할지 작은 실마리조차 가지고 있지 않았다. 어디서부터 시작해야 할지 알 수 없었다. 아는 변호사가 한 명도 없었다. 내가 알고 지내는 사람이라고는 정육점 주인, 경찰, 교사, 소방관뿐이었다. 사람들은 어떻게 변호사를 선임하는 걸까? 교육위원회의 결정이 인권 침해라는 것에 동의하는 변호사를 어떻게 찾아야 하나? 미국시민자유연합조차도 나의 상황을 이해하지 못하는데, 과연 내 편에 서줄 주류 변호사를 찾을 수 있을까?

우리는 언론의 관심이 필요하다고 생각했다. 학창 시절 알고 지냈던 한 장애인 남성이 저널리즘을 전공한 뒤『뉴욕 타임스』의 통신원으로 일하고 있었다. 그에게 연락해 교육위원회의 결정에 대해 이야기했다. 다음 날 앤드류 맬컴이라는 기자가 나에게 전화를 걸어 인터뷰를 요청했다. 일주일 후에 그는 '휠체어에 앉은 여성이 교사가 되기 위해 소송을 제기하다'라는 기사를 내보냈다. 1970년 내가 스물두 살 때의 일이다.

나는 브루클린의 윌러비가에 위치한 내 아파트에 있었다. 룸메이트 로리가 신문을 가져다주었다.

"주디! 주디!"

로리가 신문을 얼굴 앞에서 흔들어댔다. 신문에는 교육위원회가 나의 교사가 될 권리를 거부했다는 기사가 실려 있었다. 나는 놀라서 입이 딱 벌어졌다. 기사는 내가 기대했던 것보다 훨씬 더 나를 놀라게 했다. 신문 기사는 내 이야기를 매우 큰 사건으로 다루었다.

다음 날,『뉴욕 타임스』는 내가 직업을 갖는 것을 지지하는 사설을 썼다. 그날 오후, 자신을 로이 루카스라고 소개한 한 남성의 전화를 받았다. 그는 제임스 매디슨 법률 센터의 변호사로『뉴욕 타임스』에 실린 기사를 읽었으며, 자신이 진행 중인 시민권 프로젝트와 관련해 나와 인터뷰를 하고 싶다고 유쾌하면서도 과장되지 않은 목소리로 말했다.

나는 잠시 생각했다. 시민권에 대해 잘 아는 변호사가 나에게 전화를 했다고? 이건 마치 신이 보내준 선물 같군. 그가 나를 인터뷰하는 동안 나도 그를 인터뷰해야겠다고 마음먹었다. 잠시 나눈 대화를 통해 그가 매우 똑똑하고 통찰력을 지닌 사람이라는 것을 알 수 있었다. 통화가 끝날 때쯤 그에게 나의 변호를 맡아줄 의향이 있는지 물었다. 그는 그렇게 하겠다고 했다. 나는 너무 신이 나서 전화를 끊고 환호성을 질렀다.

로이 루카스가 나에게 갑자기 전화를 한 것은 기적과 같은 일이었다. 그러나 나는 그것이 기적이었다는 것을 훨씬 더 뒤에 알게 되었다. 로이는 훗날 미국의 임신 중지권abortion rights 문제에서 선구적인 역할을 한 변호사 중 한 명이 되었다. 그는 1973년 임신 중지를 합법화한 대법원의 판결이 있기 전에 '로 대 웨이드 판결Roe v. Wade case' 변호팀에 합류했다. 뉴욕대학교 법학대학 3학년 재학 당시 로이는 결혼한 부부의 산아 제한에 대한 헌법상의 사생활 보호가 여성의 임신 중지권을 헌법에 따라 보호하기 위한 법적 주장으로 어떻게 확장될 수 있는지를 처음으로 밝힌 사람이다. 이는 후에 '로 대 웨이드 판결'에서 논쟁의 토대를 제공했다. 그는 나에게 전화를 하기 6개월 전, 뉴욕에서 첫 번째 임신 중지권 소송을 제기했으며 그 후 4년 동안 전국적으로 제기된 거의 모든 임신 중지권 소송에 참여했다. 그는 다른 영역의 시민권에도 관심이 많았다. 로이는 기본적으로 장애인의 권리가 보장되어야 한다고 믿었으며, 우리가 하는 일이 옳고 절대적으로 필요하다는 엄청난 확신을 가지고 내 변호를 맡았다.

다음 날, 아버지와 삼촌의 정육점 고객이었던 일라이어스 슈바르츠바트도 나를 변호해주겠다고 했다. 나는 법적 대리인을 찾을 방법을 몰라 완전히 무기력한 상태로 있다가 어느새 한 팀의 변호사들과 함께 있다는 것을 깨달았다. 이는 자신의 문제를 해결해나갈 수 있다는 직감과 믿음에 따라 행동한다면 일이 잘 풀릴 수도 있음을 보여주는 좋은 예일 것이다.

미디어의 맹격이 시작되었다.『뉴욕 포스트』는『뉴욕 타임스』와 협력하여 나를 지지하는 사설을 내보냈다.『뉴욕 데일리 뉴스』는 '당신은 소아마비를 가진 채로 교사가 아니라 대통령도 될 수 있다'라는 헤드라인으로 기사를 내보냈다. 인터뷰가 계속되었고, 이후 전국적으로 많은 기사가 계속해서 나왔다. 이 모든 인터뷰를 진행하는 동안 수영장의 가장 깊은 곳에 내던져진 기분이었다. 나는 연설을 해본 경험이 없었다. 하지만 다행스럽게도 그동안 가족과 식사를 하며 토론했던 시간이 이런 상황을 대비하는 데 도움이 되었다. 아버지는 어떤 상황에서도 침착할 수 있도록 나를 훈련시켰다. 그리고 항상 대담하게 행동하라고 가르쳤다. 참지 말고 상대가 나의 논지를 이해할 수 있도록 할 수 있는 모든 것을 하라고 했다.

〈투데이〉의 프로듀서가 연락해 출연을 권유했을 때 나는 긴장하지 않을 수 없었다. 그들은 나와 미국특수교육국US Office of Special Education 공무원이었던 밥 허먼이 서로 논쟁하는 자리를 만들고 싶어 했다. 겁부터 났다. 내가 할 수 있는 일이 아닌 것 같았다. 그러나 곧 이런 생각이 들었다.

'해보지 뭐. 해내고야 말겠어. 내가 무슨 일을 해야 하는지 정확히 알 수는 없지만 한번 해보자.'

두려움이 완전히 사라지진 않았지만, 할 수 있다고 믿고 그냥 앞으로 나아가기로 결심했다. 그러는 동안에도 새로운 기사가 계속해서 나왔다. 많은 사람이 나를 격려했고, 길 가는 나를 멈춰 세우고는 용기를 주며 자신의 경험을 이야기했다.

한 남자가 말했다.

"저도 차별을 경험했습니다."

다른 여성이 이야기했다.

"나의 아버지는 평생 실직 상태에 있어요."

한 소년이 슬프게 말했다.

"제 여동생은 장애가 있어 학교에 갈 수 없어요."

전국에서 편지가 날아들었다. 몇몇 하원 의원이 뉴욕 시청에 왜 교육위원회가 나의 직업을 불허하는지 묻는 편지를 보냈다. 교사연합도 나를 지지했고, 뉴욕 시장이었던 존 린지는 나의 주장을 뒷받침하는 서한을 심사위원회에 보내 사건을 "사려 깊고 온정적으로 검토"하도록 요청했다. 나는 점점 더 미디어를 받아들였다. 내 안에서 '아무도 나를 멈출 수 없다. 나는 물러서지 않겠어!'라는 뉴요커의 본성이 나왔다.

"사회가 형식적으로 교육을 제공하고 장애인을 매장시키는 위선적인 행위를 하도록 내버려두지 않을 것입니다."

나는 한 기자에게 이렇게 말했다.

〈투데이〉에 출연해 내 차례가 되었을 때 나는 그 시간을 완벽하게 즐겼다. 하지만 밥 허먼은 그렇게 하지 못했다. 그가 내 의견에 강하게 반대하는 것은 아니었지만, 나는 끈질기게 물고 늘어졌다. 이것이 더 이상 나만의 문제가 아니라고 생각했기 때문이다. 이것은 모든 사람에 관한 이야기였다. 교사가 되고 싶었던 나의 이야기는 누군가의 형제, 자매, 아버지, 어머니, 사촌 또는 그들 자신이 가지고 있는 이런저런 문제에 관한 이야기이며, 아무도 들어주지 않아 어떤 변화도 만들어낼 수 없었던 것에 관한 이야기였다. 앞을 가로막고 있던 댐이 무너져 내린 것 같았다. 무시당하고 잊혔던 시간이 사람들의 관심을 모으고 옳은 방향으로 바로잡을 수 있는 기회의 시간으로 바뀐 것 같았다. 무엇이든 해야 했다.

원하던 대로 직업을 가질 수도 있었겠지만, 내가 진정으로 바란 것은 사람들에게 휠체어 이용자가 교사가 되지 못할 이유가 없다는 것, 무엇이든 되고 싶다면 되지 못할 이유가 전혀 없다는 것을 보여주는 일이었다.

이 과정을 통해 다른 사람들과 함께 일하면 내가 얼마나 더 큰 힘을 얻는지를 처음으로 알게 되었다. 변화는 혼자 만들 수 없다는 것을 깨달을 때, 바로 그 순간 실제로 어떤 일이 벌어지기 시작한다. 내 가족을 보면 알 수 있지만 우리 중 누구도 활동가가 아니다. 하지만 몇몇은 자기 자신뿐만 아니라 주변 사람들의 삶을 지지하기 위해 나서서 싸울 수 있는 힘이 자기 안에 있다는 것을 발견했다.

〈투데이〉에 출연한 이후에 많은 일들이 연속적으로 일어났다. 로이는 교육위원회에 전화를 걸어 나의 면허 불허 이유를 확인했고, 면허가 불허된 지 3개월 후인 1970년 5월 26일 연방 지방법원에 소송을 제기했다. 우리는 심사위원회의 절차를 위헌으로 판결하고, 나에게 면허증을 교부하며, 손해 배상금으로 7만 5000달러를 지급할 것을 요구했다. 『뉴욕 타임스』는 5월 27일 '연방 법원에 제기된 최초의 시민권 소송,' '항소 검토 중'이라는 내용의 기사를 내보냈다. 『뉴욕 타임스』 기자는 "유감스럽지만 화재와 같은 비상 상황 발생 시 학생들의 안전이 보장되어야 한다"라는 교육위원회와 심사위원회의 입장을 기사에 실었다.

나는 화재 위험이라는 말에 짜증이 밀려오고 속이 거북해졌다. 그리고 제도권이 무언가를 내켜하지 않을 때마다 '안전'상의 이유를 들어 상황을 쉽게 모면하려 한다는 것도 알게 되었다.

안전에 대한 이런 태도는 매우 자비롭고 예방적으로 보인다. 어떻게 안전에 대한 관심이 잘못되었다거나 차별이라고 말할 수 있겠는가. '안전'이라는 말 앞에서 사람들은 좀처럼 반대 의견을 내기 어렵다. 안전은 인간의 기본 욕구로 모든 사람이 안전을 원한다는 것에는 의심할 여지가 없다.

"나는 전동 휠체어를 가지고 있습니다."

기자에게 말했다.

"사람들이 보통 걷는 속도보다 빠르게 움직일 수 있습니다."

법원 심리가 있던 날이었다.

부모님과 형제들이 내 뒤를 따라왔고, 나는 변호사들과 함께 법정으로 전동 휠체어를 몰았다. 휠체어를 판사석 앞에 세웠다. 로이와 일라이어스가 옆에 앉았다. 판사가 연방 법원에 임명된 최초의 흑인 여성 판사라는 것을 로이가 알려주었다. 나는 그 이야기를 듣고 매우 흥분했고, 한시라도 빨리 판사를 만나고 싶었다. 우리 맞은편에서는 학교위원회에서 나온 변호사들과 대표들이 서류를 뒤적이며 소곤거리고 있었다. 그 옆에 기자도 몇 명 있었다. 전동 휠체어 소리가 들려 돌아보니 친구들과 함께 들어오는 프리다가 보였다. 그들은 웃으며 나에게 손을 흔들었다. 나는 기대감으로 마음이 벅차올라 가만히 있기가 힘들었다.

판사가 들어오자 일어설 수 있는 사람은 일어서고, 의자에 앉아 있는 사람은 자세를 더 똑바로 했다. 판사가 앉으라는 신호를 보냈을 때 나는 그에게서 눈을 뗄 수 없었다. 콘스턴스 베이커 모틀리 판사는 키가 컸으며, 깎아내린 것 같은 광대 때문에 위엄 있는 인상이었다. 하지만 나를 사로잡은 것은 외모가 아니라 그 사람의 존재 자체였다. 판사의 에너지가 법정을 압도했다. 나에겐 마치 신처럼 느껴졌다.

와우, 와우, 와우! 대단해! 나는 연거푸 속으로 되뇌었다. 3년 반 전에 처음으로 미국시민자유연합에 전화를 걸었던 일이 떠올랐다. 그리고 교육위원회와 싸우면서 느꼈던 두려움, 미국시민자유연합과 마지막으로 통화할 때 느꼈던 아픔과 분노가 떠올랐다.

이어서 그 순간의 어떤 상징성이 나를 강타했다. 나는 뉴욕시 교육위원회를 상대로 소송을 제기하고 있다. 판사석에 앉은 여성은 흑인 여성 최초로 연방 판사로 임명된 사람이다. 로이 루카스와 우연히 통화를 했던 일이 마치 이 순간을 위한 운명의 장치처럼 느껴졌다.

심리는 매우 빠르게 진행됐다. 베이커 모틀리 판사는 상당히 부드러운 목소리로 심사위원회 및 교육위원회 대표들에게 판사가 바뀔 거라고, 즉 사건 담당자가 달라질 거라고 알리면서도 자신이 여전히 이 사건에 관심이 있으니 실수가 없도록 해달라고 말했다.

"나는 이 사건을 계속 끌고 가볼 생각입니다. 그러니 여러분이 이 문제를 해결하기 위해 필요한 일을 해주기를 바랍니다."

베이커 모틀리 판사는 이 사건 혹은 그 밖의 다른 경우에 대해서도 다시 검토하라는 자신의 뜻을 간결하고 분명하게 전했다. 그러자 학교위원회 대표들은 별다른 논쟁 없이 이에 굴복했다. 그들은 내가 다시 건강검진을 받는 것에도 동의했다.

세 번째 건강검진 결과는 별 이상이 없는 것으로 나왔다. 진료실에 들어가자 젊은 여성 의사가 나를 맞았다. 의사는 몇 가지 양식을 작성한 후 이렇게 말했다.

"유감입니다. 저는 이런 일이 일어나서는 안 된다고 생각합니다."

뉴욕시 교육위원회가 소송에서 지고 있다는 것이 거의 명백해졌을 무렵, 나는 그들과 법정 밖에서 합의했고 교사 면허를 갖게 되었다.

시간이 흐른 뒤에 나는 콘스턴스 베이커 모틀리 판사가 내 사건을 담당했던 것이 얼마나 행운이었는지 알게 됐다. 그 당시 나는 그가 시민권 운동에서 어떤 역할을 했는지 전혀 알지 못했다. 컬럼비아 로스쿨을 졸업한 최초의 흑인 여성 콘스턴스 베이커 모틀리는 1950년 브라운 대 교육위원회 소송의 초안을 준비했다. 그는 전국유색인종지위향상협회 법률팀에서 브라운을 변호한 유일한 여성이었다. 또한 딥 사우스Deep South(미국 남부의 루이지애나·미시시피·앨라배마·조지아·사우스캐럴라이나주—옮긴이) 지역의 대중교통 차별에 반대하는 프리덤 라이더스freedom riders 운동과 수많은 '오직 백인만' 다닐 수 있는 대학의 피해자들을 변호했다. 그는 뉴욕주 상원 의원으로 선출된 첫 번째 흑인 여성이었고, 그 이후 연방 법원에 임명된 최초의 흑인 여성이 되었다. 모두 내가 그를 만났을 무렵에 일어난 일이다.

만약 어떤 일이 발생할 때 항상 이유가 있다고 가정한다면, 내게 베이커 모틀리 판사의 존재는 마치 다른 세계에서 온 초자연적인 개입처럼 느껴졌다. 대부분의 인권 소송에는 사건에 격렬하게 적대적 입장을 취하는 연방 판사들이 배정되었다. 만약 내 사건을 다른 판사가 맡았더라면 소송 결과는 완전히 달라졌을 수도 있다.

인생을 바꾼 우연한 순간에 대한 완벽한 결말이라면 아마도 '나는 교사 면허증을 얻어내고, 직장을 구하고, 행복하게 살았답니다'일 것이다. 그러나 나는 이러한 결말에 해당되지 않았다. 직장을 구할 수 없었고, 이후로도 많은 일이 일어났다. 법정 소송을 통해 교육위원회의 잘못을 증명했다는 짜릿한 사실에도 불구하고, 아무도 나를 고용하려 하지 않았다. 많은 학교가 사실상 접근이 불가능했다. 그것이 언론의 관심 때문인지 혹은 차별의 결과인지, 아니면 둘 다인지는 잘 모르겠다. 많은 학교의 교장에게서 "글쎄요. 몇 달 전이었다면 당신에게 일자리를 제공할 수도 있었겠지만, 단시간에 당신에게 맞는 자리를 제공하기는 어렵습니다"라는 말을 들어야 했다.

내 이야기를 알고 있는 기자에게 전화가 걸려와 나에게 일어난 일을 말해주었다. 그는 내가 직장을 구하지 못하고 있다는 내용의 사설을 썼다.

마침내 내가 다녔던 학교의 교장이 일자리를 제안했고 나는 P.S. 219로 돌아갔다. 처음 1년 동안은 학급을 맡지 않고, 다른 교사들이 꺼려하는 수업에 대신 들어갔다. 그러다 나중에는 '건강보호 21' 학급의 장애 어린이와 일반 학급의 비장애 어린이 모두를 가르치게 되었다. 장애를 가진 교사가 가르치는 것은 장애 어린이에게나 비장애 어린이에게나 처음 있는 일이었다. 첫해를 보내고 나서야 비로소 내 수업을 맡게 되었고 그 후로 2년을 더 가르쳤다.

1년에 걸친 소송과 첫 교직 생활 동안 나에 대한 기사가 적어도 한 달에 한 건씩은 계속해서 나왔다. 많은 사람이 나를 알아봤고 길 가는 나를 불러 세웠다. 운전을 하며 지나가다가도 경적을 울리며 나를 멈춰 세우곤 했다. 나는 그들에게 다가가 인사했다. 상점에 있던 사람들도 나와서 길을 가로막으며 말했다.

"축하해요! 계속 힘내세요."

어떤 사람들은 차별에 대한 더 많은 이야기를 들려주었다.

그때를 돌아보면, 내가 만약 두려움과 불안에 굴복했더라면 상황이 어떻게 달라졌을까 두렵기도 하다. 소란을 피하기 위해 문제를 그대로 덮어두었다면 어땠을까? 먼저, 내가 누군가를 가르칠 수 있다는 사실을 알지 못했을 것이다. 더 중요한 것은, 내가 누구이고 할 수 있는 일은 무엇인지 생각해보지 않고 그저 제도의 결정에 따랐으리라는 점이다. 만약 소송에서 패소했더라도 내 삶은 달라졌을 것이다. 제도를 향해 잘못되었다고 나서서 이야기하는 경험을 해보았기 때문이다. 나는 내가 믿는 것을 위해 싸웠다.

소송에서 이겼다는 사실은 내 관점이 옳았음을 증명해주었다. 많은 장애인이 차별을 겪으며 살아간다. 시간을 가지고 싸워나간다면 우리는 차별과 싸워 이길 수 있을 것이다.

얼마 후 뉴욕주는 시각장애인이나 지체장애인이 누군가를 가르치는 일을 막지 못하게 하는 법안을 통과시켰다.

소송 후에 일어난 또 다른 변화는 나와 친구들이 장애인이 직접 운영하는 시민권 단체를 조직하기로 결정한 것이다.

우리는 나에게 편지를 썼거나 전화를 했던 모든 사람에게 연락해 롱아일랜드대학교에서 열린 첫 모임에 초대했다. 언론을 포함해 100명이 넘는 사람이 참석했다. 열악한 대중교통 접근성을 고려한다면 이 숫자는 매우 경이로운 관심이라고 볼 수 있었다. 처음에 우리는 새로운 조직의 이름을 '행동하는 (무력한) 장애인 Handicapped in Action'으로 지었다. 하지만 이내 'Handicapped'('무력한', '한계를 지닌' 등의 뜻을 내포하고 있어 지금은 장애를 뜻하는 말로 잘 쓰이지 않는다—옮긴이)라는 말이 마음에 들지 않아 '행동하는 장애인 Disabled in Action'으로 이름을 변경했다. 나는 초대 의장으로 선출되었고, 이사회는 다양한 장애를 가진 사람들로 구성되었다. 우리는 장애인 보호 작업장의 폐쇄와 탈시설 문제부터 교통 접근성, 그리고 『뉴욕 타임스』가 장애 관련 뉴스를 시민권 이슈로 다루고 있지 않은 것에 항의하는 일까지 모든 사안을 다뤘다. 우리는 수천 명의 발달장애인을 수용했던 스태튼 아일랜드의 지옥 같은 시설 윌로우브룩 주립 학교에 대항하기도 했고 베트남전쟁 참전 용사들과 팀을 이루기도 했다.

만약 다른 사람들이 당신을 3류 시민으로 본다면, 당신에게 가장 필요한 것은 자신에 대한 믿음과 당신이 권리를 가지고 있다는 사실을 아는 것이다.

그다음으로 필요한 것은 당신과 함께 싸워줄 친구들이다.

4장 　 비행 공포

나는 브루클린 윌러비가에 있는 내 침실 책상에 앉아 있었다. 내 앞에는 의회가 제안한 수십 장의 재활법 개정안이 펼쳐져 있었다. 1972년, 그때 나는 스물다섯 살이었다. 주말 내내 정책을 샅샅이 살펴보았다. 뉴욕시에서 장애인 지원 팀장으로 일하고 있던 친구 유니스 피오리토가 장애인의 교육, 훈련, 취업과 관련된 새로운 법안에 대해 알려주었다. 앞서 말한 것처럼 나는 롱아일랜드대학교에서 공부하는 동안 미국직업재활국의 재정 지원을 받았다. 재정 지원은 장애인에게 매우 중요한 부분이기 때문에 우리는 그 프로그램이 어떻게 운영되는지에도 관심이 많았다. 시각장애인이었던 유니스는 처음에는 자기 직원에게 내게 전화를 걸어 내용을 읽어주라고 했지만, 나중에는 그 직원이 문서를 가져다주어서 주말에 직접 읽어볼 수 있었다.

나는 물 한 컵을 홀짝거리며 훈련과 서비스에 대한 부분을 천천히 읽어 내려가다가 504조를 마주했다.

"잠깐, 잠깐만."

마시던 차를 내려놓았다.

"내가 제대로 읽은 건가?"

안경을 벗고 두 눈을 비비며 다시 확인했다. 정확하게 읽었다는 것을 알고는 믿을 수가 없었다. 그 문장을 읽고 또 읽었다.

> 미국 내에서 제7조 제6항의 장애에 대한 정의에 부합하는 장애인은 장애가 있다는 이유만으로 연방 정부의 재정 지원을 받는 프로그램이나 활동에 따른 혜택에서 배제, 거부되거나 차별받을 수 없다.

이 조항은 우리가 **실제로 차별받고 있음**을 인정한 것이다. 혼란스러웠고 동시에 무엇인가가 진행되고 있다는 것도 느껴졌다.

의회 안의 누군가가 우리가 무엇을 말하고 있는지 이해하기 시작했다. 학교에 가지 못하는 것, 교사 자격증 취득을 거부당하는 것, 우리가 수시로 맞닥뜨리는 수천 가지의 장벽이 의학적인 문제라며 묵살될 수 없고, **묵살되어서는 안 된다**는 것을 마침내 알게된 것이다.

흥분이 비눗방울처럼 내 안에서 솟아났다. 우리가 직면한 어려움에 대해 배우고, 기꺼이 조치를 취하려는 사람들이 의회에 있다는 사실은 내게 큰 의미로 다가왔고, 잠시 나 자신을 돌아보게 했다. 만약 내가 입학 거부라는 상황을 경험하지 못했다면? 나 자신을 의심하는 이 모든 생각이 머릿속에 깊이 뿌리 내린 적이 없었다면?

내 마음속 깊은 곳의 혼란, 상처, 수치심의 작은 힘줄들이 느슨해지면서 수면 위로 떠오르는 느낌이었다. 이는 왜인지 결코 이해할 수 없는, 어린 시절 내내 마음속 깊이 간직하고 있던 감정에서 비롯한 것이었다. 왜 나는 동생이나 친구들과 같이 학교에 다니지 못할까? 어린 시절 나는 그런 상황을 도무지 이해할 수 없었다.

이것이 바로 그 이유다. 사람들이 늘 존재하지 않는다고 주장하는 차별, 그런 의도가 아니었다거나 이해하지 못했을 뿐이라거나 무엇을 해야 하는지 몰랐다고 말하며 지워버리려고 하는 차별 말이다.

나는 그 법이 어떻게 보일지 상상하기 시작했다. 법의 시행과 준수는 연방 정부의 지원금을 받는 기업과 단체에만 적용되지만 이후에는 교육, 고용, 주택, 교통 등 여러 분야에서 직면하는 많은 문제들로 확대될 것이다.

'행동하는 장애인'과 우리의 파트너 조직이 이를 위해 함께 무엇인가를 할 수 있을 것 같았다. 싸움에 진전이 있는 것 같았다. 마침내 사람들이 우리의 이야기를 듣기 시작한 것이다.

1964년은 시민권법이 통과되기 전이었고 법이 발의된 지 얼마되지 않았을 때지만, 그 과정과 성취를 알리는 발표, 연설, 기사들이 쏟아져 나왔다. 아마도 당신은 장애에 관한 시민권법으로서 504조를 둘러싸고도 비슷한 흥분이 있었으리라 예상할 것이다. 그러나 나는 발의된 재활법에 어떤 시민권 조항도 포함되어 있다는 얘기를 듣지 못했다. 내가 아는 한 누구도 이 법안을 어떤 방식이나 형식, 형태로든 시민권법으로서 이야기하지 않았다. 이러한 사실은 나를 놀라게 했어야 하지만, 당시 나는 별로 놀라지 않았다. 우리의 문제는 늘 무시되었기 때문에 기대 자체가 매우 낮았다. 후에 나는 504조가 우리를 지지하는 몇몇 의원이 시민권법을 개정하지 않고도 장애인 고용에 초점을 맞춘 시민권 조항을 법안에 조용히 끼워 넣을 수 있는 방법을 알아보도록 원로 의원들을 상대로 은밀히 작업한 결과였음을 알게 되었다.

법안을 모두 읽고 나서 나는 '행동하는 장애인' 이사회 멤버들에게 전화를 걸어 무엇을 해야 할지 의논했다. 80명 정도밖에 안 되는 인원이지만 모두 적극적이었다. 우리는 위원회 구조였고, 보호 작업장 폐지, 접근성 확대, 텔레비전에서 보이는 장애에 관한 부정적인 표현과 싸우기 등 구체적인 목표를 가지고 있었다. 우리는 법안을 계속해서 예의 주시하기로 했다. 504조가 어떻게 되든 상관없이 그것을 그냥 내버려두지 않을 생각이었다.

의회는 이 법안의 통과를 위한 투표를 진행했다. 그러나 리처드 닉슨 대통령은 서명을 하지 않고 법안을 책상 위에 그대로 두는 방식으로 거부권을 행사했다. 대통령의 거부권 행사에 사람들의 이목을 집중시키기 위해 우리는 시위를 벌이기로 결정했다.

닉슨은 재선 출마를 준비하고 있었기 때문에 우리가 목표물로 삼기에 좋은 상대였다. 우리의 시위는 50명 정도가 맨해튼의 연방 정부 건물로 가는 것으로 시작되었다. 안타깝게도 그곳에서는 거의 아무 일도 일어나지 않았다. 어디선가 나타나 우리에게 무엇을 원하느냐고 물은 경찰 말고는 아무도 우리에게 주의를 기울이지 않았다. 우리가 닉슨의 선거 운동 본부가 어디에 있는지 아느냐고 묻자 그들은 우리에게 주소를 주었다. 알고 보니 그곳은 도시의 주요 간선도로인 매디슨 애비뉴에 있었다. 우리는 휠체어를 밀고 매디슨 애비뉴 한가운데로 돌진해 네 개 차선을 모두 막았다. 트럭과 차들이 경적을 울리며 우리를 노려봤다. 그때가 마침 교통 혼잡 시간이라 우리는 한 개 차선만 점거하기로 했다. 그 정도로도 교통 체증을 일으키기에는 충분했다. 비록 언론의 대대적인 관심을 받지는 못했지만, 우리의 시위는 저녁 교통 방송에 보도되었다.

우리는 대통령 선거 전날 다시 시위를 벌이기로 했다. 함께할 베트남전쟁 퇴역 군인을 모으기 위해 '미국 베트남전쟁 퇴역 군인회Vietnam Veterans of America'의 창시자인 바비 뮬러를 만났다. 타임 스퀘어를 지나 닉슨의 선거 운동 본부를 향해 행진할 때 뮬러는 나에게 말했다.

"마침내 나보다 더 미친 사람을 만났군."

퇴역 군인들은 젊고 남자인 데다가 역사적인 영웅으로 여겨졌기 때문에 정부는 그들을 우리와 다르게 대우했다. 우리는 장애가 있는 참전 용사 몇몇이 시위에 함께 참여하면 언론이 좀 더 나아진 보도를 할 거라고 기대했다. 기대대로 언론 보도는 조금 개선되었다.

이것이 교사 자격증을 취득한 후 몇 년 동안의 내 삶이었다. 주중에는 '행동하는 장애인'에 가서 장애인들을 가르쳤다. 주말 동안에는 회의를 하고, 모임을 꾸리고, 시위에 참여했다.

어느 날 집에 있는데 전화벨이 울렸다. 주방 벽에 달려 있던 노란색 전화기를 집어 들었다. 이른 오후였고 햇살이 주방 안을 비추고 있었다. 그때 나는 스물일곱 살이었다.

"주디."

남자는 마치 내 이름을 매일같이 불러왔던 것처럼 말했다.

"나는 에드 로버츠라고 합니다. 지금 캘리포니아 버클리에서 전화를 하고 있어요. 당신에 대한 이야기를 많이 들었습니다. 당신이 버클리로 와주면 좋겠습니다. 우리가 함께한다면 정말 많은 변화를 만들어낼 수 있을 거예요."

'잠깐만. 뭐라고? 왜?'

나는 매우 놀랐지만 곧 미소를 지었다. 누군가의 인정을 받는다는 것은 기분 좋은 일이었다. 그런데 이 남자는 누구지? 나는 웃음이 났다. 갑자기 누군가에게 전화를 걸어 전혀 예상치 못했던 일을 하자고 부탁하는 것은 내가 해보고 싶던 일이었다. 나는 적어도 그때까지는 누구에게도 동부에서 서부로 넘어와 달라고 부탁해본 적은 없지만 말이다.

"당신과 '행동하는 장애인'이 뉴욕에서 무슨 일을 하고 있는지 들었습니다."

에드가 말했다.

"캘리포니아대학교 버클리 캠퍼스(이하 UC 버클리)의 '공중 보건과 도시 및 지역 계획Public Health and City and Regional Planning'에서 장애가 있는 학생을 찾고 있습니다. 나는 당신이 충분한 자격을 가지고 있다고 생각합니다."

그는 계속 이어나갔다.

"나의 목표는 당신이 자립생활센터Center for Independent Living 일에 합류하는 것입니다. 지금 우리와 함께 일할 리더를 찾고 있거든요."

자립생활센터라는 곳에 대해서는 어렴풋이 들어 알고 있었다. 나는 "음……" 하고 말했다.

에드의 설명에 따르면 자립생활센터는 전 세계에서 처음 시도되는 유형의 센터로 '행동하는 장애인'과 마찬가지로 장애인의 권리를 강화하는 데 초점을 두고 있지만, 장애인이 독립적으로 살아갈 수 있게 하는 정책과 서비스에 관한 일도 함께 하고 있었다. 에드는 이어서 자신의 이야기를 들려주었다. 그는 소아마비를 겪었고, 두 개의 손가락만 사용할 수 있다. 철제 인공 폐를 달고 잠을 자며 전동 휠체어를 사용한다. UC 버클리에 입학한 첫 번째 장애인으로 캠퍼스에서 생활하기 위해 대학의 행정 기구와 싸워야 했다. 캠퍼스 안에는 철제 인공 폐의 무게를 지탱하도록 설계된 건물이 없었기 때문에 그는 보건실에서 생활했다. 그러자 휠체어를 탄 다른 장애 학생들이 그의 '기숙사'로 몰려들었다. 그들은 스스로를 '롤링 퀴즈Rolling Quads'라고 불렀고, UC 버클리에 '지체장애 학생 프로그램Physically Disabled Students Program'을 설립했다. 에드가 대표로 있던 자립생활센터는 이 프로그램을 통해 성장했다. 이 프로그램은 주로 젊은 장애 운동가들이 운영하고 있었다.

UC 버클리에서 석사 학위를 받으면 좋겠다는 생각이 들었고, 또한 자립생활센터라는 단어를 들으니 곧바로 흥미가 생겼다. 교사로 일하는 데는 석사 학위가 필요했다. 이미 컬럼비아대학교에 합격한 상태였지만, 브루클린에서 맨해튼의 업타운 지역까지 어떻게 통학해야 할지 알아보는 중이었다. 무엇보다 뉴욕을 떠난다고 생각하면 겁이 났다. 가족의 지원에 더해 룸메이트에게 비용을 주고 침대에서 일어나 옷을 입고, 잠자리에 들고, 화장실에 갈 때 도움을 받는 식으로 내 집에 살 수 있는 시스템을 어설프게나마 갖춰놓은 상태였다. 이 지원 시스템을 벗어난다는 생각만으로도 깊은 웅덩이 속에 떨어지는 것 같은 기분이었다.

나는 에드에게 뉴욕과 가족, 내가 만든 울타리를 떠나는 것에 확신이 서지 않는다고 말했다.

"주디, 그게 바로 우리가 여기서 하고 있는 일입니다."

그는 그렇게 말하고는 자신이 UC 버클리에서 자립적으로 할 수 있는 모든 일에 대해 이야기해주었다. 캘리포니아주는 장애인이 개인 활동 보조인을 고용할 수 있도록 재정 지원을 해주기 때문에 내가 뉴욕에서 하는 것처럼 룸메이트나 친구에게 의존할 필요가 없었다. 그리고 자립생활센터는 휠체어로 접근 가능한 아파트를 어떻게 찾고, 고장 난 휠체어를 어디서 수리하며, 개인 활동보조인은 어떻게 광고를 내서 구하는지 등 내가 필요로 하는 모든 일의 방법을 알려주는 공동체를 뜻하는 것이었다. 에드의 말을 들으면서 어쩌면 뉴욕을 떠날 수도 있겠다는 생각이 들었다. 두려움이 조금씩 사라지기 시작했다.

그에게 좀 더 생각해보겠다고 말했다. 그리고 전화를 끊었다. 내가 정말 할 수 있을까? 에드와 통화한 내용을 부모님과 친구들에게 이야기하고, 가겠다고 결정할 경우 발생할 수 있는 모든 상황을 생각해봤다. 이는 분명 나에게 큰 변화일 것이다. '행동하는 장애인'을 떠나야 할 뿐만 아니라, 무엇보다도 훌륭한 보컬 선생님과 헤어져야 했다. 나는 선생님에게 10년 동안 보컬을 배웠다. 그와 헤어진다고 생각하니 복잡한 감정이 들었다.

결국 나는 그 프로그램에 지원하기로 결심했다. UC 버클리의 공중 보건 석사 과정에 합격했고, 재활국의 클라이언트로서 대학원 학비를 지원받았다. 친구 낸시 디앤젤로에게 내가 생각하고 있는 것들에 대해 이야기했다. 캘리포니아로의 이주를 계획하고 있다는 내 말에 낸시는 매우 흥분했고, 우리는 함께 가기로 했다. 낸시와 함께할 수 없었다면 나는 아마 이주를 실행에 옮기기 힘들었을 것이다.

캘리포니아에 도착하자, 에드뿐만 아니라 자립생활센터의 직원들과 UC 버클리의 장애 학생 프로그램 관계자들이 우리를 도와주었다. 거주할 아파트를 구해주고, 캘리포니아 생활이 처음인 우리를 며칠간 도와줄 사람을 공항에서부터 만날 수 있도록 조치해주었다. 가정 내 지원을 받을 자격이 인정되면, 우리에게 맞는 지원자를 우리가 직접 알아볼 수 있었다. 버클리에서 활동 보조는 존중받는 일이었기 때문에 활동 보조인을 찾는 것은 어렵지 않았다. 내가 필요로 하는 특정한 방식으로 정해진 시간에 지원을 받을 수 있도록 나를 도울 사람을 인터뷰해서 고용할 수 있다는 사실이 이상하기도 하고 놀랍기도 했다. 아침저녁으로 올 사람을 고용했고, 그 사람이 금요일이나 토요일 밤에 오지 못할 것을 대비해 예비 인력도 구했다. 그 결과 나는 일어나고 싶을 때 일어나고, 먹고 싶을 때 먹고, 자고 싶은 시간에 잘 수 있게 되었다. 침대로 어떻게 올라갈지 걱정하지 않고 토요일 밤에 외출도 할 수 있게 되었다. 작고 평온한 도시 버클리는 내게 스스로 움직일 수 있는 자유를 안겨주었다. 동생이나 아버지에게 운전해달라고 부탁할 필요 없이 혼자서 친구 집에도 갈 수 있었다. 생애 처음으로 에드를 비롯해 휠체어가 들어가는 밴을 가진 친구들이 생겼다.

자립생활센터는 우리 아파트 단지 안에 있었다. 그곳은 사람들이 모이고 활동이 시작되는 중심이었다. 많은 사람이 그곳에서 시작되고 있는 변화의 일부가 되기 위해 캘리포니아로 모여들었다. 뉴욕에서 우리를 따라온 사람들도 있었다. 갑자기 나는 내가 전혀 알지 못했던 방식으로 폭풍우를 만들고 있었다. 대단히 외향적이었던 나는 아무리 강조해도 지나치지 않을 만큼 그 상황을 좋아했다. 자립생활센터 이사회의 일원이 되었고, 버클리에서 시행되던 장애 학생 프로그램에 참여했으며, 장애 활동가 공동체에 푹 빠져 지냈다.

나는 UC 버클리에서 눈으로 확인할 수 있는 장애를 가진 유일한 석사 과정 학생이었다. 내가 어떻게 적응했는지 궁금하지 않은가?

지도 교수였던 헨리크 블룸 교수와 함께 연구를 수행하면서 내가 장애인과 관련해 가진 목표와 생각이 완벽하게 합리적이라는 것을 알게 되었다. 그는 장애인의 건강과 삶의 질을 증진하기 위해서는 의료적인 지원뿐 아니라 접근성, 주거, 교육, 고용 등 일상을 영위하기 위한 광범위한 지원이 필요하다는 것에 공감했다. 블룸 교수는 단순한 클리닉 이상의 역할을 했던 '60세 이상을 위한 건강 클리닉Over 60s Health Clinic'의 이사회에 나를 추천했다. 이사회에서 내가 기여한 부분 중 하나는 장애가 노화 과정의 자연스러운 일부이며, 따라서 사람은 나이가 들면 장애를 갖게 된다는 사실을 받아들이고 지역 사회에서 좀 더 활동적으로 지낼 수있어야 한다는 점을 알린 것이다. 불행히도 내가 대부분의 시간을 보낸 워런 홀에는 접근 가능한 화장실이 없어서 화장실에 가기 위해서는 캠퍼스를 가로질러 장애 학생 프로그램까지 가서 도움을 받아야 했다. 이는 매우 번거롭고 하루 일과 중의 많은 시간을 빼앗기는 일이었다. 하지만 나는 UC 버클리 캠퍼스를 쉽게 가로지를 수 있다는 점이 좋았고, 오며 가며 만나는 학생들과 강의실에서 배우는 내용 모두가 좋았다.

버클리에서 지낸 지 채 1년이 되지 않았을 무렵 전화 한 통을 받았다. 그때 나는 주방에서 뒷마당을 바라보고 있었다.

"주디, 저는 리사 워커입니다."

수화기 너머의 목소리가 말했다.

"저는 해리슨 윌리엄스 상원 의원의 수석 입법 보좌관입니다. 당신이 우리 의원실에서 일할 수 있을지 이야기를 나누고 싶습니다."

사실 리사에게 연락을 받고 그리 놀라지는 않았다. 랠프 네이더(미국의 변호사, 소비자 보호 운동·반反공해 운동 지도자—옮긴이)와 함께 일했던 DCDistrict of Columbia(워싱턴 DC를 가리킨다—옮긴이) 출신의 친구 랠프 하치키스가 몇 주 전에 연락해 윌리엄스 상원 의원실의 입법 보좌직에 나를 추천해도 될지 물어왔기 때문이다. 석사 학위를 받기 위해서는 6개월의 실습이 필요했기 때문에 마침 나는 적당한 자리를 찾던 중이었다. 리사가 제안한 것은 정규직 자리였다. 만약 UC 버클리 측에서 내가 석사를 마칠 때까지 원거리에서 학점을 이수할 수 있도록 해준다면 나에게 꽤 좋은 기회가 될 것 같았다. 나는 하겠다고, 관심이 있다고 말했다. 리사는 내가 그 직무에 지원하도록 정식으로 요청했다. 기분이 얼떨떨했다.

의회에서 윌리엄스 상원 의원은 장애 이슈에 관한 챔피언 중

한 사람이었다. 상원의 노동 및 공공복지위원회 의장으로서 그는 장애인의 고용과 교육에 큰 변화를 가져올 수 있는 위치에 있었다. 이 두 가지 이슈는 내게도 매우 중요했다. 다른 한편으로 나는 버클리에서 사는 걸 매우 좋아했지만, 재미있게도 버클리를 떠나 워싱턴으로 갈 때는 뉴욕을 떠날 때만큼 두렵지 않았다. 캘리포니아로의 이주는 나에게 독립적으로 살아갈 수 있다는 자신감을 주었다.

나는 그 자리에 지원했고 빠르게 일자리를 갖게 되었다. 그리고 다시 이주했다.

워싱턴에서의 일상은 버클리에서보다 더 많은 제한이 따랐다. 버클리에는 있는 활동 보조 지원이 DC에는 없었기 때문에 활동 보조인을 찾기가 쉽지 않았다. 게다가 접근 가능한 대중교통이 없어서 도시를 돌아다니는 것이 훨씬 더 어려웠다. 캘리포니아 재활국이 출퇴근 교통비를 지원하고 밴을 구해 운전사를 고용할 수 있게 해주었지만 말이다. 접근성 문제와 활동 보조인 부족으로 나는 사교성을 충분히 발휘할 수 없었지만, 다행스럽게도 대통령 직속 장애인고용위원회에서 일했던 하반신 마비 장애인 친구 다이앤 라틴과 함께 살게 되었다. 나는 침실에 있는 침대에서 잤고, 다이앤은 거실 소파에서 잤다. 똑똑하고 거침없는 성격의 다이앤은 타오르듯 붉고 긴 머리칼을 가지고 있었다. 다이앤은 나보다 훨씬 더 거칠고 대담했는데 나는 그런 점이 좋았다. 우리는 장애인의 미래에 대해 같은 비전을 가지고 있었다.

의회에서 나는 리사 워커뿐만 아니라 상원의 노동 및 공공복지 위원회의 고위직인 닉 에데스와도 긴밀히 협력했다. 리사와 닉은 장애인을 지원하는 일에서 큰 역할을 하는 의회 직원들이었다. 그 일은 리사가 내게 접근한 이유이기도 했다. 그들은 운동가들과 관계를 강화하고 싶어 했다.

윌리엄스 상원 의원실은 나를 504조 팀에 배치했다. 처음 그 조항을 읽었을 때부터 줄곧 나는 그것을 지켜보고 있었다. 내가 캘리포니아에 있을 때 닉슨은 504조가 포함된 재활법에 마침내 서명했다. 공교롭게도 나는 워터게이트 스캔들이 정점을 찍을 무렵 워싱턴에 도착했고, 얼마 후 닉슨은 사임했다. 닉슨의 사임은 504조에 많은 영향을 끼쳤다. 그것은 곧 우리가 협상을 해서 법의 시행을 더 신속하게 추진할 수 있는 완전히 새로운 정부를 갖게 되었다는 뜻이기 때문이다. 다른 연방 기관들이 504조를 어떻게 해석하고 시행해야 하는지를 지시하는 규정이 없다면 그 조항은 법적 효력을 갖지 못할 것이다. 따라서 다음 단계는 제럴드 포드Gerald Ford 대통령의 차기 행정부가 법적 효력을 갖는 규정을 작성하게 하는 것이었다. 이 일은 HEW라고도 불렸던 보건교육복지부Department of Health, Education, and Welfare에서 맡았다. 여러 위원회 회의를 통해 나는 이러한 사실을 아주 분명하게 이해했다.

윌리엄스 상원 의원실은 다른 주요 법안도 다루고 있었다. 또 다른 쟁점 중 하나는 장애 어린이가 양질의 교육을 받을 수 있도록 하는 법안이었다. 그들은 내 의견을 묻기도 했다. 뭐라고? 내가 어린 시절에 상처받았던 경험이 아이들의 삶을 바꾸는 법을 만드는 데 도움이 될 수 있다고? 매우 흥미로웠다. 나는 의견을 절충하는 데 뛰어난 사람이었지만, 그 순간만큼은 내 의견을 바로 이야기했다. 이렇게 주장했다.

"특수학교를 없애고 장애 학생이 일반 학교에서 함께 공부할 수 있도록 해야 해요! 장애 학생이 실제로 배울 수 있게 하기 위해서 우리가 할 수 있는 일은 무엇일까요?"

나는 행동의 중심에 있었고, 나의 배경과 행동주의가 다른 사람은 갖지 못한 지식과 전문성을 내게 주고 있다는 점이 점차 분명하게 보였다.

나는 훗날 장애인교육법Individuals with Disabilities Education Act(IDEA)이 될 장애아동교육법Education for All Handicapped Children's Act의 제정을 돕는 역할을 했다. 장애아동교육법은 장애가 있는 어린이가 최대한 덜 제한적인 환경에서 학습할 수 있도록 보장하고, 분리 교육을 철폐하며, 장애 학생에게 양질의 교육을 제공하는 일에 책임감을 가지고 임하도록 하는 법이었다. 물론 나는 편지에 답하거나 자료를 준비하는 등 일상의 잡무들도 처리했다. 그와 별개로 내 생각과 의견은 가치 있게 다루어졌고, 이는 내 발밑의 땅을 움직였다.

나는 뇌성마비, 근육위축증, 청각장애, 시각장애, 인지장애 단체의 사람들을 광범위하게 만났다. 이전에는 만나본 적 없는 기관의 실무자, 운동가, 로비스트 등 여러 분야의 사람들과도 알고 지

내게 되었다. 마치 어떤 일을 시작하기 위해 잘 다져진 비옥한 땅을 가진 느낌이었다. 나는 504조가 추진되는 상황을 계속 따라가며 그것이 우리에게 도움이 되는 방식으로 실행되게 하는 기구로서 미국장애인시민연합American Coalition of Citizens with Disabilities의 공동 설립을 도왔다. 미국장애인시민연합은 장애인 당사자들이 직접 운영하는 미국 최초의 장애 간cross-disability 권리 단체가 되었다.

비행기에서의 사건이 발생한 것은 그 무렵이었다. 춥고 음산한 1월이었고, 나는 퀸스의 라과디아 공항에서 DC로 돌아가는 비행기를 기다리고 있었다. 집에서 휴가를 보내고 돌아가는 길이었다. 부모님은 내가 비행기 타는 것을 도와주고 작별 인사를 하기 위해 나와 함께 기다리고 있었다. 나는 부모님과 헤어지는 것 때문에 약간 우울한 기분이었고, 비행에 대한 흥분은 전혀 없었다. 나는 비행기 타는 것을 좋아하지 않았다. 기분이 좀 나아질까 해서 에리카 종의 책 『비행 공포Fear of Flying』를 가지고 탔다. 이 책은 당시로부터 2년 전인 1973년에 나왔다. 나는 휠체어를 굴려 게이트로 가서는 가방에서 탑승권을 꺼냈다. 탑승권을 카운터에 있는 여성에게 건네자 그 사람이 나를 멈춰 세웠다.

"오늘 누구와 함께 탑승하시나요?"

그 여성이 물었다. 묻는 얼굴을 바라보니 짜증이 밀려왔다.

"혼자 탑니다."

"죄송합니다. 손님은 혼자서 비행기를 탈 수 없습니다."

그 사람은 약간 무시하는 투로 말했다.

나는 장애인의 비행기 탑승을 금지하는 규정이 없다는 사실을 알고 있었다. 바로 그때 내 무릎 위에 있던 가방에는 교통부가 새로 제안한 규정을 담은 문서의 사본이 들어 있었고, 나는 사무실에 돌아가 그것을 검토할 생각이었다. 나는 이미 문서를 읽었기 때문에 교통부에서 나 같은 사람이 혼자서 비행기에 탑승하는 것을 제한하자고 제안한 것을 알고 있었다. 우리 사무실은 이 규정을 지지하지 않았다. 나는 현재의 규정에는 이러한 제한이 없다는 것을 잘 알고 있었다.

내가 윗사람과 이야기하고 싶다고 하자 그는 다른 여성을 불렀고, 불려온 여성은 그의 편을 들었다. 나는 또다시 상사와 이야기하게 해달라고 부탁했다. 결국 한 남성이 나타나 비행기에 탑승해도 된다고 말했다.

당시의 규정에 따르면 아버지는 잠시 비행기에 타서 내가 좌석에 앉는 것을 도와줄 수 있었고, 그렇게 했다. 게이트에서 그 여성들에게 위압적인 태도를 보이긴 했지만, 나는 마음이 약간 흔들렸다. 영화관에서 내가 통로를 막고 있다는 말을 듣거나, 식당에서 우리가 나가주기를 바라는 매니저를 만날 때 등 이런 일들이 일어날 때마다 그 순간에는 강경한 태도를 취하려 하지만 늘 속상한 마음과 화가 남곤 한다. 나는 책을 꺼내고 마음을 가라앉히려 노력했다.

이륙을 기다리고 있는데, 기장이 안내 방송을 통해 허가를 받지 못해 이륙이 지연되고 있음을 알렸다. 승무원이 나에게 다가

왔다. 내가 이륙 지연의 원인이라는 걸 알 수 있었다.

"죄송합니다. 승객께서는 혼자 비행기에 탑승하실 수 없습니다. 만약 위급한 상황이 발생했을 때 도와줄 사람이 옆에 없다면 비행기에서 내려주시기를 부탁드립니다."

나는 승무원에게 미소 지으며 말했다.

"위급한 상황이라면, 이 비행기에서 도움이 필요한 사람은 저 혼자만이 아닐 텐데요."

승무원은 굳은 얼굴로 미소를 짓더니 내 옆에 있던 남성 쪽으로 돌아섰다.

"선생님, 위급한 상황이 발생했을 때 옆에 계신 여성분을 도와주실 수 있을까요?"

그 남성은 나를 돕겠다고 했다. 그러나 내가 끼어들었다.

"괜찮습니다. 위급한 상황이 발생한다면, 당신은 그 상황에 대처하면서 나 한 사람이 아니라 더 많은 사람을 도와야 한다고 생각합니다. 나는 특별하지 않습니다."

내 말에 승무원의 얼굴에서 미소가 사라졌다.

"승객께서 혼자 탑승해도 되는지 확인받기 위해 의사를 부르겠습니다."

주변의 모든 사람이 고개를 돌려 나를 쳐다보았다. 나는 침착하게 말했다.

"잠시만요. 만약 당신이 비행기 안의 모든 승객의 건강 검진을 할 생각이라면 나는 기꺼이 응하겠습니다."

그러자 그 승무원 옆으로 다른 승무원들이 무리를 지어 모여들었다. 그 가운데 한 사람이 내 쪽으로 다가오며 말했다.

"죄송합니다, 승객님. 비행기에서 내려주셔야겠습니다."

"아니요, 저는 절대 내리지 않을 것입니다."

나는 단호하고 강경하게 말했다. 기내를 꽉 채우고 있던 승객들이 모두 나를 쳐다보았다.

승무원들은 자리로 돌아갔다. 그중에서 한 명은 비행기에서 내렸고, 나머지는 문 주위에 모여 뭔가를 속삭였다. 몇 분 후, 항만경찰 두 사람이 비행기에 탑승했다. 그들은 곧장 내 좌석으로 걸어왔다.

"당신을 체포합니다. 자리에서 나와 주십시오."

그들은 매우 진지해 보였다. 그러나 나는 마음속으로 그저 '와우! 놀랍군!'이라고 외칠 뿐이었다. 그들은 결국 나를 체포할 것이고, 나는 이것이 또 다른 차별의 예라는 것을 보여주기 위해 무언가를 할 것이다!

경찰은 나를 비행기에서 내리게 했다. 공항에 도착하자 그들은 운전면허증을 보여달라고 했다. 나는 운전을 하지 않기 때문에 면허증을 가지고 있지 않았다. 그래서 대신 신용카드를 주었다. 그런데 이 신용카드 또한 그들에게는 낯선 것이었다. 미국에서는 1975년이 되어서야 여성이 신용카드를 신청할 수 있었기 때문이다. 신용카드로는 충분하지 않다고 하기에 상원 신분증을 건넸다. 내 상원 신분증을 보자마자 그들은 동작을 멈췄다.

"상원에서 일하시나요?"

"네, 그렇습니다."

그들은 서로 눈짓을 주고받았다.

"누구와 일하시나요?"

"해리슨 윌리엄스 상원 의원입니다."

그들의 표정이 달라졌다. 더 이상 위협적으로 보이지 않았다.

"뉴저지의 해리슨 윌리엄스를 말씀하시는 건가요?"

"네."

그들은 항만 경찰국 소속으로 뉴욕과 뉴저지주 모두를 담당하고 있었다.

"이번에는 그냥 보내드리도록 하겠습니다."

그렇게 될 줄 알고 있었다. 그때 나는 공항에 있었고, 그들 때문에 마지막 비행기를 놓쳤다. 그들은 너무 겁에 질린 나머지 나를 체포조차 하지 못했다. 나는 뉴욕에서 라디오 쇼를 진행하고 있던 친구 말라키 맥코트에게 전화했다. 그와 아내 다이앤에게는 장애를 가진 딸이 있었고, 그들은 장애인의 권리 문제에 매우 적극적인 사람들이었다. 몇몇 언론에 이 일을 내보낼 수 있을 것 같았다. 다음 날, 말라키 덕분에 나에게 일어난 일이 신문에 실렸다.

나는 항공사를 상대로 소송을 제기했다. 법정에서 판사는 내가 소송에 휘말렸던 전력을 들어 이 모든 것이 의도적으로 꾸민 일이라고 몰아갔다. 그는 나의 상황이 근본적으로 차별이라고 볼 수 없다며 사건을 내팽개쳤다. 물론 나에게는 의지할 만한 것이 없었다. 우리는 항소했지만, 사건은 첫 번째 판사에게 재청구되었다. 그는 이 사건이 500달러 이상의 가치는 없다고 말했지만 결국 우리는 법정 밖에서 훨씬 더 큰 금액으로 합의를 보았다.

워싱턴에서 지낸 지 1년 반 정도가 지난 어느 날 전화벨이 울렸다. 에드였다.

"주디, 제리 브라운 주지사가 나에게 캘리포니아 재활국의 책임자 자리를 제안했어요. 버클리로 돌아와 자립생활센터의 부소장 자리를 맡아주겠어요?"

그의 말에 다시 버클리로 돌아갔다. 나는 아직 어렸다. 겨우 스물아홉이었다.

버클리로 돌아가게 되어 좋았다. 자립생활센터에서 새로운 업무를 하면서 DC에서 보낸 시간이 나의 활동력을 엄청나게 향상시켰다는 것을 알게 되었다. 나는 새로운 정보, 새로운 관계, 그리고 전략을 마련할 새로운 아이디어를 가지고 있었다.

504조는 여전히 우리의 레이더망 안에서 큰 비중을 차지했다. 포드 정부의 보건교육복지부는 504조를 실행하기 위한 규정 초안을 작성하여 발표하고 의견을 구했다. 우리가 DC에서 공동 설립한 미국장애인시민연합이 지지자를 모으고, 의견을 제시하고, 피드백을 주었다. 기자들은 우리를 '장애인 로비 단체Handicapped Lobby'라고 불렀다. 전국의 기관들도 우리에게 연락했다.

규정을 마무리 짓기까지는 이제 포드 정부의 보건교육복지부 장관인 데이비드 매슈스의 서명만 남았다. 하지만 그는 서명을 계속 미루고 있었다.

문제는 504조가 만들어지는 과정이 은밀하게 진행되어 그 규정의 영향을 받게 될 대학과 병원 및 다른 기관들이 포드 행정부가 의견 청취를 위해 초안을 발표하기 전까지는 거의 관심을 기울이지 않았다는 것이다. 그들은 초안을 읽고 그 의미를 이해하기 시작하면서 504조 도입을 꺼리게 되었다. 일반적으로 기관은 변화를 좋아하지 않는다. 변화에는 시간이 걸리고 비용이 발생하기 때문이다. 특히 기관들은 장애인을 위한 건물, 프로그램, 교실을 개선하기 위해 자원을 지출할 필요를 전혀 느끼지 않았다. 그들은 너무 많은 비용이 지출될 것이며, 이는 불공정한 재정적 부담이라고 주장했다. 그리고 과연 대학에 가거나 이런저런 활동에 참여하는 장애인이 얼마나 되겠느냐고 물었다.

이는 사실 우리의 딜레마이기도 했다. 이 나라는 너무 접근성이 낮아서 장애인들이 밖으로 나와 무엇인가를 하기 어려웠고, 그 결과 일상에서 장애인을 볼 일이 거의 없었다. 사람들은 우리를 쉽게 깎아내리고 무시했다. 시설이 우리를 강제로 수용하는 일이 계속된다면 우리는 계속 갇힌 채로, 보이지 않는 상태로 살게 될 것이다. 갇힌 채로, 보이지 않는 상태로 사는 한 누구도 우리의 진정한 힘을 볼 수 없고 우리의 목소리는 묵살당할 것이다.

기관들은 504조의 잠재적 영향을 피하기 위해 로비스트를 통해 압력을 가했다. 정부는 영향력 있는 사람들의 압박에 굴복해

서명을 최대한 미루고 있는 상태였다.

우리는 지지자를 모으고 다시 로비를 했다. 그리고 어느 시점에 정부를 상대로 소송을 제기했다. 이러한 활동에도 불구하고 기관의 힘을 압도하고 정부가 서명을 하도록 밀어붙일 만큼 충분한 힘을 갖지 못했다.

1976년 말, 지미 카터가 당선될 때까지도 서명은 이루어지지 않았다. 또다시 우리는 새로운 행정부를 상대하고 있었다. 지미 카터는 선거 운동 기간에 포드 행정부가 작성한 초안을 읽어보고는 자신의 보건교육복지부 장관이 서명할 것이라고 약속했다. 우리는 그동안 해오던 노력에 더욱 박차를 가했다.

카터 행정부의 보건교육복지부 장관 조지프 칼리파노는 1977년 4월까지도 여전히 서명할 생각이 없었다.

2부

캘리포니아 버클리,

1977

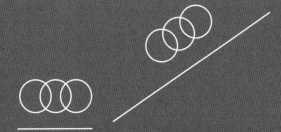

5장   억류

　　서랍에서 속옷 몇 개를 골라 활동 보조인 캐럴에게 칫솔과 함께 건넸다.

　"이것들을 제 가방에 넣어주겠어요?"

　나는 휠체어를 돌려 캐럴의 손이 내 검정색 배낭에 닿을 수 있도록 했다. 캐럴은 내 아침 일상을 지원하는 일에 익숙했다. 매일 아침 내가 침대에서 일어나 휠체어에 앉고, 목욕을 하고, 화장실에 가고, 화장을 하고, 옷을 입는 것을 도와주었다.

　"어디 가세요?"

　캐럴은 배낭에 칫솔과 속옷을 챙겨 넣으며 가볍게 물었다. 평소에는 내가 출근할 때 여분의 속옷을 챙기지 않는다는 것을 알고 있었기 때문이다. 자립생활센터 부소장으로 있으면서 여행을 많이 다닌 건 사실이다. 종종 워싱턴 DC에 머무르거나 전국 방방

곡곡으로 연설을 하러 다녔다. 그러나 이번엔 내가 도시를 떠나지 않으리라는 걸 캐럴은 알고 있었다.

나와 캐럴은 하루 일과 중 가장 좋았던 일을 공유할 만큼 친밀했다. 하지만 그날 나는 캐럴과 거리를 두었다.

"오늘 집회는 좀 길어질 수도 있을 것 같아요."

캐럴이 내 재킷의 지퍼를 올릴 때 나는 커다란 은테 안경을 쓰면서 가볍게 말했다. 만약 우리가 생각한 대로 일이 진행된다면, 며칠 동안 집에 돌아오지 못할 수도 있었다. 억류되는 상황이 발생할 수도 있었다.

나는 캐럴에게 작별인사를 건네고 집 앞 인도로 휠체어를 몰았다. 평범한 버클리 아침의 한기를 느끼며 거리를 위아래로 훑어보았다. 자립생활센터 직원 폴이 밴으로 이동을 지원해줄 예정이었다. 나는 조금 일찍 나와 혼자 시간을 보내며 생각을 정리했다.

지난번 미국장애인시민연합 이사회에서 대표로 선출된 유니스 피오리토와 청각장애인 프랭크 보우는 칼리파노가 서명을 미루는 것에 우려를 표했다. 우리는 모두 좌절한 상태였다. 칼리파노의 서명이 지연될수록 규제를 완화하기 위해 더 많은 변경이 시도되리라는 것을 알고 있었기 때문이다. 우리는 포드 행정부가 약속한 대로 4월 5일까지 서명을 하지 않는다면 전국적인 시위를 벌이기로 했다.

그리고 보건교육복지부에 사전 경고를 하기 위해 공개 발표를 진행했다. 4월 5일이 되었다. 전국에 있는 보건교육복지부 사무소가 우리의 목표였다. DC에 있는 전국 사무소 이외에 애틀랜타, 보스턴, 뉴욕, 로스앤젤레스, 덴버, 시카고, 댈러스, 필라델피아, 샌프란시스코 등 총 아홉 개의 지역 사무소가 있었다.

나는 샌프란시스코 시위를 계획했다는 혐의로 기소되었다. 이 시위는 자립생활센터를 선두 조직으로 만들었다. 우리가 가장 처음 한 일은 시위를 조직할 위원회를 만드는 것이었다. 우리는 이 위원회를 '504조 회생 위원회The Committee to Save 504'라 이름 지었고, 키티 콘이 리더를 맡았다. 키티는 지역 사회 조직가로 근육위축증 장애가 있었고 휠체어를 사용했다. 일리노이대학교에서 반전 운동에 참여했으며, 상류층이었던 그 가족에겐 유감스러운 일이었겠지만 트로츠키파(러시아의 사회주의, 공산주의 혁명가 레프 트로츠키의 사상을 따르는 사회주의 운동 및 이념의 분파—옮긴이) 사람이 되었다. 키티는 또한 자립생활센터 직원으로도 일했다. 우리는 504조 시위를 두고 긴밀하게 협력하는 관계가 되었다.

그 무렵 자립생활센터는 활동가를 모집하고, 집회를 지지하고, 다른 시민권 단체들의 집회와 대의명분을 지지하며 동맹을 맺고, 활동 보조 시행을 위한 성공적인 캠페인을 시작하고, 접근 가능한 교통수단의 확충을 주장하고, 에드와 협력하여 전국의 자립생활센터 수를 늘리면서 힘을 키워나갔다. 4월 5일의 시위를 조직한 것은 우리가 이미 하고 있던 일의 연장선에 있었다. 하지만 시위를 계획하면서 키티와 나는 걱정을 하기 시작했다. 우리 둘 다 살면서 여러 번 무시당하는 경험을 했다. 그런 일이 어떻게 작동하는지도 잘 알고 있었다. 정부는 행동하는 척하면서 사람들의 관심이 식을 때까지 시간을 끄는 데 매우 능숙했다. 키티와 나는 정부가 그렇게 시간을 끄는 것을 가만히 보고만 있지 않기로 했다. 이는 우리에게 '내 눈에 흙이 들어가기 전까지는 절대 물러설 수 없다'와 비슷한 것이었다. 우리는 조용히 한 걸음씩 항의를 계속해나가기로 했다.

이것이 바로 내 가방에 여분의 속옷이 들어 있는 이유였다.

"주디, 잘 지냈어요? 준비는 다 됐어요?"

나는 폴이 밴을 세우는 것을 전혀 눈치 채지 못했다. 그는 차 밖으로 나와 휠체어가 있는 인도 쪽으로 다가왔다.

"완벽하게 준비됐어요."

내가 말했다. 폴은 운전석에 올라타 버튼을 눌러 리프트를 움직이고, 나는 리프트에 올라탔다. 폴은 애시비가로 차를 몰았다.

"오늘 날씨가 참 좋을 것 같네요."

차가 고속도로로 진입할 때 내가 말했다. 폴은 차선을 살피는 데 집중하며 고개를 끄덕였다. 우리가 탄 밴은 오클랜드와 베이 브리지가 있는 남쪽으로 질주했다.

밴이 베이 브리지를 건너자 샌프란시스코의 건물들이 구름 사이로 모습을 드러냈다. 폴은 다리에서 두 번째 출구로 나갔고 곧바로 도시 한가운데 도착했다. 사람들은 자신이 무엇을 하고 있는지 거의 의식하지 않은 채 인도를 걷고, 수다를 떨고, 신호를 기다리고, 길을 건너고, 계단을 오르내렸다. 사람들이 인도와 차도 사이의 경계석을 아무렇지도 않게 오르내리는 것을 보며 나는 경탄했다. 나에게 30센티미터의 경계석은 완전히 막다른 길이나 다름없었기 때문이다.

폴은 유엔 플라자 50번지에 있는 샌프란시스코 연방 정부 건물 건너편 주차장으로 차를 몰았다. 연방 정부 건물에는 대부분의 연방 기관이 들어와 있었다. 6층짜리 화강암으로 된 건물은 누가 봐도 이견이 없을 만큼 대단히 인상적이었다. 보자르beaux arts(그리스, 로마 시대의 미술과 건축을 이상으로 삼는 고전주의적 양식으로 파리의 미술학교 '에콜 데 보자르'에서 기원했으며 19세기 중반~20세기 말 미국의 공공 건축물에 지대한 영향을 끼쳤다—옮긴이) 스타일로 지은 기념비적인 건축물로 구석구석을 섬세한 조각이 채우고 있었다. 건물 전면은 커다란 보행자 광장과 마주하고 있었고, 중앙 출입구는 세 개의 화려한 아치형 문으로 이루어져 있었다.

시위 준비는 이미 시작되었고, 자립생활센터 팀도 본격적인 활동에 나섰다. 건물 앞 정중앙에서는 휠체어를 탄 키티가 한 무리의 남성에게 임시 무대 설치를 지시하고 있었다. 키티가 휠체어를 이리저리 돌리며 해야 할 일을 지시하고 있을 때, 나는 갈색 곱슬머리 아래로 기대감에 점차 발갛게 상기되던 키티의 얼굴을 멀리서도 알아볼 수 있었다.

키티는 시위를 위해 조직을 꾸렸다. 사람들은 지원 활동과 언론 홍보, 그날 필요한 그 밖의 모든 일을 할 다양한 위원회를 책임져야 했다. 시력이 낮은 메리 제인 오언은 홍보를 도왔다. 키티는 메리 제인에게 지지를 호소할 단체 목록과 배포할 포스터를 건넸다. 메리 제인은 각 단체에 전화를 걸어 이렇게 요청했다.

"전단지를 배포해주시겠습니까?"

"회원들에게 통지해주시겠어요?"

키티는 언론에 직접 전화했다. 청각장애가 있던 스티브 맥클리랜드는 수어 통역기와 음향 장비를 늘어놓았다. 또 다른 사람들은 집회를 위한 물류 작업을 했다.

두 남자가 트럭 뒤쪽에서 마이크와 음향 장비를 꺼내는 모습을 보았다. 감독을 맡은 스티브 맥클리랜드가 음향 담당자들과 수어로 대화하고 있었다. 수어 통역사인 조 퀸은 스티브 옆에 서서 그가 손과 입을 빠르게 움직여 전하려는 뜻을 통역하고 있었다. 조는 체격이 크고, 양끝이 위로 올라간 콧수염이 있어서 금방 알아볼 수 있었다. 열 명 남짓한 사람들이 광장을 가로지르며 분주하게 물건을 나르거나 이야기를 나누고 있었다. 두 사람이 흰색 깡통을 들고 걸어갔고, 다른 한 사람은 통역사와 수어로 대화를 나누는 중이었으며, 나머지는 휠체어를 타고 있었다. 짙은 곱슬머리에 비행사용 선글라스를 낀 내 남자 친구 짐 페친이 메리 제인과 나란히 걸어가고 있었다.

나는 데이트도 하지 못하고 외롭기만 했던 롱아일랜드대학교 기숙사에서부터 먼 길을 지나왔다. 뉴욕에서 버클리로 온 지 4년 만에 내가 꽤나 매력적인 사람이라는 사실을 알게 되어 기뻤다.

그 이후로 나는 성性 혁명에 가담하는 것을 더 이상 주저하지 않고 여러 남자를 만났다. 짐은 베트남에서 헬기 사격수로 14개월을 복무한 퇴역 군인이었다. 그는 모든 측면에서 전쟁에 의문을 품기 시작했고, 베트남에서 돌아온 이후 반전 운동에 적극적으로 나섰다. 수십만의 퇴역 군인이 장애인이 되어 돌아왔다. 짐은 이들을 지원하기 위해 '칼을 쟁기로Swords to Ploughshares'라는 조직을 공동 설립하고, 새로운 자립생활센터 프로그램의 코디네이터로 일했다. 그 당시까지만 해도 짐은 장애를 가지고 있지 않았지만, 이후 당뇨병이 심해지고 고엽제 노출로 인한 다른 건강 문제를 갖게 되었다.

광장 건너편에 있던 키티가 나를 보고 웃으며 자기 쪽으로 오라고 손짓했다. 키티 쪽으로 차를 몰자 한 무리의 사람들이 건물 모퉁이를 돌아 나왔고, 길가에 주차된 밴에서 여섯 명이 휠체어를 타고 쏟아져 나왔다. 그들 중 몇몇은 키티와 내가 일주일 전에 만든 전단지를 움켜쥐고 있었다. 일주일 전 늦은 밤, 키티와 나는 식탁에 앉아 시위 슬로건을 생각하고 있었다. 우리는 짧고 눈에 잘 띄는 슬로건을 원했다. 키티는 가지고 있던 사무용 칼을 이용해 작은 플라스틱 글자들을 틀에서 잘라냈다. 어떻게 하면 복잡한 문제를 짧게 요약해 사람들이 시위에 참여하도록 할 수 있을까? 우리는 완전히 무너져 내리고 있었고, 길을 잃은 것 같았다. 이런 방식으로 실제 변화가 일어날까? 누군가의 식탁에서? 자정에 구호를 외치고, 작은 플라스틱 글자들을 오려내면서?

마침내 우리는 '장애인들이여, 연방 정부는 우리의 시민권을 훔치려 하고 있다People with Disabilities: The Federal Government Is Trying to Steal Our Civil Rights!'라는 슬로건을 만들었다. 광장에서 내 주변으로 사람들이 가득 몰려드는 것을 놀라움 속에 바라보면서 우리가 만든 슬로건이 제대로 작동하고 있다는 생각이 들었다.

완벽하게 화창한 날씨였다. 나는 재킷을 입고 있었지만, 대부분은 반소매 차림이었고 얼굴에 강한 햇볕을 받고 있었다. 잠시후 무대 위에 앉아 연사들의 연설을 들으며 나는 관중의 규모에 흥분했다. 추측건대 200~300명 정도 모인 것 같았다. 나는 우리가 장애의 한 단면과 상당한 정도의 인종적 대표성을 보여주었다는 사실에 퍽이나 기뻤다. 아프리카계 미국인이자 글라이드 메모리얼 교회의 공동 설립자인 세실 윌리엄스 목사가 가장 먼저 연설을 했고 다른 연사들이 뒤를 이었다. 후에 하원 의원이 된 시민권 운동 리더 톰 헤이든, 블랙 팬서Black Panthers(미국의 급진적인 흑인 운동 단체—옮긴이)의 대표이며 페미니스트인 실비아 번스타인이 연설을 이어가면서 점차 에너지를 쌓아 올렸다. 나는 우리가 아프리카계 미국인, 페미니스트, 노동조합, 게이 커뮤니티, 그리고 다른 시민권 단체들의 대의명분을 지지하는 일이 성과를 거두고 있어 매우 기뻤다. 그들은 이제 우리를 지지하고 있었다. 청각장애가 없는 사람들은 연설이 끝나자 요란하게 박수를 쳤고, 청각장애가 있는 사람들은 손을 들어 올려 얼굴 앞에서 흔들었다. 조퀸은 무대 위 연설하는 이들 옆에 서서 수어로 연설 내용을 전달했다.

휠체어에 앉은 키티가 마이크 앞에서 연설을 마쳤다. 그리고 구호를 외치기 시작했다.

"504조에 서명하라! 수정 없이 504조에 서명하라! 서명하라!"

점점 더 많은 사람들이 박수를 치면서 구호를 외쳤고, 청각장애인들은 수어로 같은 뜻을 표현했다.

내 차례가 되었다. 나는 휠체어를 마이크 앞으로 몰았다. 재킷에 붙어 있는 '504조에 서명하라' 스티커와 함께 심장이 요동쳤다. 사람들이 환호성을 질렀다. 나는 잠시 조용히 기다렸다. 수백 명의 기대에 찬 얼굴이 나를 쳐다보았다. 연설을 시작했다.

"저는 다섯 살 때 학교에 접근할 수 없다는 이유로 학교에 다닐 권리를 거부당했습니다. 4학년이 되어서야 비로소 입학 허가를 받았지만, 우리 반 친구 중 몇몇은 열여덟 살이 넘어서도 글을 읽지 못했습니다."

"서명이 이루어진다면 504조는 장애인이 사회의 완전하고 평등한 참여자가 되는 것을 가로막던 장벽을 무너뜨리는 역사적이고 기념비적인 첫걸음이 될 것입니다."

"지난 몇 년 동안."

나는 목이 메어 잠시 멈추고 아래를 내려다보았다. 관중은 숨죽인 채 나를 지켜보고 있었다.

"우리는 그동안 규정에 이용당해왔습니다."

나는 정신을 차리기 위해 숨을 들이쉬었다.

"우리는 미국장애인시민연합을 만들었습니다. 워싱턴에서 열린 회의에 참석하고, 초안에 대해 논평하고, 전국의 기관들과 대화했습니다. 우리는 지미 카터 행정부가 수정 없이 규정에 서명할 것이라는 말을 믿었습니다. 철저하게 믿었습니다."

"지금 칼리파노 장관은 시간을 끌고 있습니다. 우리는 더 이상 그를 믿을 이유가 없습니다. 우리는 참을 만큼 참았다는 것을 보여주기 위해 이 자리에 모였습니다."

"너무 오랜 시간 우리는 규칙을 잘 따르고 하라는 대로 하면, 언젠가 우리도 아메리칸 드림에 들어갈 수 있으리라 믿었습니다."

"너무 오래 기다렸고, 너무 많은 타협을 했고, 너무 많은 시간을 인내해왔습니다."

"우리는 더 이상 참지 않을 것입니다. 더 이상의 타협도 없을 것입니다."

"더 이상의 차별을 용납하지 않겠습니다."

나는 연설을 멈췄다. 잠시 관중을 응시한 뒤 손을 들어 외쳤다.

"504조에 서명하라! 서명하라! 수정 없이 서명하라! 수정 없는 504조!"

관중은 큰 소리로 고함을 치고 손을 흔들고 환호성을 질렀다. 나는 잠시 함께 구호를 외친 다음 무대 뒤쪽으로 휠체어를 밀었다. 에드 로버츠가 뒤이어 연설을 하기 위해 기다리고 있었다.

"정말 멋졌어요."

그가 빙그레 웃으며 말했다. 나도 그에게 웃어주었다.

에드의 차례가 되었다. 뒤로 젖혀진 휠체어에 앉아 있는 그의 얼굴 앞으로 진행 요원이 마이크를 대주었다. 에드는 이렇게 이야기했다.

"저는 열네 살에 소아마비에 걸렸습니다. 제가 아팠을 때 의사는 어머니에게 제가 살아남으면 식물인간이 될 테니 죽기를 바라는 게 나을 것이라고 말했습니다. 몸이 회복된 뒤에 제 삶은 달라졌습니다. 저는 오랫동안 죽고 싶었습니다. 죽기 위해 먹지 않았습니다. 그러다가 죽고 싶지 않다는 것을 깨달았습니다."

산들바람이 머리칼을 헝클어뜨렸을 때 그가 매우 멋져 보였다. 그는 인공 폐 밖에서는 몇 마디 할 때마다 '개구리' 호흡법 통해 폐로 공기를 들이마셨다. 그의 옆에 선 조 퀸이 바쁘게 손을 움직였다.

"그래서 지금 저는 겉은 거칠어 보이지만 속은 너그러운 아티초크(국화과 식물—옮긴이) 같은 모습으로 여러분 앞에 왔습니다.

"여러분이 저를 보실 때 무엇이 가능한지를 봐주셨으면 좋겠습니다. 다른 사람들은 무엇이 불가능한지만 보려 하지만요."

"그리고 이렇게 이야기하고 싶습니다. 우리는 일생을 살면서 할 수 있는 일과 할 수 없는 일에 대해 듣게 됩니다. 하지만 이것을 명심하십시오. 지금 우리가 여기서 하고자 하는 이 일은 할 수 있는 일입니다.

"오직 우리 자신만이 우리에게 옳은 일을 결정할 수 있습니다."

광장 전체가 그의 말 한마디 한마디에 귀를 기울였다.

"자, 우리가 원하는 것은 무엇인가요?"

그가 물었다. 환호성이 터져 나왔고, 사람들은 구호를 외쳤다.

"504조에 서명하라! 서명하라! 수정 없는 서명! 수정 없이 504 조에 서명하라!"

나는 마지막 연설자인 제프 모이어를 찾았다. 그는 한 손에 기타를 들고 무대로 올라가는 중이었다. 관중 앞에 선 그의 검은 머리칼이 햇빛에 반짝였고, 선글라스는 그보다 더 멋있을 수 없었다. 시력이 낮은 제프가 노래를 부르자 관중은 일제히 몸을 흔들기 시작했다.

"목표를 향해 나아갑시다. 끝까지 갑시다. 끝까지."

관중은 큰 소리로 노래를 함께 불렀고, 청각장애인들은 수어로 함께했다. 사람들은 서로 손을 맞잡았다. 고동치는 힘이 느껴졌다. 분위기를 만끽하기 위해 나는 천천히 휠체어를 제프 뒤로 옮겼다. 우리가 해야 할 말을 할 시간이 되었다고 느꼈다.

노래가 끝나고 침묵이 흘렀다. 고요한 광장 위로 은혜가 비처럼 쏟아져 내리고 있었다. 제프가 한 발 옆으로 비켜섰다. 나는 휠체어를 마이크 앞에 놓았다. 그런 다음 조 퀸에게 마이크를 가까이 옮겨달라고 부드럽게 손짓했다. 그리고 사람들이 움직이기 전에 몸을 기울여 마이크에 대고 소리쳤다.

"연방 정부가 우리의 시민권을 훔칠 수 없다는 것을 보건교육복지부에 가서 전합시다!"

나는 휠체어를 돌려 연방 정부 건물 입구로 향했다. 순간 광장은 아수라장이 되었다. 내 뒤로 사람들이 몰려들었다. 걸을 수 있는 사람들은 계단으로 올라갔다. 시각장애인들은 수동 휠체어를 탄 사람들을 밀었고, 휠체어에 탄 사람들은 길을 안내했다. 전동 휠체어를 탄 사람들은 계단 오른쪽의 경사로를 타고 올라갔다.

사람들이 건물의 아트리움 공간으로 우르르 몰려들었다. 누군가 엘리베이터 버튼을 눌렀다. 엘리베이터는 곧장 사람으로 가득 찼다. 엘리베이터는 1층을 지나 4층으로 빠르게 올라갔다. 휠체어를 몰아 엘리베이터 밖으로 나오자 다른 엘리베이터에서도 복도로 사람들이 쏟아져 나왔다. 공간이 꽉 들어찼다. 사람들은 휠체어를 밀거나 목발에 기대거나 하얀 지팡이를 짚고 있었다.

신속하지만 조심스럽게, 나는 복도를 지나 '연방 보건교육복지부 지역 사무소장'이라고 표시된 사무실 앞으로 갔다. 청각장애인 시위자가 문을 열어주었는데, 그는 좁은 출입구로 내 휠체어가 들어갈 수 있도록 살짝 옆으로 비켜섰다. 나는 하얀 책상 너머에 앉아 있는 접수 담당자 쪽으로 휠체어를 굴렸다.

"우리는 조 말도나도와 만나기 위해 왔습니다."

접수 담당자에게 말했다. 그 사람은 어딘가 불안해 보였다. 키티가 내 뒤로 다가와 "와우!"라고 말했다.

"이렇게 많은 사람들이 모일 줄 몰랐어요."

나와 키티는 짜릿함을 느꼈다. 접수 담당자는 우리의 이름을 적고는 걱정스러운 듯 물러나더니 왼쪽에 있는 문으로 향했다. 우리 뒤로는 더 많은 사람이 로비로 쏟아져 나와 휠체어를 타거나 벽에 기댄 채 있었다. 접수 담당자가 돌아왔다.

"말도나도 씨가 지금 만나 뵙겠다고 합니다. 이쪽으로 오세요."

키티와 나는 접수 담당자를 따라 복도로 향하기 위해 몸을 돌렸다. 메리 제인 오언, 짐, 스티브 맥클리랜드, 조 퀸, 메리 루 브레슬린(우리와 함께한 또 다른 주요 구성원), 그리고 법률 교육을 위해 우리와 함께했던 DC에서 온 컨설턴트 앤 로즈워터가 뒤에 있었다. 나는 잠시 멈추고 뒤를 돌아 그들을 봤다.

"함께 가요."

접수처에 모여 있는 한 무리의 시위자들에게 이렇게 말하고는 따라오라고 손짓했다. 상당수의 사람들이 우리를 따라 말도나도의 사무실로 들어갔다.

조 말도나도는 희끗희끗한 곱슬머리에 키가 작았다. 우리가 들어가자 그가 어색하게 자리에서 일어나 앉으라고 손짓했다. 우리 대부분이 이미 휠체어에 앉아 있었다.

"제가 무엇을 도와드릴까요?"

그는 시위대 규모를 보고 적잖이 충격을 받은 것 같았다.

"우리는 재활법 504조 시행 규정이 지금 어떤 상황인지 알고 싶습니다."

내가 큰 소리로 말했다. 말도나도는 신중한 표정을 지으며 의자에 불안정하게 몸을 기댔다. 그는 밝은 색 양복을 어깨에 딱 맞게 걸치고 있었고, 가슴에는 하얀 물방울무늬 넥타이가 놓여 있었다. 내 뒤로 더 많은 시위자들이 몰려와 사무실을 가득 채웠다.

"504조가 무엇인가요?"

그가 물었다. 나는 놀라움에 할 말을 잃었다. 뭐라고? 504조를 모른다는 게 말이 돼?

"1973년에 재정된 재활법 5장 504조는 연방 정부의 재정 지원을 받는 기관 및 프로그램이 장애인을 차별하는 것을 금지하고 있습니다. 보건교육복지부는 그 시행 규정을 확정해야 할 책임이 있고요. 워싱턴에서 이 규정에 대해 어떤 일이 진행되고 있는지 알고 계신 바가 있습니까?"

내 목소리가 복도에 울려 퍼져 시위대 전체에 들리기를 바랐다.

"죄송합니다. 저는 504조에 대해 아는 것이 없으며, 그 규정과 관련하여 어떤 일이 진행되고 있는지에 대해서도 아는 바가 없습니다."

말도나도는 얼굴을 붉히며 말했다. 걱정으로 그의 이마에 주름이 여러 개 생겼다.

"당신의 팀에서 504조를 담당하는 직원과 이야기를 나눌 수 있을까요?"

내가 물었다. 말도나도는 못마땅한 표정을 지었다.

"정말입니다. 우리는 당신들이 원하는 어떤 정보도 가지고 있지 않습니다."

"알겠습니다. 그래도 담당 직원과 이야기해보고 싶습니다."

내가 말했다. 그는 잠시 거절할 것 같은 표정을 지어 보였다. 그러더니 사무실 밖으로 나갔다가 조금 뒤에 보건교육복지부 직원

두 사람과 함께 돌아왔다. 나는 그들에게 규정에 대해 물었다.

그들은 아무것도 모르겠다는 듯 멍한 표정을 지었다. 나는 다시 설명했다. 격앙된 감정이 내 목소리에 스며들었다. 조 퀸은 내 뒤에서 수어로 통역을 하는 중이었다. 같은 층에 있는 모든 사람이 우리의 대화에 귀를 기울이고 있었다.

사실이었다. 말도나도도 그의 직원들도 내가 무슨 말을 하는지 전혀 알아듣지 못했다. 뜨거운 분노가 내 몸을 집어 삼켰다. 말도나도에게는 그저 하나의 업무에 지나지 않겠지만, 그 업무는 이 사무실에 있는 한 사람 한 사람에게, 그리고 수백만의 사람들에게 영향을 미치는 일이다. 그런 일에 대해서 모르겠다고?

나는 말도나도에게 냉정하고 침착하게 왜 그들은 규정을 물 타기 하려는 것인지, 어떤 변경 사항이 제안되고 있는지, 왜 담당 부서는 그 변경 과정에 우리 단체들을 참여시키지 않는지, 규정은 언제 시행되는 것인지 묻고 또 물었다.

말도나도는 책상 밑으로 사라져버리고 싶다는 표정을 지었다. 하지만 나는 전혀 미안하지 않았다. 나는 몸을 앞으로 숙였다. 가슴이 두근거렸다. '지금. 바로 지금'이라고 속으로 외쳤다.

"504조는 우리의 삶에 매우 중요합니다."

나는 격렬하고 강경하게 말했다. 내 뒤에서 많은 사람이 숨죽이고 있는 것이 느껴졌다.

"확답을 받기 전까지는 이곳을 떠나지 않을 것입니다."

내 안의 깊은 곳에서 터져 나온 말이었다. 강한 확신이 내 온몸을 감쌌다.

"당신은 이해가 안 될 겁니다. 아니, 관심도 없겠죠."

뒤에 있던 사람들이 외쳤다. 말도나도가 우리를 바라보았다. 그는 사무실 안을 가득 채우고 있는 사람들을 당장이라도 내쫓을 수 있다는 듯이 우리를 내려다보았다. 그러고는 자리에서 일어나 사무실 밖으로 나갔다.

키티와 나는 서로를 바라보았다. 나는 키티에게 몸을 숙여 속삭였다.

"나 어땠어요?"

나는 항상 키티의 생각을 알고 싶었다. 너무 격한 감정에 휩싸인 나머지 무슨 일이 일어났는지 정확히 알 수 없는, 마치 유체이탈을 경험한 듯한 기분이었다.

"말도나도가 정신이 바짝 들 정도로 혼쭐을 냈어요."

키티가 웃었다.

후에 우리가 말도나도와 함께 있는 동안 보건교육복지부의 세 여성 직원이 로비에 있는 시위대에게 쿠키와 음료수를 나눠 주었다는 이야기를 들었다. 마치 우리가 답사 여행이라도 왔다는 듯이 말이다.

우리를 과소평가한 게 분명했다.

6장   점령군

말도나도와 나머지 직원들이 퇴근하자마자, 키티와 나는 중앙 접수 구역에 있던 모든 사람을 한자리에 모았다. 결정적인 순간이었다. 나는 어떤 종류의 연설도 준비하지 못했지만 마음 깊은 곳에서 이야기를 꺼냈다.

"정부가 504조에 서명할 때까지 우리와 함께 이 건물에 머물러주시기를 바랍니다!"

군중을 향해 내가 말했다.

"함께해주시기를 부탁드립니다. 이곳에서 함께해주세요."

모인 사람들은 오랫동안 말이 없었다. 장애인에게 밤샘은 샌드위치와 칫솔을 배낭에 던져 넣으면 되는 것처럼 간단한 일이 아니다. 활동 보조가 필요한 것 이외에도 상당히 많은 사람이 매일같이 다양한 약을 복용해야 하고, 카테터catheter(체내에 액체를 주입

하거나 빼내기 위해 사용하는 관 모양의 기구—옮긴이)를 교체하거나, 욕창을 막기 위해 밤마다 자세를 수시로 바꿔야 한다. 그런데 대부분이 활동 보조인과 함께 오지 않았고, 음식도 챙겨 오지 않았다. 심지어 칫솔도 가져오지 않았다.

그러나 천천히 하나둘씩 손이 올라오더니 사람들이 밤샘을 자원하기 시작했다. 몇몇은 요란하게 지지를 외쳤다. 다행스럽게도 일부 활동 보조인이 함께 남겠다는 결심을 해주었다. 최종적으로 75명이 동참하기로 결정했다.

키티와 나는 흥분에 사로잡혀 시위대를 재편성하기 위해 말도나도의 사무실로 향했다. 메리 루, 메리 제인, 앤, 짐을 포함해 나를 도와주던 친구 팻 라이트, 키티를 집회 장소까지 태워다 준 또다른 친구 조니 브레브스도 우리와 함께 갔다. 조니는 브루클린 출신이었다. 조니는 차를 운전해 키티를 시위 장소에 데려다주기만 하면 되는 줄 알았지, 시위가 밤샘으로 변할지는 전혀 알지 못했다. 결국 조니는 자진해서 함께하기로 했다.

조니와 앤을 제외한 모두는 앞서 504조를 위해 조직한 위원회에 참여했었다. 우리는 농성 가능성을 조용히 논의한 적은 있지만, 우리 중 누구도 이 정도 규모의 일이 될지는 예상하지 못했다.

우리는 서로를 바라보았다. 다음에 어떤 일이 발생할까? 내 심장이 빠르게 뛰었다.

"이제 식사를 어떻게 해결할지 생각해봐야 합니다."

키티가 말했다.

"다른 시위대의 상황은 어떤지 궁금합니다."

짐이 끼어들었다.

"언론에 대한 계획을 세워야 할 것 같습니다."

내가 말했다. 우리는 계획을 세우기 시작했다.

한편 사무실의 다른 쪽에서 시위자들은 서로 자신을 소개하고 이곳저곳 공간을 둘러보았다. 보건교육복지부 사무실은 작았는데, 커다란 창문이 있었고 소파 몇 개와 카펫이 곳곳에 흩어져 있었다. 사람들은 오렌지색 섀그 카펫이 깔려 있는 적당한 크기의 회의실을 차지했다. 테이블 주변에 둘러앉아 웃고 수다를 떨고 배낭에서 사탕과 과자를 꺼내 나누어 먹었다.

사무실 안에 기쁨의 기운이 번져 나갔다. 독립적으로 살 수 없을 때는 저항할 기회도 많이 얻지 못한다.

말도나도의 사무실에서 다른 지역에 있는 시위대에 연락을 취했다. 우리는 덴버와 로스앤젤레스의 보건교육복지부 지역 사무소와 DC의 전국 사무소의 시위대도 떠나지 않고 농성 중이라는 소식에 기뻐했다. DC에는 대략 50명이, 덴버에는 7명, LA에는 20명의 시위대가 있었다. 우리는 연방 정부의 건물 네 개를 점령하고 있었다.

DC의 시위대는 칼리파노의 반응을 빠르게 알려주었다. 시위대가 집으로 돌아가는 것을 거부하자 칼리파노는 출장을 조기에 마무리하고 시위대를 만나러 왔다. 그는 사무실의 커피 테이블 위에서 발언을 해야 했기 때문에 틀림없이 매우 당황했을 것이다. 그는 5월에 규정에 서명할 계획이라고 말했다. 좀 더 살펴볼 시간이 필요하다는 것이다. 시간이 더 필요하다는 말을 들었을 때 키티가 불쑥 끼어들었다.

"그가 진짜로 **살펴보겠다고** 말했나요?"

"믿을 수 없어요."

내가 말했다. 팻 라이트가 자신의 금발머리를 얼굴에서 걷어내며 사무적인 투로 말했다.

"칼리파노는 여전히 상황을 제대로 이해하지 못하고 있군요."

그때까지 이미 3년이라는 시간 동안 규정은 검토와 논평과 개정을 거쳤다. 칼리파노가 우리의 이야기를 듣지 않고 아직까지 살펴보겠다는 말만 하고 있는 것은 우리와 함께할 의사가 전혀 없다는 뜻이었다. 만약 우리가 하고 있는 일에 내가 조금이라도 의구심을 가졌더라면, 그 규정은 곧바로 증발해버렸을 것이다. 나는 우리의 삶에 영향을 미치는 결정에 대해 우리와 상의하지 않는 사람들에 완전히 지쳐 있었다.

DC에 있는 사람들이 칼리파노가 보건교육복지부 사무소를 떠나면서 시위대를 감시하라고 지시했다는 이야기를 전해주었다. 그는 또한 사무실에 음식이나 약품을 반입하지 못하게 하라는 구체적인 지시도 내렸다. 그때부터 시위대는 한 사람당 물 한 컵과 도넛 한 개로 버텨야 했다. 이 이야기를 듣자마자 나는 칼리파노가 무엇을 하려는지 알 수 있었다. 그는 사람들을 굶겨 죽일 셈이었다.

우리는 DC 쪽과 통화를 했다. 우리의 관심은 건물 안에 있는 시위대를 어떻게 돌볼 것인가로 옮겨갔다. 우리는 이미 키티가 시위를 위해 만든 위원회 조직을 확보하고 있었다. 위원회 조직을 사무실에서 지내는 많은 수의 장애인을 무기한 지원할 수 있는 시스템으로 바꾸기로 결정했다. 우리는 식사 담당, 약품 담당, 그리고 언론과 홍보를 맡을 위원회가 각기 필요하다는 것을 즉시 알아차렸다. 또한 동맹 및 파트너 조직과의 협력을 도맡을 위원회도 필요했다. 다른 시민권 단체와 연대하는 일이 그 어느 때보다 중요했다. 또한 시각장애, 청각장애, 인지장애, 장애 어린이의 부모 등 여러 유형의 장애 커뮤니티를 넘나들며 관계를 유지해야 했다. 우리의 시위가 모든 장애인을 대표할 수 있다는 생각은 우리에게는 당연한 것이었지만, 대중이 이해하기 위해서는 어떤 전환이 필요했다. 우리의 부모 세대는 자녀의 장애 유형에 따라 모임을 만들었다. 아이가 시각장애인이라면 부모는 시각장애 자녀를 둔 부모들과 연대했고, 아이가 근육위축증을 가지고 있다면 근육위축증이 있는 아이의 부모들끼리 모이는 식이었다. 그들은 장애를 광범위한 정치적 이슈로 보지 않았고, 자기 아이의 특수한 문제 혹은 특정한 학교의 정책과 관련한 문제로 보았다. 글로리아 스타이넘과 농장노동자연합United Farm Workers은 물론이고 로자 파크스와 마틴 루터 킹 주니어의 영향 아래서 자란 우리는 우리 자신이 강력한 제도와 싸우는 약자의 무리라는 것을 잘 알고 있었다. 한 목소리로 외치지 않는다면 결코 싸움에서 이길 수 없을 것이다.

마지막으로 레크리에이션위원회를 추가했다. 이렇게나 많은 사람이 외부 세계와 차단된 공간에 모여 있지 않은가. 우리에게는 뭔가 할 일이 필요했다.

당장 필요한 음식을 조달하기 위해 마약 중독자와 전과자를 위한 재활 프로그램인 델런시 스트리트 재단Delancey Street Foundation과 구세군에 연락해 다음 날 식사를 가져다줄 수 있는지 물었고, 그들은 기꺼이 그렇게 하겠다고 했다.

물류를 정리하고 경찰과 대치 상황이 벌어질 경우에 대비하기 위한 논의를 시작했다. 당시는 1970년대였다. 뉴스에서 시민권 시위에 가해지는 폭력에 대한 이야기를 수시로 접하곤 했다. 그리고 우리는 좁은 공간에 모인 한 무리의 성인이었다. 보건교육복지부의 보안 요원들은 질서를 유지하라는 지시 아래 시위대를 앞에 두고 정문을 잠갔다. 말도나도가 사무실을 떠난 뒤에 FBI 혹은 비밀 요원처럼 보이는 정장 차림에 선글라스를 낀 사람들이 걸어 들어왔다. 그들은 시위의 혼란 속에서 이야기할 사람을 찾는 듯하더니 조니에게 다가갔다. 비장애인인 조니가 시위대의 책임자라고 생각한 것일까? 그들이 무슨 생각을 하는지는 알 수 없었지만, 조니는 매우 의도적으로 그들이 장애에 대해 가진 두려움을 이용해 더 많은 사람이 건물 안으로 들어올 수 있게 했다. 조니가 말했다.

"들어보세요. 여기 있는 사람들이 화장실에 가거나 바닥에 내려갔다가 올라올 수 있도록 돕는 일을 당신들이 할 게 아니라면, 이들을 지원해줄 더 많은 활동 보조인이 건물 안으로 들어와야 합니다."

그들은 너무 놀라 조니에게 활동 보조인의 명단을 달라고 했다. 조니의 대처 덕분에 갇혀 있는 시위대만큼이나 많은 시위자들이 건물 안으로 들어왔다. 조니는 또한 사람들에게 전화를 걸어 활동 보조인을 건물 안으로 부르라고 했다.

우리는 다른 세 시위자와 함께 조니를 보건교육복지부의 보안 요원과 우리 사이에서 의사소통을 맡는 공식 채널로 지정했다. 짐은 네 사람을 쉽게 알아볼 수 있도록 그들에게 완장을 만들어 주자고 제안했다. 우리는 그들을 모니터 요원이라고 불렀다.

새벽 3시에 우리는 말도나도의 사무실에서 나왔다. 잠을 잘 수 있는 방법을 생각해야 했다. 몇몇 활동 보조인은 바닥에 널브러져 머리를 맞대고 있는 사람들을 머리에서 발끝까지 자세를 바꿔주기 위해 깨어 있었다. 몇 시간 잠을 청할 수 있을 것 같아 장소를 물색하다가 짐과 나는 문 뒤에 있는 화물용 엘리베이터 밖에서 자고 키티, 메리 제인 오언은 회의실 밖의 벽장에서 잤다. 메리루, 팻, 조니, 앤은 어디서 잤는지 잘 모르겠다.

다음 날 아침, 깜짝 놀라 잠에서 깼다. 여긴 어디지? 딱딱한 바닥이 느껴지자 기억이 났다. 짐을 살펴보았다. 그는 여전히 자고 있었다. 시계를 보니 아침 6시였다. 세 시간밖에 자지 못했지만, 항상 아침 일찍 일어났기 때문에 그리 새삼스럽지는 않았다.

나는 짐을 쿡 찔렀다. 언론이 우리에 대해 무슨 말을 했는지 궁금했다. '불구자 점령군An Occupation Army of Cripples 샌프란시스코 연방 정부 건물 점령'이라는 헤드라인 기사를 읽었다. 짐과 나는 키티, 팻, 메리 제인, 그리고 나머지 지도부 구성원들과 함께 말도 나도의 책상 주위로 모였다. 우리 앞에는 신문이 펼쳐져 있었고, 작은 텔레비전이 켜져 있었다. 우리의 농성은 샌프란시스코 베이 에어리어의 모든 신문을 뒤덮고 텔레비전과 라디오 전파까지 탔다. 한 텔레비전 방송국은 이렇게 보도했다.

"이 모든 일은 오늘 아침 풀턴가 50번지에 있는 오래된 연방 정부 건물 바깥에서 시작되었습니다. 오늘 아침의 시위 직후에 장애인들이 건물로 쳐들어오기 시작했습니다."

우리는 마치 외국 군대처럼 묘사되었다. 대중은 어리둥절했다. 사람들은 우리를 싸우는 사람들이라고 생각해본 적이 없었다. 하지만 그것은 그들의 생각일 뿐이다. 비꼬는 것처럼 들릴 수도 있지만 솔직히 말해서 사실이 그렇다. 우리는 일상생활에서 보이지 않는 사람들이었다. 한번 생각해보라. 당신이 학교에서 우리를 볼 수 없다면, 그것은 학교가 우리의 입학을 허락하지 않았기 때문이다. 당신이 일터에서 우리를 볼 수 없다면, 그것은 우리가 물리적으로 그곳에 접근할 수 없거나 고용되지 못했기 때문이다. 아니면 버스나 기차와 같은 대중교통 수단이 접근 가능하지 않기 때문이다. 식당이나 극장에서도 우리는 같은 이유로 보이지 않는다. 그렇다면 당신은 일상생활에서 우리를 어디에서 보았는가?

어딘가에서 보았다면 아마도 텔레비전이었을 것이다. 찰스 디킨스의 『크리스마스 캐럴』에 등장하는 '불구자' 타이니 팀도 보았겠지만, 아마도 자선기금 모금 방송에서 더 많이 보았을 것이다. 당시 제리 루이스가 텔레비전 방송을 통해 근육위축증 장애인을 위한 모금을 진행하고 있었고, 뇌성마비연합United Cerebral Palsy이 뇌성마비 장애인을 위해, 이스터 실즈Easter Seals(1919년 '불구 어린이를 위한 전국연합National Society for Crippled Children'이라는 이름으로 설립된 비영리 조직으로 장애가 있는 성인과 어린이의 생활, 학습, 노동, 사회 활동을 돕는 다양한 서비스를 제공한다—옮긴이)가 더 광범위한 장애인을 위해 모금을 했다. 그 밖에도 많았다.

어떤 방송이든 전부 병들어 보이는 아이를 앞세워 사람들의 연민, 아니 더 정확하게는 동정심을 불러일으켰다. 이 병들고 불쌍해 보이는 장애인의 이미지 때문에 사람들은 우리가 의학적인 문제로 사회에 나가지 않는다고 생각하게 되었다. 우리는 무기력하고, 어린아이 같으며, 사람들의 동정을 얻어 병을 치료할 돈을 모으는 부류의 사람들로 치부되었다. 그들에게 우리는 무언가를 위해 싸울 수 있는 사람이 아니었다.

이제 우리의 이야기를 알릴 시간이 되었다. 연방 정부 건물을 아무 이유 없이 점거할 리는 없다. 이제 그 이유를 사람들에게 알려야 했다.

우리는 오후에 보건교육복지부 사무실에서 기자 회견을 하겠다는 보도 자료를 냈다. 말도나도와 보건교육복지부 직원들은 그날 아침 사무실에 오지 않았다. 그들이 건물 내 다른 곳에서 일하고 있다는 이야기를 듣고, 우리 쪽 홍보위원회는 부국장 사무실 근처 작은 쪽방에 복사기와 팩스를 가져다 놓고 그곳을 기자실로 사용하기로 했다. 홍보팀은 발표문을 언론에 보내고 기자들이 받았는지 확인하기 위해 전화를 걸었다. 이전까지 우리는 우리의 이슈와 시위가 주목받지 못하는 것에 익숙했다. 하지만 이제는 우리의 활동이 어느 정도 알려지고 있었고, 우리는 이러한 흐름이 유지되기를 바랐다.

1층에서는 경비원들이 시위대의 출입을 허용했고, 침낭과 옷가지도 챙길 수 있게 해주었으며, 병원에 다녀오거나 가족을 만나는 것도 허용했다. 약물을 차갑게 보관하기 위해 키티는 말도 나도의 사무실에 있는 에어컨 위에 판지 상자를 테이프로 붙여 임시 냉장고를 만들었고, 우리는 아침마다 문제를 해결하러 갔다.

오후 서너 시쯤 되자 기자들이 회견장에 나타나기 시작했다. 우리는 기자 회견을 위해 큰 회의실을 마련했다. 시위대도 모여들었다. 기자들이 건물 안으로 들어올 때 우리는 시위대의 모든 사람에게 저항의 노래를 준비해달라고 독려했다. 우리를 시민권 운동과 연결하기 위해서였다. 지도부는 회견장의 맨 앞에 모였다. 조가 통역을 맡은 가운데 나는 준비한 브리핑을 시작했다. 가장 먼저 우리는 그들에게 용어를 가르쳐주었다. 기자들에게 말했다.

"불구자crippled, 핸디캡handicapped, 벙어리mute, 멍청이dumb 같은 단어를 사용하지 말아주십시오. 이런 구식 용어는 오늘날 더 이상 받아들일 수 없습니다. 우리는 이 가운데 어떤 것도 아닙니다. 우리는 장애가 있는 사람들입니다."

우리는 이어서 504조가 무엇인지 설명하고, 그에 대한 우리의 입장을 알렸다. 기자들은 우리의 이야기를 들으며 종이에 무언가를 휘갈겼다. 텔레비전 카메라가 돌아가고 있었다. 그들에게 차별과 우리의 시민권에 대해서 가르쳐줄 수 있다니 이 얼마나 기쁜 일인가.

"정말 아주 솔직하게 말씀드리자면, 제 생각에 보건교육복지부가 우리에게 압력을 행사하기는 매우 어려울 것 같습니다. 우리는 어제 보건교육복지부 직원들에게 '504조 대해 알고 있습니까?' 하고 물었는데요, 알고 있다고 대답한 직원이 단 한 사람도 없었습니다. 오늘 마침내 자신이 시행해야 할 법에 대해 교육받게 되었으니 그들은 우리에게 감사해야 할 것입니다."

나는 전국으로 송출되는 한 텔레비전 방송국 기자에게 이렇게 말했다. 기자 회견이 끝난 후, 우리는 워싱턴에서 무슨 일이 일어났는지 알게 되었다. 우리는 다시 말도나도의 사무실로 돌아갔다.

"DC의 시위대가 떠났어요."

키티는 보건교육복지부에서 낸 보도 자료를 손에 들고 있었다.

"뭐라고? 그럴 순 없어!"

나는 키티의 손에서 자료를 가져와 움켜쥐고는 사람들 앞에서 큰 소리로 읽었다. 보도 자료는 칼리파노 쪽에서 낸 것이었다.

"오늘 오후에 끝난 장애인들의 시위는 그동안 제기되어왔던 미국의 양심에 대한 정당한 주장입니다. 그들은 전적으로 부당한 차별에 고통받아왔습니다. 제가 다음 달에 서명할 504조 규정은 장애가 있는 시민들이 자신의 본래 권리인 독립성, 존엄, 공정한 대우를 누리게 하여, 그들을 고통받게 했던 과거의 불의를 바로 잡는 중요한 한 걸음이 될 거라고 믿습니다(칼리파노는 장애인을 가리키는 말로 'handicapped'를 사용했다. 당시에는 재활법 504조에서도 장애인을 'handicapped'라고 지칭했다 —옮긴이)."[1]

"헛소리 집어치우라고 해."

팻이 내 바로 옆에서 말했다.

우리는 DC에 연락해 진짜 이야기를 들었다. 우리가 걱정한 그대로였다. 시위대는 음식, 약품, 전화기 사용을 금지당했다. 사람들은 배고픔을 이기지 못하고 한 명씩 떠나갔다.

칼리파노는 의도적으로 사람들을 몰아내면서도 장애인에게 적대적으로 보이는 위험을 감수하지 않기 위해 우리의 대의를 지지하는 듯 보이려 했던 것이다. 그는 우리의 '비합리적인' 행동 앞에서 합리적인 조치를 취하고 있다고 안심시키며 사람들의 관심이 사라질 때까지 시간을 벌겠다는 생각뿐이었다.

"옳지 않아."

우리 주위에는 지도부 사람들이 모여 있었다.

"그는 고의적으로 오해의 소지를 만들고 있어."

바로 그때 메리 제인이 단식 투쟁을 선언했다. 메리를 지지하기 위해 나도 동참하기로 했다. 평화적인 시위대에 식량과 물자를 차단하는 것은 민주주의 정신에 어긋난다는 점을 강조하고 싶었다. 진정한 민주주의는 정부에 책임을 물을 수 있는 시민 의식을 중요하게 여긴다.

하지만 우리는 문제에 직면해 있었다. 연방 정부 건물을 점거한 지 이제 겨우 하루가 지났을 뿐인데 DC의 시위는 벌써 흐지부지되고 있었다. 칼리파노는 자신이 얼마나 빠르게 시위대를 압박했는지를 깨닫고는 점점 더 대담해질 것이다. 아마도 그는 뉴욕 시위대는 열 명으로 줄었고, 덴버 시위대도 위태위태하며, 로스앤젤레스 시위대도 한 자릿수로 줄어들었다는 것을 이미 보고받아 알고 있을 것이다. 틀림없이 이제 샌프란시스코 시위대의 수도 줄어들 것이라 기대하고 있을 것이다.

회의를 소집했다. 델런시 스트리트 재단과 구세군이 음식을 가져왔고, 사람들이 막 저녁 식사를 끝낸 참이었다. 우리는 비밀리에 시위대에게 할 말을 준비했고 내가 그 말을 하기로 했다. 사람들은 나에게 지도부의 소통 담당자 역할을 맡겼다. 나는 칼리파노의 전략에 대해 우리가 분석한 내용을 시위대와 공유했다.

"DC의 시위대는 흩어졌고, 전국의 시위대가 추진력을 잃어가고 있습니다. 칼리파노는 우리가 포기할 때까지 기다리기만 하면 된다고 생각하고 있습니다. 우리는 그가 틀렸다는 것을 증명해야 합니다. 전보다 더 강하게 우리의 자리를 지켜내기 위해 힘을 모아야 합니다. 만약 우리가 여기서 물러난다면, 우리의 유일한 협상 카드를 잃게 될 것입니다. 그들은 지연 전술을 쓰고 있습니다."

나는 잠깐 말을 멈췄다. 사람들에게 언제까지고 함께해달라고 요청할 수는 없었다. 그것은 너무 일방적이었기 때문이다. 우리는 한 번에 딱 하루씩만 더 함께하자고 말할 수밖에 없었다.

"하루만 더 함께해주시겠어요? 하루만 더 버티면 우리는 변화를 만들어낼 수 있을 거예요."

다시 한번, 한 사람 한 사람, 시위대가 자원하기 시작했다. 조용히, 서로를 존중하는 태도로 모두가 방 안에 있는 한 사람 한 사람이 하루 더 머물기로 결단하는 말에 귀를 기울였다.

110명이 남았다.

35명이나 늘어난 숫자였다.

마지막에 제프 모이어가 일어나 기타로 〈우리는 이겨낼 수 있을 거야We Shall Overcome〉를 연주했다. 긴 생머리에 목소리가 아름다운 시각장애인 데비 스탠리가 합세했다. 다음 순간, 우리는 거기 모인 모든 사람이 노래하고 있다는 것을 알았다.

"주디! 주디! 일어나 봐요!"

나는 바로 잠에서 깨 눈을 떴다. 모니터 요원이 심각한 얼굴로 내 앞에 서 있었다.

"무슨 일이에요?"

시계를 보았다. 새벽 6시였다. 옆에 있던 짐이 일어나 앉았다.

"저는 바로 아래층에 있었어요. 경비원들이 아무도 건물 안으로 들어오지 못하게 하고 있어요. 건물 밖으로 나갈 수는 있어도 다시 들어올 수는 없어요. 아무도 다시 들어오지 못합니다. 주디, 건물을 완전히 폐쇄하라는 명령이 내려진 것 같아요."

나는 짐과 모니터 요원을 보았다. 상황이 좋지 않았다.

부활절 전날인 성금요일이었다. 만약 사람들이 아이들과 함께 휴일을 보내기 위해 집으로 간다면 다시 이곳으로 돌아올 수 없었다. 음식물, 약품, 갈아입을 옷이 반입 금지된 것은 물론이었다. 어떤 것도 들어올 수 없었다.

"사람들이 떠나기 시작할 거예요."

암울한 표정으로 내가 말했다. 짐과 나는 상황을 살피기 위해 일어났다. 화장실에는 온수가 나오지 않았다. 발신용 전화도 차단되어 있었다. 우리가 바깥세상과 소통할 수 있는 수단은 복도에 있는 공중전화 두 대가 전부였다. 칼리파노는 점점 더 올가미를 조여왔다. 그래도 사무실에 있는 텔레비전과 라디오는 사용할 수 있었다. 우리는 뉴스를 들었다. 한 기자가 말했다.

"샌프란시스코의 이번 시위는 매우 상징적입니다. 어제 오후 보건교육복지부의 워싱턴 DC 사무실을 떠난 이 단체는 조지프 칼리파노 장관에게 직접 연락을 취할 수 있는 유일한 사람들이었습니다. 이곳 샌프란시스코에서는 어떤 시위도 지지를 표하는 것 이상이 되기 어렵습니다. 그들의 시위는 사실상 차별금지법 서명을 쟁취하는 데 어떤 실질적인 기여도 하지 못할 것입니다."

우리는 칼리파노가 원하던 대로 철저히 무시당하고 있었다.

"칼리파노는 우리를 고립시키려고 합니다."

누가 처음 그 말을 했는지는 기억나지 않는다. 나는 지도부의 다른 사람들과 함께 신속히 문제 해결 체제로 전환했다. 변함없이 우리는 말도나도의 사무실에 모였다.

"동료들에게 연락을 취해 우리가 건물 안에 있는 시위대의 숫자보다 더 강하다는 것을 확실하게 보여줘야 합니다. 이제 칼리파노가 무슨 일을 벌일까요? 사람들이 지켜보고 있다는 사실을 그가 알아야 합니다."

누군가 계속 말을 이어갔다. 우리는 글라이드 메모리얼 교회의 세실 윌리엄스 목사에게 연락했다. 글라이드 메모리얼은 샌프란시스코의 반문화적 저항의 등불이었고, 윌리엄스 목사는 우리의 가장 굳건한 지지자 중 한 사람이었다. 우리는 그에게 출입구가 폐쇄되었음을 알리고 도움을 요청했다. 세실은 곧바로 우리가 건물 안에 있다는 사실에 관심을 집중시키기 위해 철야 농성을 조직하겠다고 약속했다. 다음으로 우리는 교회협의회Council of Churches의 노먼 리치에게 연락했고, 그 역시 철야 농성을 지지하기로 했다. 우리는 전날 밤 작성했던 보도 자료 초안에 한 단락을 더 추가했다.

"경비가 강화되어 우리를 지지하는 사람들이 더 이상 연방 정부 건물 안으로 들어와 합류할 수 없게 되었다. 우리의 행동에 대한 가시적인 지지를 위해 사람들이 유엔 플라자에서 철야 농성을 시작했다. 기본권과 관련된 모든 사람이 철야 농성에 참여해 건물 안에 있는 사람들에 대한 지지를 표명하기를 촉구한다."

홍보팀은 팩스로 보도 자료를 언론에 보냈다. 하루가 막 시작되는 이른 아침이었다.

"보건교육복지부는 더 이상 규정을 살펴보지 않을 것입니다."

앤 로즈워터는 의회로부터 새로운 소식을 전해 들었다. 나머지 사람들이 그 내용을 듣기 위해 모여들었다.

"칼리파노는 큰 규모의 방향 전환을 하고 있습니다."

앤이 계속해서 말했다.

"그들은 주요 이슈를 정리한 목록을 가지고 있습니다. 그들은 잠재적으로 모든 건물을 규정 이행에서 제외할 것이며, 알코올 중독자나 마약 중독자 역시 규정에서 배제하고(알코올 중독자나 마약 중독자를 장애의 범주에 포함시켜 504조의 적용을 받게 할 것인가는 주요 논쟁 지점 중 하나였다—옮긴이), 대학들이 접근성 문제를 피해 갈 수 있도록 일종의 컨소시엄을 만들려는 것으로 보입니다. 이로 인해 장애 학생들은 특정 대학에서만 수업을 받을 수 있게 될 것입니다."

침묵이 흘렀다. 침묵을 깨고 팻이 말했다.

"별개의 이야기인 것 같지만 같은 말입니다."

키티는 우리 모두가 생각하고 있던 바를 이야기했다.

"그들은 우리의 이야기를 전혀 진지하게 듣고 있지 않습니다."

얼마 지나지 않아 덴버와 뉴욕의 시위대가 농성을 중단했다는 것을 알게 되었다. 그들에게는 활동 보조인도 없었고 접근 가능한 화장실도 없었다. 이제 칼리파노는 우리가 무너질 위기에 처해 있다고 더욱 강하게 확신할 터였다.

말도나도의 사무실에 앉아 키티, 팻, 메리 제인, 조니, 짐, 메리루의 침울한 얼굴을 바라보며 나는 절망과 싸우고 있었다. 그때 지원활동위원회의 한 사람이 갑자기 들어왔다.

"브라운 주지사가 우리를 지지하고 나섰어요! 그가 카터 대통령에게 서명을 촉구하는 편지를 보냈어요! 우리는 모든 종류의 노동조합, 교회, 시민권 단체들의 지지를 받고 있다고요! 농장노동자연합의 시저 차베스도 우리를 지지한다는 서명을 전보로 보냈답니다!"

우리는 모두 한동안 그 말을 이해하지 못하고 그의 얼굴을 빤히 쳐다보기만 했다. 그런 다음 곧 환호하기 시작했다. 사람들이 우리의 이야기에 관심을 보이고 있었다. 캘리포니아 주지사 제리 브라운도 우리를 주목하고 있었다. 그들은 듣고 있었던 것이다. 그리고 우리를 지지해주었다.

우리는 칼리파노의 귀에 들어가는 목소리를 어떻게 더 키울 수 있을지 생각해내야 했다. 한참 동안 이야기를 나눴다. 그때 팻 라이트가 뛰어난 전략가로 주목받기 시작했다. 체스판을 네 수나 앞서 볼 수 있는 팻의 능력은 몇 년 안에 그 중요성을 입증해 보일 것이었다.

우리는 칼리파노보다 더 위에 있는 사람과 대화해야 한다고 결론을 내렸다. 그러고는 카터 대통령과 만나기 위한 방법을 모색했다. 35명 남짓한 LA의 시위대는 여전히 남아서 농성 중이었다.

그들에게 우리의 생각을 전하기 위해 연락을 취했다. 카터 대통령을 만나려면 먼저 그들과 의견을 조율해야 했다. 다행히 그들은 우리의 생각을 전적으로 지지해주었다.

우리는 카터의 일정을 관리하는 담당자와 가까스로 통화를 할 수 있었다. 그 담당자에게 대통령과의 면담을 요청했고 다시 연락을 주겠다는 약속을 받았다. 하지만 그 말투에서 "기대하지 않는 게 좋을 거예요"라는 뉘앙스가 느껴졌다.

시위대가 회의실로 몰려들었다. 사람들은 제대로 씻지 못한 탓에 이제 조금씩 꾀죄죄하게 보이기 시작했다. 그들이 건물 안에 남도록 설득하는 능력에 모든 것이 달려 있었다. 여기 모인 이 사람들이 떠나지 않고 남아 있게 하는 유일한 방법은 압도적인 통합의 감각을 만들어내는 것, 그 내부에 철저하게 속하면서도 완벽하게 열려 있다고 느끼도록 하는 것이었다. 모든 사람이 도착할 때까지 기다렸고, 수어 통역사는 통역할 준비를 마쳤다.

조용해진 가운데 내가 말을 시작했다.

"상황은 이렇습니다. 카터 대통령은 우리가 어디에 있는지 알고 있습니다. 백악관은 우리를 부르기로 했습니다. 아직 연락은 오지 않았습니다. 건물이 폐쇄된 것은 심각한 상황이지만, 우리의 시위는 탄력을 얻고 있습니다. 지난 몇 시간 동안 우리는 전국적인 관심을 받았습니다. 브라운 주지사의 공개적인 지지도 방금 전해 들었습니다. 우리는 이곳을 떠날 수 없습니다. 우리 말고는 LA 시위대만 유일하게 남아 농성 중인데, 그쪽에는 겨우 35명 남짓이 있을 뿐입니다. 우리 시위대가 가장 큽니다. 당신에게 더 머무를 수 있는지 묻고 있는 것입니다. 머물러줄 수 있나요? 하루하루가 변화를 만들어낼 것입니다."

사람들은 전과 다름없이 남아 있기로 결심해주었다. 어떤 사람은 우리가 하고 있는 일에 대한 자신의 신뢰를 격정적으로 말했다. 또 어떤 사람은 도움이 될 만한 아이디어를 주기도 했다.

"나는 블랙 팬서에 연락을 해보겠어요."

휠체어를 사용하며 옷깃이 넓은 양복을 선호하는, 다발성 경화증이 있는 젊은 시위자 브래드 로맥스가 말했다. 브래드는 우리와도 여러 차례 파트너로 활동했던 블랙 팬서의 일원이었다.

다른 시위자들은 504조와 우리의 정치적 전략에 대해서 질문했다. 사람들은 여전히 가파른 학습 곡선 위에 있었다. 우리를 가로막고 있는 장벽이 개인의 문제라는 생각이 오랫동안 내면화되어 바꾸기가 어려웠다. '나는 걸을 수 없으니 계단을 오를 수 없다'라고 생각하는 습관에서 벗어나야 했다. 앤은 504조와 그 규정에 대해 확실히 알려주는 시간을 갖자고 제안했다.

레크리에이션위원회의 구성원들은 부활절과 유월절 행사를 조직하는 일에 대해 논의했다. 방 안의 에너지가 만져질 듯 뚜렷하게 느껴졌다. 우리는 마지막 한 사람까지 모두 발언할 때까지 회의를 이어나갔다.

마침내 125명의 시위대가 모두 남겠다고 선언했을 때 나는 무거운 책임감을 느꼈지만 기분이 많이 나아졌다. 우리 중 열 명 정도가 단식 투쟁을 하고 있었음에도 나머지 사람들을 어떻게 먹여야 할지 알지 못했다. 건물 폐쇄는 우리를 바깥세상과 완전히 단절시켰다. 각 위원회는 음식과 약품을 건물 안으로 들여오고 다가오는 주말 휴일을 어떻게 할지 결정하기 위해 곧장 업무에 착수했다.

지도부는 말도나도의 사무실에 다시 모였다. 나는 잠깐 멈춰서서 물을 마셔야 했다. 단식 사흘째였고, 내가 먹은 거라고는 물과 약간의 주스뿐이었다. 하지만 전혀 피곤하지 않았다. 아드레날린이 넘치도록 솟아나 내내 에너지가 충만했다.

우리는 칼리파노가 우리를 의도적으로 고립시킨 상황을 어떻게 해결해야 할지 이야기를 나눴다. 어떻게 하면 우리는 동맹 단체들, 그리고 언론과 정기적인 접촉을 유지할 수 있을까? 우리에 관한 기사와 공개적인 선언이 계속되자 보건교육복지부와 행정부는 압박을 느끼고 있었다. 기사가 계속 나가게 해야 했다. 그렇게 하지 못한다면 우리는 사람들의 무관심 속으로 사라져갈 것이다. 그렇다면 어떻게 해야 할까?

그때 한 가지 아이디어가 떠올랐다. 우리는 비밀 병기를 가지고 있었다. 수어였다. 우리는 모든 발표 자료와 메시지를 청각장애인 시위자들에게 주고, 그들을 우리의 지지자들이 철야 농성을 하고 있는 광장이 내다보이는 창가로 데려갔다. 바깥의 청각장애인 시위자들과 수어 통역사들이 관심을 보이자, 그들은 창문을 통해 수어로 우리의 메시지를 전했다. 바깥의 청각장애인 시위자들과 수어 통역사들이 그 메시지를 받아 다시 전해야 할 사람들에게 전했다. 아름다운 광경이었다.

두 번째 비밀 병기는 전혀 예상치 못한 곳에서 왔다. 바로 보건교육복지부였다. 일찍부터 우리는 보건교육복지부 직원과 보안 요원에게 최대한 존중하는 태도와 친밀감을 보이기로 하고 그렇게 해왔다. 이런 우호적인 정책이 서서히 효과를 내기 시작했다. 우리의 행동, 우리가 하는 주장의 정당함이 보건교육복지부 직원들의 공감을 이끌어내고 있었다. 그날 100명의 직원이 우리를 지지하는 탄원서에 서명해 칼리파노에게 보냈다. 시각장애인 아버지를 둔 사무국장 브루스 리는 말도나도에게 칼리파노가 서명하도록 압력을 가하라고 말했다. 그 주 금요일에 그는 옷깃에 다는 장식용 라펠 핀을 거꾸로 달아 보안 요원이 오고 있음을 우리에게 알리는 경고 시스템을 가동하기 시작했다. 이 모든 것은 칼리파노의 입지를 약화시키는 데 도움이 되었다.

늦은 오후, 우리가 말도나도의 사무실에 모여 있을 때 시위대 중 한 사람이 재빠르게 뛰어 들어왔다.

"블랙 팬서가 건물 안으로 들어오고 있어요!"

우리가 사무실을 빠져나와 복도를 굴러가는데 4층 엘리베이터 문이 미끄러지듯 열렸다. 내가 무엇을 본 건지 믿을 수가 없었다. 헐렁한 모자를 쓰고, 스웨터 조끼에 검은색 가죽 재킷을 입은 키 큰 아프리카계 미국인 남성 여섯 명이 플라스틱 욕조를 들고 엘리베이터에서 내렸다.

그 가운데 한 사람이 나에게 말했다.

"보안 요원들에게 만약 우리를 들여보내 주지 않아서 여러분이 굶어 죽는다면 우리는 언론이 보건교육복지부에 계속 관심을 보이도록 무엇이든 할 거라고 말했어요. 저녁 식사와 간식을 가져왔습니다."

브래드 로맥스의 요청을 받은 블랙 팬서가 프라이드치킨과 채소, 호두, 아몬드를 가지고 건물 안으로 들어왔다. 그들은 우리 125명 모두가 먹을 만큼의 음식을 가져왔다. 우리는 둘러앉아 놀라고 이야기하고 웃고 박수치고 환호했다. 마치 거대한 돌풍이 돛을 밀어 우리를 앞으로 나아가게 하는 것 같았다. 블랙 팬서는 매일 밤 우리에게 음식을 가져다주었다.

저녁 뉴스에 우리의 이야기가 보도되었다. 한 텔레비전 뉴스는 이렇게 보도했다.

"그들은 지쳤습니다. 몸도 지저분해졌습니다. 지내기에도 매우 불편합니다. 하지만 그들의 영혼은 불타오르고 있습니다. 샌프란시스코 보건교육복지부 본부에서 벌어지고 있는 농성은 이제 사흘째를 맞이하고 있습니다. 125명의 장애인들이 최소한 내일 밤까지는 농성을 이어가겠다고 선언했습니다. 그러나 이들에 대한 압박 또한 계속되고 있습니다. 불구자 점령군이 주둔하고 있는 4층에는 온수가 나오지 않습니다."

그날 밤, 한 무리의 시위자들과 나는 양초에 불을 붙이고 화물 엘리베이터 안에서 사바스 만찬Sabbath dinner(유대교의 안식일 만찬—옮긴이)을 즐겼다.

"주디, 키티."

말도나도의 사무실에서 키티와 다른 몇몇 사람들과 물을 마시며 팬서가 가져다준 잠깐의 고요함을 즐기고 있을 때 조니가 소리치며 달려 들어왔다.

"경비원들이 폭탄이 터진다며 모두 건물 밖으로 대피하라고 했어요."

키티와 나는 조니를 바라보았다.

"흠, 정확히 뭐라고 하던가요?"

내가 물었다.

"검은색 장화를 신은 사람 서너 명이 와서 폭탄이 설치되어 있으니 전부 건물 밖으로 내보내야 한다고 했어요. 그들은 폭탄 감지견인 셰퍼드를 데리고 왔어요. 정말 위협적이었어요."

키티와 나는 서로를 바라보았다. 키티는 어깨를 으쓱해 보였고, 나는 키티가 무슨 생각을 하는지 정확히 알 수 있었다. 우연의 일치였을까.

내가 말했다.

"상관없어요. 자야겠어요. 폭탄이 터지면 깨워달라고 하세요."

"저도요."

키티가 말했다.

우리는 시위대에게 이 경고에 관해 말해야 했다. 혹시 누군가는 떠나고 싶어 할 수도 있으니 말이다. 우리는 긴급회의를 소집하고 경비원들이 한 말과 우리가 어떤 결정을 내렸는지 알려준 다음 불안하다면 나가도 된다고 제안했다. 그러나 아무도 떠나지 않았다.

다음 날 아침에 일어나 시계를 보았다. 새벽 5시. 건물은 아직 멀쩡했다. 폭탄은 없었다. 몇 분 동안 누워서 그날에 대해 생각했다. 4월 9일 토요일, 건물에서 시위를 시작한 지 나흘째 되던 날이었다. 또한 유월절의 7일째 되는 날이기도 했다. 나는 평소에는 이날을 기념했지만, 지금은 그에 대해서는 생각할 겨를이 없었다. 그때, 바로 그 상징성이 와닿았다. 이스라엘의 자손이 노예의 삶에서 해방된 날. 자유. 이른 아침 어둠 속에서 바닥에 누워 나는 미소를 지었다. 바닥에서 잔 탓에 몸이 아프고, 며칠 동안 아무것도 먹지 않았지만 기분이 좋았다. 나는 짐을 쿡 찔렀다.

"일어나 봐요. 머리를 감고 싶어요."

냉수든 온수든 상관없었다. 지저분한 머리가 싫었다. 머리를 감고 옷을 갈아입은 뒤 나는 짐과 잠시 앉아서 이야기를 나눴다. 주위에 있던 사람들이 천천히 깨어났다. 짐은 커피를 마셨고, 나는 물을 마셨다. 지금까지 나는 커피나 카페인 음료를 마셔본 적이 없다. 그때 모니터 요원이 우리를 찾아왔다.

"주디, 마지막 공중전화 두 대가 고장 났어요. 전화를 걸 수 없어요."

발신이 아예 끊긴 상태였다. 그날 오후 카터의 일정 관리 담당자가 우리에게 메시지를 보내왔다.

"대통령은 로스앤젤레스와 샌프란시스코의 상황에 대해서 알고 있습니다. 504조와 그 규정에 관한 문제에 직접 관여하겠다는 뜻을 분명히 전해주셨습니다."

우리는 이에 대한 답변을 발표하고, 창문에 있는 수어 통역사들에게 전달했다.

"백악관과 연락이 닿은 것은 매우 고무적인 일이라고 생각합니다. 그러나 카터는 우리가 농성을 하고 있는 핵심적인 이유를 제대로 설명하지 못하고 있으며, 그의 말은 적절하지 않습니다. 그러므로 1월 21일에 하기로 했던 서명은 실행되어야 합니다. 칼리파노가 제안한 변경 사항에는 협상의 여지가 없습니다. 칼리파노가 검토 중인 변경 사항은 받아들일 수 없고 협상 또한 없을 것입니다."

로스앤젤레스의 시위대도 카터의 일정 관리 담당자에게 같은 메시지를 받았지만, 우리와 연락을 할 수 없으니 어떻게 해야 할지 결정하지 못하다가 결국 카터의 말에 따르기로 했다. 그들은 건물을 떠났다.

샌프란시스코는 이제 마지막 남은 도시가 되었다. 그날 밤 뉴스에서는 우리를 "이 지역 장애인들이 조직한 사상 최대 규모이자 가장 장기간에 걸친 시위"라고 부르며 상황은 "화요일과 달라진 것이 없으며, 시위대는 여전히 워싱턴의 관심을 끌기 위해 노력하고 있다"고 보도했다.

다음 날 아침은 부활절의 마지막 날이었다. 창밖을 내다보니 날씨가 아주 화창할 것 같았다. 그날 아침 나는 단식 투쟁을 중단하기로 했다. 생각을 하고 전략을 짜기 위해서는 에너지가 필요했기 때문이다.

사람들은 축제의 분위기를 즐기고 있었다. 레크리에이션위원회는 건물 안에 있는 시위대의 아이들을 위해 부활절 예배와 달걀 찾기 이벤트를 준비했다. 경호원들은 아이들이 건물 안으로 들어오는 것을 묵인해주었다. 건물 앞에서는 우리를 지지하는 사람들이 특별한 부활절 행사를 하며 밤을 지새우고 있었다.

휴일이었지만 지도부는 쉬지 않았다. 아이들은 부활절 달걀을 찾고 밖에서는 한창 집회가 진행되는 동안, 우리는 말도나도의 사무실에서 보건교육복지부의 법률 자문 위원인 피터 리보시와 통화했다. 피터는 우리를 건물에서 떠나게 할 방법이 있을지 알아보기 위해 전화를 건 터였다. 피터와의 대화는 마치 어느 한쪽도 양보하지 않아 파국으로 치닫는 치킨 게임 같았다. 그의 목표는 우리가 보건교육복지부와 그들의 절차를 신뢰하고 건물을 떠나도록 하는 것이었다. 그리고 우리의 목표는 그에게서 가능한 한 많은 정보를 캐내는 것이었다. 그는 자신이 우리 편인 것처럼 보이기 위해 일부 정보를 공유해야 했지만, 아주 많은 양의 정보는 아니었으며 머무르겠다는 우리의 결심을 방해할 만한 것은 없었다. 그날 그는 보건교육복지부에서 규정을 실행하기 위해 논의

중인 변경 사항을 우리가 원하던 수준을 훌쩍 뛰어넘어 너무 자유롭게 이야기하는 바람에 지나치게 많은 것을 공유하는 실수를 범했다.

내가 팻 라이트, 키티와 함께 앉아서 피터의 말을 듣고 있을 때, 캘리포니아 하원 의원인 조지 밀러가 예고도 없이 갑자기 걸어 들어왔다. 조지 밀러는 겨우 서른두 살로 우리 또래였다. 우리가 DC의 누군가와 통화 중인 것을 보자마자 그는 조용히 다른 전화 쪽으로 가서 수화기를 집어 들었다.

그는 피터가 보건교육복지부가 고려하고 있는 변경 사항에 대해 말하는 내용을 조용히 듣고 있었다.

"피터."

그가 갑자기 피터의 말을 가로막았다.

"저는 조지 밀러 의원입니다."

피터가 하던 말을 멈췄다. 그 직후에 무슨 이야기가 오갔는지는 정확히 기억나지 않지만, 피터가 신속하게 전화를 끊었던 것은 분명하다. 조지 밀러 의원은 수화기를 내려놓고 진지한 표정으로 방 안의 우리 쪽을 돌아보았다. 그가 말했다.

"여기서 시위를 계속하세요. 승리하기 전까지는 이 건물을 떠나지 마십시오."

다음 날 밀러 의원은 전화를 걸어와 자신과 캘리포니아주 하원 의원 필 버튼이 이 건물에서 청문회를 열기로 합의했다고 말했다. 이번 주 금요일이 될 것이라고 했다.

"만세!"

모두 환호성을 질렀다. 커다란 승리였다. 청문회는 대중과 전문가들의 증언을 통해 쟁점이 무엇인지를 의회가 조사할 수 있는 방법이었다. 하원 의원들이 청문회를 계획하고 있을 뿐 아니라 우리가 있는 **바로 이 건물**에서 하기로 했다는 사실은 의회가 진정성을 가지고 개입할 만큼 우리가 이 문제를 중요 현안으로 올려놓는 데 성공했다는 뜻이었다.

7장   전쟁터의 군사들

부활절 다음 날인 월요일 아침, 건물에 남아 있던 소수의 활동 보조인 가운데 한 사람인 애브릴 해리스가 일정을 짜고 있었다. 애브릴은 커피를 준비해 키티를 깨우고는 나에게 필요한 것이 없는지 살폈다. 그날 아침 애브릴은 내가 머리 감는 것을 도와주었다. 머리를 감고 나서 나는 짐과 함께 팻, 메리 제인, 키티, 앤, 조니를 찾으러 다녔다. 메리 루는 주말 동안 몸이 아파 집에 가야 했다.

로비에서 제프 모이어, 데비 스탠리와 함께 있는 메리 제인을 발견했다. 두 사람은 출근하는 보건교육복지부 직원들을 건물 안으로 들여보내는 것으로 한 주를 시작하기로 결심한 것 같았다. 그들을 포함해 시위대 몇 명이 수선화를 나누어 주고 있었다.

거의 일주일을 건물 안에서 보내면서 우리는 그곳의 일상에 적응해가고 있었다. 아침에는 여러 위원회가 모두 모였다. 식품위원회는 식사를 계획하고, 의약품위원회는 필요한 의약품 목록을 작성했다. 블랙 팬서가 가져다주는 따뜻한 식사 이외에도 버터컵 레스토랑, 버클리 브릭 헛 레즈비언 협동조합, 글라이드 메모리얼 교회에서 음식을 기부했다. 지역의 약사들은 의약품과 그밖에 필요한 물건들을 제공해주었다. 우리는 오후 늦게 또는 이른 저녁, 건물 전체 회의를 소집하고 밖에서 일어나고 있는 일과 우리의 전략을 공유했다. 늘 하던 대로 지도부가 먼저 해결 방법을 논의한 뒤 나와 키티가 그것을 그룹 전체에 전달했다. 우리는 모든 시위자가 모이고 수어 통역사들이 준비를 마치기 전까지 회의를 시작하지 않는다는 방침을 고수했고, 모두가 발언할 기회를 갖기 전까지는 회의를 끝내지 않았다. 우리 중 몇몇은 장애로 인해 말하는 것이 힘들었고, 때로는 심각한 문제를 다루기도 했기 때문에 회의는 종종 새벽 3시까지 계속되었다.

하지만 전체 회의에서 주목할 만한 점은 회의를 얼마나 오래 하는가가 아니라 경청의 문화가 발전했다는 것이다. 다른 사람이 얼마나 오래 발언을 하든 우리는 모두 귀를 기울였다. 이제 150명이 된 시위대의 모든 사람이 완벽하고 아름다운 침묵으로 발언자의 말을 경청했다. 헤일 주카스가 임시로 만든 포인터를 머리에 붙인 채 보드 위의 한 글자를 가리킬 때면 방 안은 너그러운 고요함으로 가득 찼다(발화에 어려움이 있는 뇌성마비 장애인이 탭과 포인터 같은 보조 도구를 이용해 소통하고, 그에 소요되는 시간을 모두가 말없이 기다려주는 상황을 묘사한 것이다—옮긴이). 우리는 소통의 필요성과 느린 속도가 존중받을 수 있는 우리만의 공간을 만들어내는 능력을 소중하게 여겼다.

이후에 한 시위자가 말했던 것처럼 분명히 "불편과 불안이 일상이었다." 우리 중 많은 사람이 활동 보조를 위해 낯선 사람에게 의지하는 위험을 감수하고 있었다. 시위자 가운데 한 사람이었던 빌 블랜차드는 "처음 며칠 밤을 휠체어에 앉은 채로 잠을 청했던 이유는 최대한 덜 이동하고, 낯선 사람에게 도움을 덜 청하기 위해서였다"라며 그때를 회상했다. 사람들은 예비 카테터, 인공호흡기 및 기타 장비 없이 생활했다. 이는 우리에게 죽느냐 사느냐의 문제일 수도 있었다.[2]

이런 모든 불편함에도 불구하고 사람들은 그곳에서의 생활을 즐기기 시작했다. 복도에서 휠체어에 앉은 채 경주를 하고 게임을 하고 기타를 치며 노래도 불렀다. 사생활은 거의 없었다. 모두가 다른 모든 일을 하는 가운데 옷도 갈아입고 챙겨야 할 일들을 챙겼다. 그러면서 유대감을 형성해갔다. 사람들은 몇 시간이고 둥그렇게 둘러앉아 이야기를 하고 또 했다. 우정이 만들어졌다. 한 젊은 장애 여성은 활동 보조인과 사랑에 빠져 그런 감정이 태어나 처음으로 자신을 아름답게 여기도록 해주었다고 말했다. 에드의 친구이자 사람들의 마음가짐에 변화를 일으키기 위해 '이에스티est'를 설립한 베르너 에르하르트가 나타나 시위대를 위해서 워크숍을 열겠다고 자원했다. 조지아주의 저명한 상원 의원 줄리언 본드 같은 시민권 운동 리더들도 우리를 찾아왔다. 블랙 팬서가 와서 함께하기도 했다. 잘 알려진 두 심리학자가 성性과 장애에 대한 워크숍을 해주기도 했다.

무엇보다 당시는 1970년대였다. 섹스, 마약, 로큰롤, 긴 머리, 나팔바지, 자기표현, 제퍼슨 에어플레인, 퀸, 이글스의 시대였다.

장애를 가지고 살아온 우리에게 농성은 마치 캠프와도 같았다. 캠프는 우리 자신과 우리의 필요에 의해서만 움직이는 세계에 살았던 단 한 번의 특별한 시간이었다. 그곳에서는 느리거나 다르다는 이유로 열등감을 느끼지 않아도 되었다. 짐이 되어도 괜찮았다. 사과를 할 필요도 없었다. 건물 안에서 우리는 마치 캠프에서처럼 가족이나 친구, 혹은 신뢰할 수 없는 대중교통에 의존하지 않고도 쉽게 서로를 찾아가 함께 시간을 보낼 수 있었다. 우리를 자주 고립시켰던, 도달할 수 없는 바깥세계가 아득히 먼 이야기처럼 느껴졌다.

그 무렵 우리의 이야기를 취재하던 기자들이 점점 우리에게 마음을 빼앗기고 있었다. 샌프란시스코의 7번 채널 〈ABC 뉴스〉 기자 에번 화이트는 휠체어를 빌려 타고 하루 종일 샌프란시스코 시내를 돌아다닌 경험을 보도했다.

새로운 지지자들이 사방에서 나타났다. DC와 매디슨, 위스콘신의 시위자들도 우리를 지지하며 농성을 벌였다.

우리는 우리 자신보다 더 큰 무엇인가가 되어가고 있었다. 금발의 사지마비 장애인 시위자였던 시시 위크스는 텔레비전 기자에게 이렇게 말했다.

"장애인들이 한 최초의 전투적인 행동입니다. 진짜 사회 운동을 펼쳐 나가고 있다는 느낌입니다."

나는 이와 같은 방식으로 진행된 다른 사회 운동은 경험해본 적이 없지만, 우리가 전쟁터의 군인들만큼이나 서로 친밀해지며 느꼈던 유대감은 아마 모든 사회 운동이 내부에서부터 느끼는 것이 아닐까 싶다.

4월 15일 금요일은 농성 11일째 되는 날로 청문회가 예정되어 있었다. 밀러 하원 의원과 버튼 하원 의원은 건물 안으로 들어와 406호 사무실을 의회 위성 사무소로 정했다. 작은 방이 사람들로 빽빽하게 들어찼던 것으로 기억한다. 휠체어를 탄 사람, 정신장애인, 부모들, 수어를 사용하는 청각장애인, 지팡이를 짚은 시각장애인, 그리고 기자와 언론인이 간간이 섞여 있었다. 그 밖에도 800명의 시위대가 건물 밖에서 집회를 열기 위해 모여 있었다. 민주당 원내 총무인 앨런 크랜스턴 상원 의원이 우리에게 지지를 표하는 전보를 보내왔다.

버튼 하원 의원은 청문회의 취지는 갈등의 본질을 이해하는 것이라는 말로 발언을 시작했다. 조는 그 옆에 서서 수어 통역을 했다. 내가 먼저 말했다.

"당신은 우리를 존중해주었습니다."

나는 하원 의원에게 감사를 표하며 이어서 말했다.

"더 이상의 타협은 없습니다. 우리는 서명이 이루어지기 전까지 이 건물에서 나가지 않을 것입니다. 이것은 시민권 운동입니다."

나는 잠시 멈췄다가 계속해서 말했다.

"여러분은 우리가 시민권 운동을 시작하는 것을 돕고 있는 것입니다."

이어서 워싱턴의 보건교육복지부를 대표해서 온 진 아이덴버그가 칼리파노 장관과 차관을 대신해 성명서를 읽었다. 성명서는 우리가 이미 알고 있던 규정 그 이상도 이하도 아니었다. 규정을 다시 검토하고 있다는 내용이었다.

하원 의원들은 아이덴버그에게 서명이 늦어지고 있는 이유를 물었다. 아이덴버그는 조사 및 검토 중인 쟁점을 인용하며 반박했다. 보건교육복지부의 상급자들에게 단호하게 밀고 나가라는 명령을 받은 게 분명했다. 칼리파노가 청문회에 다소 낮은 직급의 관료를 보낸 것은 우리를 어떤 태도로 대하고 있는지를 잘 보여주었다.

의원들은 아이덴버그의 대답에 대해 추궁했다. 정확히 어떤 조사를, 무슨 목적으로? 의원들의 세세한 질문에 점점 더 불편해하던 아이덴버그는 뭐가 문제인지 이해할 수 없다는 표정이었다. 그는 거북해하며 보건교육복지부의 입장을 설명하려 했다. 그는 '분리 평등separate but equal(학교와 공공장소, 대중교통, 의료, 주거 등의 시설과 서비스의 질이 유사하다면 인종에 따라 사용 구역을 일부 제한하고 분리해도 평등하다고 간주했던 원칙으로 심각한 인종 차별과 인권 침해를 낳았다. 1954년 브라운 대 교육위원회 소송을 계기로 미국 연방 대법원에서 위헌 판결을 받았고 1964년의 시민권법 제정으로 완전히 폐기되었다―옮긴이)'이라는 말을 꺼내며, 같은 문장에서 검토 중인 쟁점이 총 26개에 달한다는 소식까지 장황하게 늘어놓았다.

그 말을 듣는 순간 나는 폭발했다. 아직도 '분리 평등'이라고? 보건교육복지부는 여태 '분리 평등' 정책을 고려 중이란 말인가? 우리가 시민권 단체들로부터 전폭적인 지지를 받았는데도? 그들은 브라운 대 교육위원회 소송에 대해 들어본 적도 없단 말인가? 시민권의 어떤 영역에서도 '분리 평등'의 개념은 용납될 수 없으며, 그런 주장이라면 더더욱 논의할 가치가 없었다.

분노와 좌절감으로 마음이 뒤엉켰다. 내가 방 앞에서 필사적으로 평정심을 유지하려 애쓰는 동안, 키티는 뒤로 빠져나갔다. 아이덴버그가 '분리 평등'이란 말을 내뱉자마자 키티는 휠체어를 돌려 문밖으로 나갔다. 안에서 청문회가 계속되는 동안 키티는 건물 밖에 모여 있는 군중에게 아이덴버그가 '분리 평등' 이야기를 꺼냈다는 사실을 전했다. 800명의 군중이 안에서도 들릴 만큼의 큰 소란 속에서 해산했다.

이제 아이덴버그가 읽은 성명서에 내가 답할 차례였다. 나는 적어온 내용을 보지 않기로 했다. 숨을 깊이 들이마시고, 아이덴버그를 정면으로 바라보았다.

"504조 규정에 앞서 브라운 대 교육위원회 소송이 있었습니다."

내 목소리가 떨렸다. 나는 고개를 숙여 눈물을 삼키고 아이덴버그를 돌아보았다.

"그것은……."

나는 잠시 말을 멈췄다. 갑자기 며칠간, 몇 주간, 몇 년간 일을 밀어붙이며 느꼈던 피로와 부담감이 나를 압도했다. 나의 싸움은 단지 동등한 기회를 얻기 위함이었다. 다시 심호흡을 했다.

"괴롭힘입니다. 그간 장애인 개개인에게 가해진 형평성이 결여된 조치들, 그리고 심지어 지금 이 순간에도 정부에서 그런 식의 논의를 하고 있는 상황이 저는 말로 표현할 수 없을 만큼 참기 힘듭니다."

떨리는 목소리를 제어할 수 없었다. 한마디 한마디 내뱉을 때마다 기억의 무게가 나를 짓눌렀다. 친구들이 모두 학교에 있을 때 나는 혼자 거실에 우두커니 앉아 창밖을 바라봐야 했다. 브루클린 칼리지에서 아버지가 나를 무대에 올려주었을 때 나는 울고 말았다. 기숙사에서는 문을 두드리며 화장실에 가는 걸 도와달라고 해야 했다. 승무원들은 모든 승객이 보는 앞에서 나에게 비행기에서 내리라고 했다.

"나는 여러분에게 **말할 수 있습니다.**"

알 수 없는 힘이 내 안에서 차올랐다.

"여러분이 분리 평등에 대한 이야기를 꺼낼 때마다 전국에 있는 장애인들의 분노는 계속될 것이고 점점 더 타오를 것입니다. 여러분이 우리의 입장을 마침내 이해하는 날까지 어쩌면 더 많은 건물이 점거될 것입니다. 우리는 더 이상 정부가 장애인을 억압

하도록 내버려두지 않을 것입니다. 우리는 법이 시행되기를 원합니다. 우리는 더 이상 분리되기를 원하지 않습니다. 분리에 대한 논의는 더 이상 받아들이지 않을 것입니다. 그리고…….”

나는 잠시 멈췄다. 아이덴버그는 내 말에 동정이라도 하듯이 고개를 끄덕이고 있었다. 그의 표정을 나는 참을 수 없었다.

“우리가 무슨 말을 하는지 하나도 모르면서 동의한다는 듯이 고개를 끄덕이는 것을 그만해주시면 감사하겠습니다!”

나는 손으로 머리를 감싸 쥐고 눈물을 참았다. 박수가 터져 나왔다. 그 후 한 시간 동안 나온 증언들은 희미하게만 기억이 난다. 매우 많은 사람이 발언을 했다.

“칼리파노가 간과하고 있는 것이 있어요. 그들이 모여 앉아 지적인 논의를 하는 동안 우리의 삶은 전혀 변하지 않았다는 걸 자기들이 이해하지 못하고 있다는 점입니다.”

DC의 장애인인권센터에서 온 데비 캐플런이 말했다. 이어서 에드 로버츠가 말했다.

“미국에서 가장 큰 소수자 집단 가운데 한 사람으로서 저는 분리에 관한 더 나은 청사진을 본 적이 없습니다.”

발달장애인 데니즈 대런스버그가 말했다.

“그들에게는 내가 2류 계층으로 보이겠지만, 나 역시 다른 사람들과 똑같은 한 명의 인간입니다. 무시하고 깔아뭉개는 것은 공정하지 않다고 생각합니다. 나는 정신장애인을 위한 특수학교에 다녔습니다. 내게 필요한 것들을 제대로 배우지 못했습니다.

사람들은 내게 제대로 배울 수도 없는데 왜 굳이 배우려 하느냐고 했습니다. 나는 어떤 부분에서는 도움이 필요하지만 모든 일에서 다 그런 것은 아닙니다."

이런 이야기들 가운데서 아이덴버그는 자신의 입장을 정하지 못하고 있는 것 같았다. 어떤 순간에는 동정어린 표정을 지었고, 그다음 순간에는 뜻을 알 수 없는 표정이었고, 잠시 후에는 또 좌절한 듯 보였다.

한 사람씩 한 사람씩 발언자로 나섰다. 시각장애인, 청각장애인, 지체장애인, 이전에 약물 중독자였던 사람, 장애인의 부모 등이 일어나 생각, 감정, 고통, 고립감, 분노, 상처를 나누고, 직업을 구하기 위해 혹은 교육받기 위해 노력했던 시간들, 셈에 넣어지고 중요하게 여겨지기 위해 애썼던 시간들에 대해 이야기했다.

그때 갑자기 아이덴버그가 테이블에서 일어나 몸을 돌려 문밖으로 뛰쳐나갔다. 나는 의원들을 바라보았다. 모두가 혼란스러워하며 서로를 쳐다보았다. 방금 무슨 일이 일어난 거지? 아이덴버그가 정말로 방을 나간 건가?

복도에서 문이 꽝 닫히는 소리가 들렸다. 버튼 하원 의원이 자리에서 벌떡 일어났다. 그는 얼굴이 빨개져서는 아이덴버그를 따라 나갔다.

"거기서 나와요! 지금 당장 나오라고! 나오라니까!"

우리는 버튼 하원 의원이 문을 발로 차며 고함치는 소리를 들었다. 그리고 깊은 정적.

"이리로 나와요! 지금 당장 나오라고!"

버튼 하원 의원이 불같이 화를 냈다. 마침내 문이 열리는 소리가 들렸다. 아이덴버그는 방으로 다시 돌아왔다. 버튼 하원 의원이 그 뒤를 따라 들어왔다. 아이덴버그는 고개를 숙인 채 우리의 시선을 피했다. 부끄러워하고 있었다.

버튼 하원 의원이 주먹을 불끈 쥔 채 뒤로 바짝 붙어 그를 다시 의자로 데려갔다. 버튼은 뒤에 서서 아이덴버그가 다시 의자에 앉아 우리를 마주 볼 때까지 기다렸다.

청문회가 계속되었다. 다섯 시간 동안 증언이 이어졌다. 버튼 하원 의원이 청문회를 마무리했다.

"이 방에 있는 사람 중에서 오늘 일에 자부심을 느끼지 않을 사람은 없을 거라 생각합니다."

그가 눈물을 글썽이며 말했다. 청문회 이후에 우리는 칼리파노에게서 어떤 말이든 들을 수 있을 거라고 확신했다. 그러나 아무 말도 들려오지 않았다.

좌절한 지도부는 비밀리에 다시 모였다. 칼리파노가 우리를 무시할 수 없게 하려면 어떻게 해야 할까? 우리는 상황을 진전시킬 방법을 찾아야 했다.

"DC에 대표단을 파견하면 어떨까요?"

내가 말했다.

시위대가 워싱턴으로 가면 504조를 지지하는 하원 의원들과 대면하고, 칼리파노와 카터 대통령도 만날 수 있을 것이다. 나는 의회에서의 경험을 통해 대면 만남이 항상 더 좋은 결과를 가져온다는 것을 알고 있었다. 지금은 거리가 멀다는 이유로 DC에서 우리의 주장을 묵살하고, 우리를 서부의 급진주의자 정도로 여기며 소외시키는 상황이었다. 우리의 농성에 대한 『워싱턴 포스트』의 보도도 매우 제한적이었다. 우리가 농성이 지닌 도덕적 권위를 등에 업고 워싱턴에 간다면, 사람들은 우리를 진지하게 대할 수밖에 없을 것이다. 이는 대담한 행동이었다. 매우 위험한 일이기도 했다. 만약 실패한다면 우리는 샌프란시스코 연방 정부 건물에 다시 들어갈 수 없을 것이고, 건물 안에 있는 우리의 본거지, 우리의 유일한 협상 카드를 잃게 될 것이다.

동시에 우리는 시위가 언제라도 샌프란시스코의 오래된 이야깃거리로 끝날 수 있다는 것도 잘 알고 있었다. 시위대가 지금은 흥분과 아드레날린에 취해 있지만 만약 계속해서 무시를 당한다면? 더 심각하게는, 조롱을 당한다면? 시위대의 분위기는 순식간에 달라질 수 있다.

우리는 행동해야 했다. 지금이 아니면 안 된다.

청문회 다음 날, 시위대에게 지도부의 결정을 알렸다. 시위대 150명 전원의 완전한 동의와 지지 없이는 DC로 대표단을 보낼 수 없었다. 만약 남아 있는 사람들이 자신이 대표단보다 덜 중요하기 때문에 남겨진 거라고 느낀다면 갈등이 빚어질 테고, 그렇게 된다면 우리는 건물을 잃는 위기를 맞을 수도 있기 때문이다.

항상 그랬듯 우리는 모든 시위자가 도착하고, 수어 통역사들이 준비를 마칠 때까지 기다렸다. 긴장이 되었다. 결정해야 할 중대한 사안이 많았다. 먼저 우리는 대표단을 보낸다는 기본적인 생각에 동의해야 했다. 이는 많은 사람이 함께 해야 할 큰 결정이었다.

그 결정을 하고 난 뒤에는 대표단을 파견할 시기에 합의해야 했다. 우리는 DC의 시위대 덕분에 대표단 파견이라는 아이디어를 떠올릴 수 있었다. DC의 시위대는 우리 대표단이 도착하기 전에 준비할 시간이 필요하기 때문에 우리의 방문을 조금 뒤로 미뤄달라고 요청했다. 우리는 DC의 시위대가 농성을 접게 된 것에 불필요하게 나쁜 감정을 갖지는 않을까 생각했고, 마치 우리가 그들을 구출하러 가는 것처럼 보일까 봐 걱정이 되었다. 하지만 더 이상 기다릴 수 없었다. 우리의 시위도 언제든 해산될 수 있었다. 우리는 DC의 시위대가 한 요청을 우리 시위대와 공유하고 그에 응할지를 함께 결정해야 했다. 그것이 두 번째로 결정해야 할 사안이었다.

셋째로 우리는 대표단 구성에 대해 투표를 해야 했다. 누가 갈 것인가? 어느 정도 규모가 합리적인가?

150명은 합의를 진행해나가기에 적은 수가 아니었다. 그러나 우리는 사람들의 장애와 나름대로 체계가 잡힌 의사소통 속도, 그 방 안의 다양한 인지 능력을 투입했다. 우리는 도전적인 회의를 맞닥뜨린 상태였다.

시위대를 마주 보고 앉아 잠시 말을 멈췄다. 나는 여성으로서 '강하게' 보이는 것과 '우호적이지 않게' 보이는 것 사이에서 내가 아슬아슬한 줄타기를 하고 있다는 것을 잘 알고 있었다. 만약 우리가 DC에서 동료들의 바람을 거스르기로 결정한다면, 그들은 아마도 화가 나서 나를 비난할 것이다. 하지만 난 솔직해야 했다. 최대한 신중하고 분명하게 잠정적으로 대표단을 보내기로 한 이유에 대해 이야기했고, DC 쪽 시위대의 요청에 대해서도 공유했다.

"우리는 가장 강했고 가장 오래 버텼습니다. 워싱턴의 시위대는 두 번 해산했습니다. 우리는 조심스러운 입장을 취해야 합니다. 하루 이틀은 매우 혼란스러울 수 있습니다. 매일 매일이, 어쩌면 시시각각의 상황이 그러할 것입니다."

나는 잠시 멈추고 기다렸다. 내가 더 무슨 말을 할 수 있었을까? 더할 것도 뺄 것도 없이 사실이었다. 후에 시위대 가운데 한 사람이 그때 내가 '침착하면서도 막을 수 없어' 보였고, 그 모습을 보며 '누가 이 여성을 따르지 않을 수 있을까?'라고 자문했었다며 당시를 회상했다.

하지만 내 속마음은 그렇지 못했다. 시위대의 생각을 들으려 기다리면서도 내 안에서는 우리가 어디로 가야 할지 전혀 확신이 없었다. 우리가 흩어진다면 힘을 가질 수 없다는 것만큼은 분명히 알았다. 우리는 이야기를 하고 또 했다. 아름답게, 또 놀랍게도 모두가 동의할 때까지. 마침내 우리는 가능한 한 빨리 대표단을 파견하기로 했다.

여덟 명으로 구성된 위원회는 DC로 향할 대표단을 선정하고, 이들이 장애와 인종을 대표할 수 있도록 인원을 구성하는 임무를 맡았다. 〈ABC 뉴스〉 기자 에번 화이트는 대표단에 합류하기 위해 애썼다. 시시 위크스와 자립생활센터에서 일하는 레이 우제타는 지도부가 DC에 가 있는 동안 샌프란시스코 농성의 책임자 자리를 맡기로 했다.

이제 이동에 필요한 경비를 마련해야 했다. 다음 날인 4월 17일은 일요일이었다. 부활절과 유월절이 지난 지 일주일째 되는 날이었다. 그날 아침, 글라이드 메모리얼 교회의 세실 윌리엄스 목사의 설교는 농성에 대한 것이었다. 예배에 참석한 사람 중에 윌리 딕스라는 이름의 남자가 있었다. 그는 미국에서 가장 오래된 노동조합 중 하나이자 불평등을 위해 싸우는 것으로 유명한 국제기계공협회International Association of Machinists의 회원이었다. 윌리는 설교를 듣고는 곧바로 1000달러짜리 수표를 손에 든 채 우리를 찾아왔다.

윌리는 윌리엄스 목사가 설교 중에 "그들이 거기에 앉아 시위를 할 수 있다면 남은 여러분은 무엇을 할 수 있겠습니까?"라고 물었다고 했다. 그러면서 우리에게 자신이 무엇을 도울 수 있는지 물었다. 모든 것을 바꿀 수 있는 또 하나의 의미 있는 기적 같았다. 윌리는 이틀에 걸쳐 국제기계공협회 이사회에 우리의 대의를 설명하고 DC로 가는 대표단 34명을 위한 경비를 모금했다.

같은 날인 일요일, 샌프란시스코 시장 조지 모스콘이 샌프란시스코 종합병원의 의료 책임자와 다른 건강 분야 공무원들과 함께 건물에 나타났다. 당시 여성과 인종적 소수자들을 도시위원회에 통합시키는 일을 추진하던 모스콘 시장은 약자들의 이익을 보호하는 데 관심이 많은 사람으로 잘 알려져 있었다. 그는 시위대가 목욕을 할 수 있도록 비누, 수건, 휠체어로 인한 상처에 바르는 크림, 욕실용 수도꼭지에 붙이는 샤워 헤드가 달린 부드러운 호스를 가지고 왔다. 그리고 시위대에게 의료진이 의학적인 도움을 받지 못했던 사람들을 살펴볼 수 있도록 줄을 서달라고 부탁했다.

말도나도는 시장의 도움을 무시한 채 욕실에 샤워기를 한 개만 달 수 있도록 했다. 그러고는 이렇게 말했다.

"우리는 호텔을 운영하는 것이 아닙니다."

여전히 그는 우리가 생활이 너무 불편해서 어서 떠나기를 바라고 있는 것이 분명했다. 모스콘 시장은 화가 났다. 그는 우리에게 카터 대통령에게 연락을 하겠다고 했고, 실제로 전화를 걸어 준비한 샤워기 네 개를 모두 설치할 수 있게 해주었다. 믿을 수 없는 하루였다.

6개월 후, 게이 권리 활동가 하비 밀크가 모스콘 시장의 지지를 받으며 샌프란시스코에서는 최초로 '공개적으로 정체성을 밝힌 게이openly gay'로서 시의회 의원에 선출되었다. 모스콘은 이에 대해 목숨으로 대가를 치러야 했다. 모스콘과 밀크는 보수적인 전직 시의원 댄 화이트에게 살해당하고 말았다. 하지만 그날 모스콘 시장은 앞으로 일어날 일들에서 중심이 될 역할을 해주었다.

8장   백악관

우리가 탄 비행기는 밤 9시 30분쯤 덜레스 국제공항
에 도착했다.[3]

"워싱턴에 오신 걸 환영합니다!"

윌리 딕스가 비행기 객실에 선 채로 말했다. 우리의 피곤한 눈
에는 그가 너무나 반가웠다. 우리는 땀에 젖어 있었고 지저분했
으며, 전날 밤 늦게까지 계속된 회의로 잠을 거의 못 잔 상태였다.
유행하는 스리피스 정장을 입고 아프로 헤어스타일(아프리카계 미
국인들이 곱슬머리를 둥그렇게 빗어 부풀린 헤어스타일로 1960~70년대에
크게 유행했다―옮긴이)을 한 윌리는 보수적인 차림새를 한 백발의
나이 지긋한 남자와 함께였다. 둘이 함께 있으니 좀 이상한 커플
처럼 보였다. 로빈이라고 불린 이 백발의 남자는 알고 보니 시카
고에 있는 국제기계공협회 141구역의 회장 조지 로빈슨이었다.

농성을 시작한 지 2주째였고, 워싱턴에 대표단을 파견하기로 결정한 뒤로는 3일이 지난 시점이었다. 일요일에 우리를 찾아 건물에 나타난 윌리는 전국의 기계공 동료들을 동원했다. 앞서 기부를 해주었던 베르너 에르하르트와 함께 대표단의 항공료를 모금했고, 우리의 여정에 필요한 것들을 준비하고, 그들의 DC 본사에 임시 사무실을 마련해주었다. 게다가 환영회까지 열어주었다. 그들은 비행기에 올라와 대표단 가운데 휠체어를 타는 사람들이 내리는 것을 도와주었다. 대표단은 총 34명이었고 그 가운데 대다수는 휠체어 이용자였지만, 그들 모두를 도울 만큼 활동 보조인이 충분히 많지 않았다. 윌리와 로빈이 활동 보조인 역할을 해준 덕분에 우리는 어려움을 덜 수 있었다.

공항에 들어서자 프랭크 보우와 유니스 피오리토 등 DC 시위대의 지도부가 우리를 기다리고 있었다. 그들은 우리를 보자마자 상황을 설명하려 애썼다. 유니스가 말했다.

"우리는 보건교육복지부에서 굶어 죽을 뻔했어요. 동부에서는 사람들을 모아 조직하는 일이 서부와는 좀 달랐습니다. 이쪽 사람들은 우리가 생각했던 대로 움직여주지 않았어요. 우리에 관해서는 어떤 보도도 나오지 않았고요. 갤러뎃(DC에 있는 청각장애인을 위한 대학교) 학생들이 이틀 동안 비를 맞으며 행진했지만, 카메라는 한 대도 오지 않았답니다."

우리 모두는 곧바로 이렇게 말했다.

"유니스, 당신에게 일어났던 일들이 우리가 시위대에 남아 있

을 수 있는 동기가 되었어요. 우리는 당신이 당한 일에 격분했답
니다."

헤일 주카스가 말했다.

"유니스, 우리에게 사과할 필요 없어요."

나는 유니스가, 그리고 모든 시위대가 그들이 겪은 일에 우
리가 얼마나 연결감을 느끼고 있는지를 알아주었으면 했다. 결
코 그들의 잘못이 아니었다. 동부와 서부의 차이에 대한 유니스
의 말이 맞았다. 동부에서는 장애인을 조직하는 일이 더 어려웠
다. 교통이 큰 문제였다. DC의 지하철에는 접근조차 할 수 없었
고, 도시는 넓게 펼쳐져 있었다. 전동 휠체어는 보편적이지 않았
으며, 활동 보조 서비스를 지원받는 것도 쉽지 않았다. 자립생활
센터 같은 곳도 없었으며, 우리가 샌프란시스코 베이 에어리어에
서 했던 것처럼 지역에서 자립해서 살아가는 사람도 얼마 없었
다. 이런 모든 상황은 장애인들이 스스로 움직이는 것을 어렵게
했고, 사람을 조직하는 일은 더욱이나 어려웠다.

우리는 공항을 빠져나왔다.

"트럭을 타야 할 거예요."

윌리는 비행기에 올라와서 이렇게 말했었다.

"불편하겠지만 곧 익숙해질 거예요. 제가 뒤에 같이 탈게요."

그들이 빌린 거대한 트럭은 그 당시로서는 34명의 장애인을
DC로 이동시킬 수 있는 가장 싸고 가장 접근하기 수월한 수단이
었다. 우리는 다함께 윌리의 기계공 동료들이 빌린 트럭에 몸을

맡겼다.

기계공들은 변호사인 랠프 아바스칼, 캘리포니아 재활국의 사무관 필 노이마크, 청각장애인 시위자 가운데 한 명인 올린 포트니와 함께 우리를 리프트에 올려 트럭 뒷자리에 태워주었다. 트럭에는 창문이 없어서 내부가 칠흑같이 어두웠다. 우리를 고정시켜주는 끈도 없었고, 회전을 하겠다는 경고 메시지도 없었다. 모퉁이를 돌 때마다 우리는 "와우!"라고 소리치며 트럭 안을 나뒹굴었다.

우리는 곧장 칼리파노의 집으로 가기로 결정했다. 그는 DC의 부유한 동네인 스프링랜드 레인의 막다른 골목에 살고 있었다. 알고 보니 그의 집은 키티의 고모할머니와 고모할아버지가 사는 곳의 바로 맞은편에 있었고, 또 그 길 아래쪽으로는 두 사람의 아들이자 키티의 사촌이 아내, 아이들과 함께 살고 있었다. 이 말도 안 되는 우연은 이후에 키티를 꽤 재미있는 방식으로 당황스럽게 만들었다.

어둠 속에서 트럭에서 내린 우리는 칼리파노의 집 앞에 원을 만들어 앉은 다음 촛불을 밝혔다. 동부의 시위대는 사람들이 해오던 시민적 저항의 관행을 깨는 것을 우려해 칼리파노의 집에 가는 것을 반대했다. 하지만 우리는 가기로 결정했다. 너무 화가 나서 관행 같은 것은 고려할 겨를이 없었다. 칼리파노는 자기가 가진 힘을 우리를 철저히 무시하는 데 썼다. 상황을 바꿀 수 있는 유일한 방법은 우리가 무시할 수 없는 존재가 되는 것이었다. 나는 우리가 권력을 다룰 때 사람들의 관심을 끌기 위해서는 무슨 일이든 해야 한다고 생각했다. 그것이 비폭력적인 방식이라면 말이다.

우리는 칼리파노의 커다란 식민지풍 벽돌집 앞에 앉아 자유의 노래와 찬송가를 조용히 불렀다. 동이 틀 무렵에는 지역 교회에서 온 켄 롱필드 목사가 새벽 기도회를 열었다. 하늘에 분홍빛과 노란빛 줄무늬가 그려지자, 군대에서 장교를 지낸 키티의 사촌 지미가 조깅을 하며 지나갔다. 그는 지나치려다가 뒤늦게 알아차린 듯 다시 돌아보았다.

"키티!"

그는 정말 깜짝 놀랐다.

"멋지네. 새벽 기도회를 하고 있다니."

그는 조용히 우리가 만든 원 안에 자리를 잡았다. 키티는 얼굴을 붉히며 그를 안아주었다. 우리가 왜 그곳에 있는지는 이야기하지 않았다.

우리는 칼리파노의 집에서 아무도 볼 수 없었다. 다시 트럭에 올라타 기계공 동료들이 우리를 위해 마련해준 거처인 롱필드 목사의 교회 루터 플레이스 메모리얼로 갔다. 그들은 화장실의 벽을 허물겠다는 허가를 받고 휠체어 접근이 가능하도록 경사로를 설치해주었다. DC의 시내에 위치한 루터 플레이스 메모리얼은 칼리파노의 집에서 차로 약 45분 거리였다.

교회에 도착하자 우리는 잠시 숨을 돌렸다. 아침식사를 해야 했고, 많은 사람이 커피를 원했다. 커피를 잘 마시지 않던 나도 너무 피곤해서 몇 모금 마셨다. 연방 정부 건물에서 지내던 두 번째 주에 직원 몇몇이 새벽 3시쯤 화물용 엘리베이터에 쓰레기통을 싣고 와서 덜그럭거리는 소리를 낸 일이 있었다. 누군가 최대한 시끄러운 소리를 내라고 지시한 게 분명했다. 그 이후로도 나는 잠을 거의 자지 못한 채 상황을 이끌어가고 있었지만 컨디션이 나쁘지는 않았다. 기분은 최고였다.

우리는 교회 뒤편의 테이블에 모여 전략을 세웠다. 우리의 주요 목표가 칼리파노가 더 이상 우리를 무시할 수 없게 하는 것이라면 해야 할 중요한 일들이 있었다. 처음부터 504조 법안을 지지했던 두 사람, 즉 내가 입법 보좌관으로 일했던 해리슨 윌리엄스 상원 의원과 민주당 원내총무인 앨런 크랜스턴을 만나기로 했다. 우리는 두 사람이 504조 규정의 원안에 동의하며, 보건교육복지부의 어떤 변경에도 동의하지 않는다는 뜻을 공개적으로 밝혀주기를 원했다.

의원들의 지지를 얻는 것 이외에도 백악관처럼 행정부에서 가능한 한 높은 자리에 있는 사람들을 만나야 했다. 카터 대통령이나 그의 최고 정책 인사 중 한 사람을 만나야 했다. 그러려면 결국 칼리파노를 더욱 압박해야 했고, 이는 곧 그의 집 앞에서 더 강력한 촛불 시위를 해야 한다는 뜻이었다. 언론 보도와 함께.

우리는 먼저 두 의원을 만나기 위해 트럭에 몸을 싣고 의회의 사당으로 향했다. 키가 크고 대머리에 날카롭고 지적인 앨런 크랜스턴 상원 의원은 2차 세계대전 참전용사이자 전직 저널리스트였다. 그는 또한 매우 정치적이고, 강력한 자유주의 운동가였다. 그가 성명을 발표하도록 설득할 수 있다면 칼리파노나 카터에게 막대한 영향을 미칠 수 있을 것이었다. 크랜스턴은 우리의 행동이 합리적이라고 확신했다.

"저는 법을 책임지고 있는 사람들이 법의 영향을 받는 사람들의 이야기를 들어야 한다고 생각합니다."

그가 말했다. 그러나 이내 그는 한 발짝 물러났다. 워싱턴에서 협상가로 알려진 만만치 않은 인물이었다. 그는 말을 아꼈다.

"저는 행정부 대변인이 아닙니다."

그가 말했다. 우리는 그가 기꺼이 도움을 줄 수 있도록, 우리의 관점에서 상황을 볼 수 있도록 그를 설득해야 했다. 그는 자신이 우리를 위해서 무엇을 할 수 있을지 알고 싶어 했다.

"우리는 카터 대통령과 칼리파노 장관을 만나고 싶었습니다. 그러나 성공하지 못했습니다."

그와 일대일로 대면하는 것에 약간 주눅이 든 채로 내가 말했다.

"여러분은 정부의 변경 사항에 대해 편견을 가지고 있는 것 같습니다. 카터 행정부가 규정이 더 효과적으로 운영되도록 만들 수도 있습니다."

나는 마음을 굳게 먹었다. 크랜스턴 상원 의원은 우리의 명확하고, 합리적이며, 지적인 주장을 들어볼 필요가 있었다. 그는 보건교육복지부가 제안한 변경 사항 목록을 가지고 있었다. 그 목록은 하루가 멀다 하고 길어지고 있었지만, 대략 열 개의 요점으로 좁혀졌고 그 각각은 규정을 약화시키는 내용이었다. 그 가운데 하나는 대학들이 '분리 평등' 컨소시엄을 만드는 것이었다. 다른 하나는 새로운 건축물을 지을 때 규정을 완벽하게 지키지 않거나 뒤로 미루는 일을 허용한 것이었다. 또 다른 하나는 기존의 건물을 개축할 때 빠져나갈 여지를 주는 것이었다. 알코올 중독자와 마약 중독자를 장애인의 정의에 포함시킬 것인가도 여전히 논쟁적인 주제였다. 우리에게는 전혀 협상의 여지가 없는 지점들이었다.

크랜스턴은 논란이 되고 있는 문제들을 차례로 검토해나갔다. 크랜스턴이 제시하는 이견들에 대표단의 각기 다른 사람들이 하나씩 하나씩 매우 철저하게, 그리고 설득력 있게 대답했다. 그럼에도 불구하고 크랜스턴은 계속해서 이의를 제기했다. 나는 뒤로 한 발짝 물러났다.

"크랜스턴 의원님, 의회는 행정부를 당신 앞으로 데려올 권한을 가지고 있습니다. 좀 더 능동적으로 대처해주시기 바랍니다."

의원실이 열기로 뜨거워지고 있었다. 어린이보호기금Children's Defense Fund의 대니얼 요할렘은 대학 컨소시엄이라는 아이디어가 왜 '분리 평등' 시스템인지에 대해서 설명했다. 이 지점에서 크랜스턴은 눈살을 찌푸리며 "분리 평등은 용납될 수 없다"고 말했다. 그는 잠시 말을 멈췄다. 나는 숨을 죽이고 기다렸다.

그가 말을 이어나갔다.

"차별이 계속되게 하려는 의도가 있다고는 생각하지 않습니다. 하지만 나는 여러분의 생각에 동의합니다. 비용은 문제가 될 수 없습니다. 제가 성명을 발표하겠습니다. 컨소시엄은 받아들일 수 없습니다. 성명서에 그 내용이 포함될 것입니다."

나는 그제야 참았던 숨을 내쉬었다. 그때 프랭크 보우가 일어났다. 깊은 갈색 눈을 가진 서른 살의 프랭크는 그에게 천진난만한 태도로 다가갔다. 그러고는 크랜스턴 상원 의원의 눈을 똑바로 쳐다보았다. 리넷 테일러가 프랭크의 말을 통역하는 동안 크랜스턴은 서명을 시작했다.

"의원님, 우리는 2류 시민도 안 됩니다."

프랭크는 말을 잠시 멈췄다. 얼굴에 피곤함이 묻어 있었다.

"우리는 3류 시민입니다."

그 말을 듣자 저 깊은 곳에서 어떤 감정이 몸속으로 솟구쳐 우리를 짓누르고, 자리에서 끌어내리는 느낌이었다. 우리는 문득 깨달았다. 프랭크의 말이 옳았다. 우리는 3류 시민이었다. 예상치 못하게 우리 모두 눈물을 참느라 애썼다.

우리는 더럽고 지치고 완전히 찌그러진 3류 시민이었다. 우리가 의원실을 떠날 때 크랜스턴은 악수를 건넸다.

계속 전진해야 했다. 우리는 해리슨 윌리엄스 상원 의원실로 향했다. 검고 숱이 많은 눈썹을 가진 그는 심각한 표정으로 주의를 기울이며 우리를 맞았다.

나는 단도직입적으로 말했다.

"의원님께 성명서를 요청하러 왔습니다. 크랜스턴 상원 의원과 협조하여 카터 대통령과 면담을 해주시기를 부탁드립니다."

우리는 그에게 규정에 대해 다시 설명했다. 윌리엄스 상원 의원은 크랜스턴과 협력하여 성명서를 발표하기로 했다. 회의는 빠르게 끝이 났다. 헤일은 중간에 잠이 들어버렸다. 모두 너무 지쳐 있었다.

우리는 전열을 가다듬기 위해 교회로 갔다. 의회의사당에서 의원들을 만난 이후 사람들이 우리가 이길지도 모른다고 믿기 시작했다는 걸 느낄 수 있었다. 그러나 나는 그렇게 믿을 수 없었다. 진전이 있기는 했지만, 윌리엄스 상원 의원실에서 일하던 시기나 활동가 시절, 아니면 그냥 내 삶을 돌아보기만 해도 모든 일은 끝날 때까지 끝난 게 아니라는 걸 잘 알고 있었다.

남은 시간은 백악관과의 만남을 준비하며 보냈다. 우리는 정부 기관의 직원들, 하원 의원, 기본적으로 권력을 가진 사람이라면 누구라도 불러냈다. 마침내 우리는 다음 날 아침 카터 행정부의 국내 정책 책임자인 스튜어트 E. 아이전스탯을 만나 회의를 하게 되었다. 불시에 거둔 성취였다.

아이전스탯과 건설적인 대화를 나누기 위해서는 우리의 허술하고 지친 34명의 대표단이 한목소리를 내야 했다. 우리는 전략을 준비하느라 밤을 지새우고 아주 늦게야 잠자리에 들었다. 교회는 제대로 된 잠자리를 제공할 수 없었지만 우리는 개의치 않았다. 몇몇은 신도들이 앉아 예배를 드리는 긴 의자에서 잤고, 또 몇몇은 예배 후 커피를 준비하는 큰 방의 바닥에서 잤다. 잠자리에 들 준비를 하고, 일어나 바닥으로 내려오고, 화장실에 가는 등 필요한 모든 일에서 모두가 모두를 도왔다. 몇 시간 뒤에 우리는 일어나 아침을 먹었고, 소규모 대표단을 꾸려 백악관으로 갔다.

안내 데스크에서 우리 모두가 백악관에서 농성을 하지 않겠다고 맹세하기 전까지는 들여보내 줄 수 없다며 우리를 붙잡았다. 나는 입가에 번지는 미소를 감출 수가 없었다.

스튜어트 아이전스탯은 깔끔하게 빗질한 머리에 거북이 등딱지 무늬 안경을 쓴 꽤 젊은 사람이었다. 프랭크 보우가 회의를 시작했고, 나는 DC의 시위대가 행정부로 인해 겪은 학대에 대한 내 심경을 밝히는 것을 시작으로 504조 규정이 점차 약화되고 흐지부지되어온 과정을 이야기했다. 대표단의 나머지 사람들은 맞장구를 치며 추임새를 넣었다. 아이전스탯은 칼리파노가 규정에 서명하지 않은 것에 대해 어떤 책임도 지려 하지 않았다.

"국내 정책 담당자들은 우리가 제안한 법안이 대통령의 정책과 일치하도록 조정하는 일을 합니다. 우리는 앞서 조항에 관여한 바가 없습니다."

다시 말해서 이는 보건교육복지부의 일이지 대통령이 관여할 문제가 아니라는 것이다. 우리가 다시 말했다. 먼저 브루스 커티스가 지적했다.

"504조는 중대한 사회적 변화입니다."

"시민권과 관련한 어떤 법도 비용 문제와 연관시키지는 않습니다."

504조를 실행하는 데 비용이 너무 많이 든다는 주장에 대해 내가 한 말이다.

"마약 중독자와 알코올 중독자를 포함시키지 않는 문제는 본질을 흐리는 것입니다. 물론 규정에는 일할 수 없는 사람은 포함되지 않을 것입니다."

대니얼 요할렘이 설명했다. 아이전스탯은 필기를 하며 주의 깊게 듣는 듯 보였다. 내가 말했다.

"미안하지만, 우리는 노동계 및 다른 소수자 단체들의 지지를 받고 있습니다. 장애인 단체는 매우 강하지만, 우리는 무언가에 휘둘리고 있다고 느낍니다. 다른 어떤 규정도 우리가 통과해온 것과 같은 시련을 겪지는 않았습니다. 비장애인들은 마치 자신들이 우리 문제를 가장 잘 안다는 듯이 말하고 있습니다."

우리는 카터 대통령과의 면담을 요청했다. 마침내 아이전스탯은 미묘하고도 간접적인 방식으로 이제 행정부가 행동을 해야 할 때라고 생각한다는 의견을 밝혔다. 그런 다음 우리를 버트 카프 국내 문제 부보좌관에게 맡겨두고 자리를 떠났다. 두 사람 모두 카터 대통령과 우리의 면담을 주선하는 일에 동의하지 않았다.

회의를 마치고 카프에게 우리가 갈 수 있는 화장실이 있는지 물었다. 그는 다른 사람에게 알아봐달라고 부탁해야 했고, 잠시 후 우리에게 백악관 밖으로 나가 길 건너에 있는 새 행정부 건물에 가야 한다고 말했다.

얼마 후에 우리는 백악관 밖에서 촛불 집회를 열었다.

교회로 돌아왔을 때 우리는 잠시 동안 흩어졌다. 몇몇은 저녁을 먹으러 갔고, 몇몇은 술을 마셨고, 나는 전화를 했다. 샌프란시스코에 있는 시시와 레이에게 연락을 하고 싶었지만, 둘 다 전화를 받지 않았다. 걱정이 되었다. 연방 정부 건물에서의 시위가 격렬해지기 시작했다는 보도가 나왔다. 몇 번 더 통화를 시도하다가 다른 몇몇 사람들과 함께 술집에 갔다. 한 시간 후에 교회로 돌아와 다시 연방 정부 건물로 전화를 걸었다. 다행히도 시시가 받았다. 시시는 모두 굳세게 버티고 있다는 말로 나를 안심시켰다. 천만다행이었다. 시시의 말로는 모두가 정보에 목말라 하고 있다고 했다. 나는 그날 있었던 모든 일을 말해준 뒤 전화를 끊었다. 이렇게 각자 시간을 보내느라 우리는 밤 10시가 되어서야 교회에 모여 이야기를 시작했다.

대표단 대부분이 샌프란시스코로 돌아가고 싶어 한다는 것을 금세 알게 되었다. 크랜스턴 상원 의원, 윌리엄스 상원 의원, 스튜어트 아이전스탯과의 만남이 진행되는 것을 지켜보면서 규정에 곧 서명이 이루어질 것이라는 생각을 어느 정도 하게 된 것 같았다. 몇몇은 누군가 체포되거나 승리를 선언하면서 시위를 끝내는 것에 대해서도 이야기했다.

몇몇 사람들과 함께 키티와 나는 격렬하게 반대했다. 서명은 아직 이루어지지 않았고, 그들이 서명할 때까지 나는 그만두고 싶지 않았다. 거의 다 온 것이지 도착한 것이 아니다. 이어진 논쟁에서 동부와 서부 사이에 틈이 벌어지기 시작했다. 동부 연안의 시위자들은 우리가 너무 싸우려고만 하고 타협할 줄 모른다고 느꼈다. 나는 도저히 참을 수 없었다.

"우리는 평생을 타협하며 살아왔습니다."

절망의 눈물이 차올랐다. 화가 나서 눈물을 확 털어내 버렸다.

"타협은 이것으로 충분합니다."

서부의 지도부는 대부분 여성이었다. 우리가 남성이었어도 싸우려 든다거나 타협을 모른다는 소리를 들었을까? 나는 이것이 근본적인 문제 중 하나라는 걸 알았다. 우리가 너무 강하고 "공격적"이라는 말. 우리가 너무 수동적이고 "비효율적"이라는 말. 짜증이 밀려왔지만, 그에 대해서는 이야기하지 않았다. 나는 더 이상의 분열을 만들고 싶지 않았다. 우리는 함께 있어야 했다. 서로 싸우는 것은 우리가 실패하는 가장 확실한 방법이었다.

"우리는 지금 이렇게 함께 있는데 왜 여기서 그만두어야 하죠?"

내가 물었다. 하지만 사람들은 너무나 피곤했고 지쳤다. 그들은 집에 가길 원했다. 결국 나는 샌프란시스코 시위대의 결정에 따르기로 했다. 우리는 시시와 레이에게 전화를 걸어 상황을 설명했다.

"이에 대해 시위대에게 물어봐주겠어요? 투표를 부탁해요."

잠시 후 그들이 우리에게 다시 전화를 걸어왔다. 투표 결과, 시위대는 우리가 가던 길을 계속 가주기를 원한다고 했다. 시위는 계속될 것이었다.

우리가 잠자리에 든 시각은 새벽 5시였다. 나는 잠을 잘 수가 없었다. 뜬눈으로 천장을 바라보며 우리가 내린 모든 결정을 돌아보았다. 그러면서 칼리파노와 카터의 태도에 점점 더 좌절하게 되었다. 카터가 우리에게 한 약속은 선거 공약이지 않았나! 우리는 그를 위해 일했고, 그의 선거 운동을 지지했다. 그러나 그는 우리 대신 돈과 편리함을 선택했다. 우리의 시민권 대신, 우리의 인간다움 대신.

모든 것이 흔들리고 있었다. 나는 느낄 수 있었다. 사람들은 점점 더 지치고 무감해져가고 있었다. 모두가 흩어지기 전에 우리에게 남은 시간은 얼마나 될까? 리넷이 옆을 지나가는 것을 보고 일어서야겠다고 생각했다.

"저기요, 의자에 앉는 것 좀 도와주시겠어요?"

나는 속삭이듯 말했다. 대표단 사람들은 거의 다 자고 있었는데, 리넷이 내가 화장실에 가는 것을 돕는 소리에 몇몇이 깨어났다.

나는 휠체어에 앉아 생각에 잠겼다. DC의 날씨가 점점 더워지고 있었다. 이마의 땀을 닦아냈다. 나는 땀에 젖어 있었고, 냄새도 지독했다. 머리는 잔뜩 기름져 있었다. 화가 치밀어 올랐다. 칼리파노가 여전히 우리를 무시하고 있다는 것을 믿을 수가 없었다. 뭘 더 해야 하지? 이제는 끝내야 하는데. 나는 교회를 둘러보았다.

"칼리파노를 만나러 가보죠."

나는 깨어 있는 모든 사람에게 말했다. 열 명이 트럭에 올라타 보건교육복지부로 향했다.

건물의 정면은 유리로 되어 있었다. 여섯 명의 거칠어 보이는 경비원들이 곤봉을 든 채 서서 출입을 제한했다. 우리는 문을 향해 휠체어를 몰았다. 막 안으로 들어가려는 순간 경비원 하나가 우리를 막아섰다.

"죄송합니다. 들어가실 수 없습니다."

그가 말했다.

"우리는 칼리파노 장관을 만나러 왔습니다."

나는 차분한 목소리로 말했다. 그는 분명 아주 혼란스러웠을 것이다. 건물 안으로 들어가려는 일반 시민을 막아설 어떠한 명분도 없었을 테니 말이다. 당시는 지금과 같은 보안 체계가 자리잡기 전이었다.

"죄송합니다. 들어가실 수 없습니다."

나는 그에게 짜증 섞인 투로 말했다.

"우리는 시민입니다. 우리에게는 칼리파노 장관을 만날 권리가 있습니다. 당신의 상관과 이야기할 수 있을까요?"

"죄송합니다. 들어가실 수 없습니다."

그는 정확하게 같은 어조로 똑같은 말을 세 번째 되풀이했다.

조금씩 상황이 파악되었다. 그들은 우리만 막고 있었다. 모든 사람이 아니라. 우리만. 휠체어를 탄 사람들이 건물 안으로 들어오지 못하도록 하라는 지시를 받은 게 틀림없었다.

뺨을 세게 얻어맞은 것 같은 기분이었다. 얼굴이 굳어졌다. 나

는 그동안 얼마나 많은 곳에 들어갈 수 없었던가. 들어갈 수 없다
고? 나는 안 된다고? 버스, 비행기, 학교, 식당, 극장, 사무실, 친구
집이 머릿속을 스치고 지나갔다. 이런 식의 차단이 지긋지긋했다.
경비원이든, 버스 운전기사든, 비행기 조종사든, 학교 교장이든,
매니저든, 스태프든 상관없었다. 다 똑같았다. 그들은 다 똑같은
사람이었다.

　나는 눈에 분노를 가득 담고 경비원을 올려다보았다. 휠체어를
돌려 후진했다. 그런 다음 곧장 휠체어를 건물 쪽으로 몰았다. 내
가 문을 박살낼 듯 밀고 들어가자 경비원은 믿을 수 없다는 듯 얼
어붙은 표정으로 풀쩍 옆으로 물러나 나를 지켜보았다. 동료들이
휠체어를 몰고 내 뒤를 따랐다. 우리는 몇 번이고 휠체어를 돌려
다시 돌진했다. **부딪치고 부딪치고 또 부딪쳤다.** 쾅 소리가 나도록
문을 들이받았다. 경비원들이 기세등등하게 나타났다. 제복을 입
고 무장을 한 경비원들이 휠체어를 붙잡기 시작했다.

　이후에 나는 이 사건에 대해 인터뷰할 때 진실을 말했다. 한 기
자에게 칼리파노 장관은 "오만하고, 고집불통에 완전히 비인간
적"이라고 말했다.

　"규정은 우리의 생명줄과 같습니다. 그런데도 그는 여전히 우
리를 만나려고도 하지 않아요."

　이에 대해 칼리파노의 대변인은 504조에 대한 우리의 주장이
부정확하다고 말했다. 그날은 4월 23일 금요일이었고, 시위가 시

작된 지 18일째였다. 우리는 돌아오는 화요일에 백악관 앞에서 집회를 열기로 했다.

주말 동안 국제기계공협회 본부를 본거지로 삼아 집회를 준비했다. 사람들을 동원하고, 교통수단을 파악하고, 의제를 세우고, 연사를 초청하고, 언론에도 알려야 했다. 집회를 조직하고 조율하는 데는 엄청난 노력이 필요하지만 그것이 내가 가장 걱정하는 바는 아니었다. 내가 걱정했던 것은 동부와 서부 시위대 사이의 갈등이 커지는 것이었다. 나는 반대의 기운을 느끼고 있었다. 동부의 시위대는 우리의 접근 방식을 좋아하지 않았다. 그러나 내가 부모로부터 배워 내 DNA에 새겨져 있는 바는 이렇다. 무엇인가를 믿는다면 그것을 관철시키기 위해 할 수 있는 모든 일을 시도해야 한다.

누군가 당신을 무시한다면, 그것은 힘을 과시하기 위한 의도적인 행동이다. 그들은 기본적으로 당신이 존재하지 않는다는 듯이 행동한다. 그렇게 할 수 있기 때문이다. 그렇게 해도 자신에게 아무 일도 일어나지 않을 거라 믿기 때문이다. 무시는 사람들을 침묵하게 한다. 의도적으로 해결이나 타협을 피하는 방식이다. 계속해서 무시당하다 보면 스스로를 무시당해 **마땅하다**고 여기게 되기 때문에 자신이 이 세상에 무가치한 존재일지 모른다는 최악의 두려움을 키우게 된다. 그러다 보면 필연적으로 소란을 피울 것인가, 아니면 그냥 침묵을 받아들일 것인가 사이에서 선택을 하도록 내몰린다. 당신을 무시하는 그 사람 앞에 서서 그를 마주하게 된다면, 당신은 예의 바른 행동의 규범을 깨뜨리게 될 것이다. 더 불쾌하고, 어딘가 위축되고, 품위가 손상되었다는 느낌을 받을 것이다.

이것이 정확히 칼리파노가 우리에게 한 짓이다. 그런 행동은 효과를 내고 있었다. 우리 모두에게 영향을 미쳤다.

토요일 밤, 우리는 칼리파노의 집 앞에서 다시 한번 촛불 집회를 열기 위해 백악관 집회 준비를 중단했다. 우리가 트럭에서 짐을 내리고 있을 때 키티의 사촌 지미가 집에서 나와 칼리파노 집 앞에 진을 치고 있는 기자들에게로 갔다. 그는 매우 화가 나 있었다. 칼리파노 집 건너편에 있는 자기 어머니 집을 가리키며 지미가 소리쳤다.

"여기는 우리 어머니 집입니다. 휠체어를 타는 90세 어머니가 밤새 한숨도 못 주무셨습니다. 이 사람들은 도대체 여기서 뭘 하고 있는 겁니까?"

지미는 아직 키티를 발견하지 못한 것 같았다. 자기 사촌과 우리의 오합지졸 군단을 연결 짓지 못하고 있는 게 분명했다. 아직 트럭 안에 앉아 있던 키티는 지미의 목소리를 듣고는 매우 당황했다. 키티는 몸을 숨기기 위해 머리 위까지 담요를 끌어올렸다. 그렇게 집회 내내 트럭 뒷자리에 머물렀다.

칼리파노는 집회를 무시하고 뒷문으로 빠져나갔다. 우리가 그곳에 갔던 첫날 아침에 그가 분명히 했던 짓이 바로 이것이다. 우리는 이 뒷문 출입구가 카터의 '열린 행정부Open Door Administration' 라는 슬로건과 정면으로 배치된다는 점을 이용해 칼리파노에게 대항하기로 했다. 칼리파노가 우리와 대화를 하든지, 아니면 뒷 문으로 빠져나가든지 둘 중 하나를 선택하도록 압력을 가했다. 그런 다음 이를 언론에 알렸다.

일요일 아침, 칼리파노의 집 앞에서 촛불 시위를 한 뒤에 우리 는 카터 대통령이 다니는 퍼스트 침례교회 앞에서 피켓을 들었 다. 카터 부부는 예배에 들어가면서 우리를 보았지만, 예배가 끝 난 뒤에는 뒷문으로 빠져나갔다. 한 기자가 이에 대해 "안에서 카 터 대통령은 '주변이 가난으로 둘러싸여 있다면 우리는 편안히 살아갈 수 없다'라는 목사의 설교를 듣기에 앞서 성경 수업에 들 어갔다"라고 보도했다. 우리는 다음 보도 자료에 "행정부의 새로 운 뒷문 정책에 여전히 방해받고 있다"라고 썼다.

백악관 앞에서 시위를 하기로 한 화요일 아침, 하늘은 매우 맑 았다. 우리가 언론에 발표한 내용에는 주지사, 시장, 그리고 일곱 명의 미국 하원 의원을 비롯해 여러 사람에게서 받은 5쪽 분량의 지지 선언이 담겨 있었다.

교회 구석에서 자느라 모두 파김치 상태였지만 우리는 트럭에 몸을 싣고 백악관 앞의 라파예트 공원으로 가서 무대와 음향 시 스템을 설치했다. 아침 늦게 100명 정도 되는 시위대가 도착했다. 같은 시각, 전국에 흩어져 있는 우리 동료들이 댈러스와 휴스턴에서, 코네티컷주의 하트포드에서, 오리건주의 유진에서, 미주리주의 캔자스시티에서, 샌프란시스코와 로스앤젤레스에서 활기차게 집회를 열고 있었다.

내가 시위의 문을 열었다. 다섯 명의 하원 의원, DC의 여성 시의원부터 국제기계공협회와 아크Arc of the United States(지적장애 및 발달장애를 가진 사람들의 권리를 옹호하고 그들과 그 가족을 지원하는 미국 최대의 지역 사회 기반 단체—옮긴이)의 친구들까지 강력한 힘을 가진 많은 발언자들이 내 뒤를 따랐다. 밴드가 연주를 시작하자 우리는 노래를 불렀고, 수어 통역사는 노래 가사를 수어로 바꿨다. 사람들은 '버스에 올라탈 수도 없는데 세상에는 어떻게 올라타겠는가'와 같은 항의 문구를 들고 있었다. 모두가 함께하는 마지막 영광의 순간이었다.

그날 밤 우리는 DC의 대표단 대부분을 샌프란시스코의 집으로 돌려보내기로 결정했다. 연방 정부 건물 안의 시위대는 증원이 필요했고, 우리 중 대부분은 집으로 돌아갈 준비가 되어 있었다. 다음 날, 나를 포함해 여섯 명만 남고 모두 떠났다. 놀랍게도 에번 화이트와 카메라맨은 우리의 이야기를 계속 취재하겠다며 남았다. 남은 사람들은 칼리파노에게 가는 것을 포기하지 않았다. 우리는 그가 내셔널 프레스 클럽(워싱턴에 있는 각국 신문·방송·통신 특파원들의 단체—옮긴이)에서 강연을 할 예정이라는 사실을 알아냈다. 그가 우리와도 대화를 할 것인지 알아보러 가기로 했다.

내셔널 프레스 클럽에서는 우리를 들여보내 주지 않았다. 그래서 우리는 밖에서 피켓을 들었다. 그러나 에번 화이트는 기자 출입증을 가지고 있었기 때문에 프레스 클럽은 그가 들어가는 것까지 막지는 못했다. 에번은 브리핑에 들어가 칼리파노에게 농성에 대해 몇 가지 질문을 하려 했으나 칼리파노는 그를 지목하지 않았다.

얼마 후 에번과 카메라맨은 백악관의 관례를 깨고 질문을 하기 위해 방 밖으로 칼리파노를 따라 나갔다. 칼리파노의 경호원들이 에번이 엘리베이터에 따라 타는 것을 막았지만, 무슨 일인지 엘리베이터는 다시 에번이 서 있는 자리로 돌아왔고 문이 열렸다. 카메라맨은 촬영을 하고, 에번은 칼리파노의 얼굴 앞으로 마이크를 들이밀고는 문을 통해 몇 가지 질문을 던졌다.

"504조 규정은 어떻게 되어가고 있습니까? 초안대로 규정에 서명하실 건가요?"

칼리파노는 대답을 거부했다. 카메라맨은 이 모든 과정을 찍었다. 에번은 텔레비전 뉴스에 이 사건을 보도하면서 칼리파노가 또다시 뒷문으로 탈출했다는 말을 덧붙였다.

그 사건 뒤에 모든 사람이 칼리파노가 곧 서명을 할 거라고 확신하게 되었다. 모든 사람, 그러니까 나를 제외한 모든 사람. 나도 칼리파노가 곧 서명을 할 것 같다고 생각하기는 했다. 그러나 아직은 하지 않았고, 안 한 것은 안 한 것이다. 그가 또 요리조리 빠져나가지 않으리라는 보장이 없었다. 그래서 그날 나머지 시위대가 모두 샌프란시스코 연방 정부 건물로 돌아가기로 결정했을 때 나는 팻 라이트와 DC에 남았다.

다음 날 팻과 내가 의회의사당에 있는 바에 앉아 뉴스를 보면서 이제 무엇을 해야 할지 이야기를 나누고 있을 때 한 기자가 다가왔다. 그는 미국의 보건교육복지부 장관인 조지프 칼리파노가 포드 행정부 시절에 작성된 1973년의 재활법 504조 시행 규정에 서명을 했다고 말했다. 4월 28일 목요일이었고, 농성을 시작한 지 24일째 되는 날이었다.

팻과 나는 서로를 바라보았다. 사실인가? 우리는 믿을 수 없었다. 그러나 사실이었다. 나는 샌프란시스코 연방 정부 건물 4층에서 승리의 함성, 포옹, 웃음, 마지막에는 울음이 터져 나왔다는 이야기를 들었다. 알고 보니 사람들은 연방 정부 건물을 떠나고 싶지 않아 운 것이었다. 그들은 거기서 친구를 사귀고, 재미있는 시간을 보내고, 사랑에 빠지고, 자기 자신이 되어 온전한 자유를 누렸다. 그 과정에서 마법 같은 일이 일어났다. 누에고치 같았던 우리가 완전히 다른 존재로 탈바꿈한 것이다.

"우리 모두는 서로 사랑하고 있습니다."

시시가 기자에게 설명했다.

"내가 온전한 한 사람으로 여겨질 수 있다는 걸 알게 됐어요."

한 시위자가 다른 기자에게 말했다.

"이제 나 자신을 약자로 보지 않아요. 나와 같은 사람들과 함께 있을 때 내가 더 강해진다는 것을 알게 되었습니다."

또 다른 시위자가 말했다.

"모두가 그리울 거예요."

연방 정부 건물의 경비원이 말했다. 그는 수어를 배우기 시작했고, 언젠가 수어 통역사가 되고 싶다고 했다.

"그들은 진짜 멋진 사람들이었어요."

농성이 끝나는 것을 가슴 아파하리라고는 누구도 예상하지 못했다. 사람들은 그날을 기념하기 위해 건물에서 마지막 하룻밤을 함께 보내기로 했다.

4월 30일 토요일 아침, 연방 정부 건물 밖에서 처음으로 집회를 한 날로부터 26일째 되는 날, 100명이 넘는 시위자들이 마침내 건물을 떠났다. 그들은 경비원들과 포옹, 키스를 나누고, "우리가 해냈어"라며 노래 부르고, 웃고, 춤추고, 손으로 승리의 'V'를 그리고, 플라스틱 상자와 배낭과 소지품 가방을 들고 광장의 햇빛 속으로 길게 줄을 지어 나타났다.

밖에서는 기쁨에 들뜬 군중이 박수를 치며, 승리의 'V'를 그리며, 웃으며, "국민에게 권력을"이라고 외치며 그들을 기다리고 있었다.

3부

캘리포니아 버클리,

1981

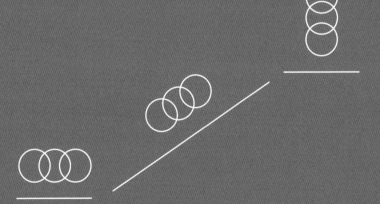

9장   결실

　　504조 규정에 서명이 이루어진 이후의 몇 년은 버클리 자립생활센터에 있던 우리에게는 혼돈의 시간이었다. 법이 통과되었다고 해서 그 내용이 반드시 다 현실이 되는 것은 아니다. 1956년에 앨라배마주 몽고메리에서 로자 파크스의 버스 보이콧의 결과 대법원이 인종 차별 철폐를 명령했을 때는 법이 실행되기에 앞서 버스들이 새롭게 설계될 필요는 없었다. 그러나 장애와 관련해서는 504조가 통과되고 규정에 사인이 되었다고 해도 구조적인 변화가 일어나야만 우리가 더 많은 곳에 접근할 수 있다. 그 구조적인 변화를 위해서는 헌신과 노력이 필요하다. 504조를 이해하고, 구체화하고, 시행하기 위해서는 프로젝트, 프로그램, 조직이 구성되어야 했다.

　　많은 사람들이 학교를 통합하거나, 장애인이 접근할 수 있는 건물을 만들거나, 그 밖에 규정이 요구하는 무수히 많은 다른 일들을 하고 싶어 하지 않았다. 미국대중교통협회American Public Transit Association에서는 버스 시스템을 장애인이 접근 가능하도록 만드는 데 너무 많은 비용이 든다는 입장문을 내놓았다. 그래서 우리는 큰 싸움을 준비했다. 그러면서 버스에 에어콘을 설치하는 비용과 휠체어 리프트를 설치하는 비용이 같다는 사실도 알아냈다. 버스협회의 재정 모델은 대부분의 장애인은 버스를 타지 않을 것이라는 잘못된 생각에 기초하고 있었는데, 이는 억측이었다. 그랬다. 나도 처음 버스를 이용할 때는 시내버스에 내 휠체어를 어떻게 싣는지 몰라 두려웠다. 그러나 한 번 경험해보고 나니 편리하다는 것을 알게 되었고, 이후로는 계속 이용하게 되었다.

솔직히 현상 유지를 원하는 사람들은 '아니오'라고 말하기를 좋아한다. '아니오'라고 말하는 것은 세상에서 제일 쉬운 일이다. 특히 비즈니스와 재무의 영역에서는 더욱 그렇다. 그러나 우리가 처음 시민권을 논의하기 시작했을 때 다른 어떤 시민권 이슈에서도 비용 때문이라는 이야기는 나오지 않았다.

504조의 여파로 도전 혹은 당신이 어떻게 보느냐에 따라 기회이기도 할 것이 규정에 서명을 받아내기 위해 열심히 싸워온 우리와 장애인 지지자들, 동지들에게 넘어왔다. 우리는 '아니오'라고 말하는 사람들에 맞서기 위해 해법을 제시해야 했다. 말도 안 되는 소리에도 대응해야 했다. 장벽이 제거되는 것은 모든 사람에게 이로운 일이라는 것도 알려야 했다. 이는 우리가 '아니오'라고 말하는 사람들이 어떻게 나올지를 예측하고, 그들에게 대항하기 위한 논리를 세우고, 더 이상 '아니오'라고 말할 수 없을 만한 대답을 만들어내야 한다는 뜻이었다.

변화에 반대하기 위한 가장 단순한 주장은 비용이 너무 많이 든다거나, 안전하지 않다거나, 불가능하다고 말하는 것이다. 어떤 일이 비용이 많이 들고, 안전하지 않고, 불가능하다는 말은 사람들을 논쟁의 좁은 미로 속으로 밀어 넣는다. 그렇게 되면 사람들은 재무 상황이나 안전에 관한 여러 시나리오를 두고 다양한 해석을 하는 데 몰두하게 된다. 결국 우리 각자가 고유하게 가져야 할 시민권이라는 이슈에서는 멀어져버린다. 문제를 제대로 파악하여 우리가 그것을 해결하고 행동할 수 있다는 것을 사람들이 믿게 해야 했다.

우리 장애 활동가들은 기술적인 부분을 지원하고, 엔지니어 및 재무 분석가와 이야기하기 위해, 필요하다면 논쟁하기 위해 준비할 수 있는 모든 것을 준비해야 했다. 그 결과 더 많은 공부를 하면서 점차 전문화되기 시작했다. 이는 우리의 일이 탄력을 받는 데 큰 힘이 되었다.

동시에 우리는 변화가 일어날 때 사람들이 학습 곡선상에 있는 것은 자연스러운 일임을 인정해야 했다. 사람들이 장애인의 시각에서 삶을 바라보는 것에 무의식적으로 느끼는 거부감을 극복할 수 있도록 도와야 했다. 이야기를 들려주면서 우리의 눈으로 세상을 볼 수 있도록 안내해야 했다.

1970년대는 거대한 바퀴가 굴러가듯 근원적인 지점에서부터 변화가 일어나는 격동의 시대였다. 우리 쪽에서는 '아니오'라고 말하는 사람들에 대항할 수 있도록 우리 편의 버팀목이 되어야 했다. 차별금지법의 본질은 누군가 불만을 제기할 때에만 시행된다는 것이다. 다시 말해서 어떤 기관이 자진해서 법을 준수하지 않고 시민권을 침해한다면, 이를 해결할 수 있는 유일한 방법은 고소장을 제출하는 것이다. 고소장을 제출하고, 법정 소송을 하고, 눈을 똑바로 쳐다보며 '당신이 틀렸다'라고 말하는 것은 상대에게 위협이 된다. 기관들이 우리보다 더 많은 것을 알고 있으리라는 가정과 싸우는 것이다. 우리가 그렇게 배웠기 때문이다.

나의 요구가 다른 사람들에게 부담이 된다는 암묵적인 메시지를 받았을 때 내가 뭐라고 말했는지 기억하는가? 장애인들은 동등한 기회를 요구하면서 혹시 내가 너무 많은 것을 요구하는 건 아닌가 부담을 느끼는 마음도 극복해야 한다.

평등이 모든 사람을 똑같이 대하는 것이라고 여기는 경향도 문제였다. 그게 아닐 때도 말이다. 평등은 공정성에 관한 이야기다. 접근 기회의 형평성에 대한 이야기다. 나 같은 사람, 남들과 같은 방식으로 살아갈 수 없는 수천수만의 우리는 주거나 건강, 교육, 고용 등의 문제에서 접근 기회의 형평성을 다수의 사람들과는 다른 방식으로 바라볼 수밖에 없다. 우리는 경사로, 더 넓은 출입구, 안전 손잡이, 수어 통역사, 자막, 접근 가능한 기술, 음성 안내, 점자로 된 문서, 지적장애인과 지체장애인을 위한 활동 보조인도 함께 고려해야 한다.

이러한 것들에 대한 이해가 없다면, 우리는 다른 사람들과 같은 권리를 요구하는데도 '불만이 많다', '이기적이다'라는 틀에 갇히고 만다. 이런 일은 특히 여성에게 일어난다. 우리는 '끝없이 요구하는 사람들'이라 불리고, 물러서지 않으면 '끈질기다'는 소리를 듣는다. 우리에게 '끝없이 요구하는', '끈질긴'이라는 이름표를 붙이는 것은 우리를 '굴복하게' 하려는 또 다른 방식일 뿐이다.

어떻게 하면 사람들이 힘을 내게 할 수 있을까? 자립생활센터는 장애인 당사자들이 운영하기 때문에 하루하루 일상의 일을 하는 단순한 행위만으로도 우리 자신은 물론 함께 일하는 장애인들에게 동기 부여가 되었다. 우리는 프로그램도 제공했다. 자기 삶이 의존적이고 스스로 통제할 수 없다고 느끼는, 더 제한적인 환경에 사는 사람들을 지역 사회에서 좀 더 독립적으로 사는 사람들과 연결해주었다. 이로 인해 사람들은 자신이 누구인지, 무엇을 원하는지 좀 더 분명히 알게 되었고, 자기 자신에 대해 말할 수 있는 자신감을 얻었다. 안 된다고 말하는 사람의 면전에서 당신이 틀렸다고 말하고, 그 앞에 버티고 서서 시민으로서, 인간으로서 누려야 할 권리를 요구하려면 자신이 누구인지, 무엇을 원하는지 알아야 했다.

차별금지법에 의하면, 고소장이 제출될 경우 판사의 판결에 따라 최종 결과가 나오는 법정 소송이 뒤따르게 된다. 판사가 공감하지 못하면, 혹은 법이 명확하지 않거나 충분히 포괄적이지 못하면 결과는 부정적일 수 있다. 법정에 제출된 고소 사건에 대해 판사들은 각기 크게 차이가 나는 판결을 내리고 있었고, 일부는 504조의 정신에 명백히 어긋나는 판결을 내렸다. 인종 분리가 끝나지 않기를 바라는 사람들이 있는 것처럼 장애인 분리가 끝나지 않기를 원하는 사람들도 있었다. 솔직히 말해서 많은 사람들이 인종 차별이나 장애인 차별이 지역 사회나 학교에 꼭 부정적인 영향을 미친다고 보지도 않았다. 사실상 어떤 사람들은 모두가 함께 사는 통합된 지역 사회에서 살기를 바라지 않았다. '우리 동네, 우리 학교, 우리 식당에서는 안 돼'와 같은 정서가 자리 잡고 있었다. 꽤 최근까지도 일부 도시에서 '흉측한 구걸'이라고 불리던 장애인의 구걸을 금지하는 '어글리 로ugly laws'가 명문화되어 있었다. '어글리 로'는 공공의 이익을 위해 병들거나 불구이거나 일부가 절단되었거나 어떤 식으로든 기형인 신체를 노출하는 것을 금지하는 법이었다.[4]

법적 분쟁을 지원하기 위해 자립생활센터에서는 장애인법률지원센터Disability Law Resource Center를 설립했다. 이 센터는 이후에 장애인권리교육옹호기금Disability Rights Education and Defense Fund(DREDF)이 되어 자립생활센터에서 분리 독립했다. 나의 오랜 친구이자 장애인권리교육옹호기금의 설립자 중 한 사람인 메리 루 브레슬린은 훗날 이렇게 말했다.

"전화벨이 쉴 새 없이 울렸어. 두 걸음도 채 걷기 전에 누군가 혹은 강아지나 지팡이, 휠체어 같은 것에 부딪치곤 했지."

장애인권리교육옹호기금은 장애인이 장애인을 위해 운영한 최초의 시민권법 단체였다. 전국에서, 전 세계에서 이슈에 대한 정보를 얻고 싶다는 전화가 빗발쳤다. 우리가 해온 일들이 결실을 맺을 날이 서서히 다가오고 있었다.

자립생활센터에서 처음 몇 년 동안 나는 많은 일을 관장했다. 1981년은 '국제 장애인의 해'로 지정되었고, 농성과 504조 서명까지 함께 알려지면서 우리는 해외의 동료 활동가들에게 큰 관심을 받았다. 다른 나라에서 온 사람들이 우리가 무엇을 하고 있는지, 무엇이 우리를 그렇게 거대한 시위로 이끌었는지 알고 싶어했다. BBC는 일본의 영화 제작자 팀과 캐나다 방송사가 했던 것처럼 우리를 촬영해 한 꼭지를 만들었다. 나는 전 세계의 사람들과 연결되는 기회를 기꺼이 즐겼다. 독일 이민자의 딸로 태어나 이민자들의 도시 브루클린에서 자라났기 때문에 나는 세계의 다른 지역에 대해 늘 의식하며 살았다.

나의 첫 유럽 여행은 첫 해외여행이기도 했다. 동생과 몇몇 친구들과 함께 독일에 갔다. 부모님이 어렸을 때 독일을 떠나온 이후 우리 가족 누구도 독일에 가본 적이 없었다. 독일에 가겠다는 생각이 부모님에게 고통스럽고 끔찍한 시간을 떠올리게 할 수도 있었기 때문에 동생과 나는 여행 계획을 세우기 전에 부모님의 허락을 구했다. 아버지는 자신의 오랜 친구에게 연락을 해주었다. 그분이 우리를 태우러 나온 덕분에 아버지가 자란 오펜하임에 가볼 수 있었다. 그곳 사람들은, 누구도 유대인이 아니었지만 우리에게 매우 친절하게 대해주었다.

하지만 놀라운 점은 바로 이것이었다. 유대인에게 무슨 일이 일어났었는가에 대해서는 단 한 마디도 없었다. 심지어 우리를 아버지의 옛 집에 데려가 아버지와 형제들이 함께 찍은 사진을 보여줄 때조차도, 그리고 우리에게 유대교 회당이 불타버린 장소를 보여줄 때조차도 말이다. 침묵과 회피가 내 삶에 얼마나 구석구석 스며들어 있는지.

왜 나는 학교에 갈 수 없었나?

침묵.

왜 나는 버스를 탈 수 없었나?

침묵.

왜 장애인은 교사가 될 수 없는가?

침묵.

유대인은 모두 어디로 갔는가?

지독한 침묵.

나는 침묵의 압박에 굴복하고 싶지 않았다. 이것이 바로 나를 설명하는 한 부분이다. 나는 고집스럽다. 할 말은 해야 하는 사람이다. 그리고 끈질기게 들으려는 사람이다.

독일에서 나는 패럴림픽에 가서 처음으로 남아메리카와 아프리카, 그리고 전 세계에서 온 장애인들을 만났다. 나를 가장 놀라게 한 것은 그곳에 존재하는 불평등의 정도였다. 처음으로 나는 부유한 나라와 가난한 나라 사이의 거대한 불평등을 보았다. 그

나라의 엘리트 선수들일 패럴림픽 대표 선수들 사이에도 어마어마한 불평등이 있었다.

독일 방문을 마친 뒤에는 스웨덴의 사회복지 시스템이 어떤 식으로 재정적 안정성과 의료 지원, 사회 서비스를 제공하여 스웨덴 사회를 보호하고 있는지를 배우러 스웨덴에 갔다. 이때의 경험을 통해 나는 우리가 미국에서 했던 일들이 어디에서나 일반적인 것은 아니라는 사실을 깨달았다. 이 모든 여행의 시간은 나에게 깊은 영향을 끼쳤다. 나는 이전과는 다른 방식으로 세상을 보게 되었다.

504조 서명 이후 점점 더 많은 해외 방문객들이 자립생활센터를 찾아왔고, 우리도 해외에서 수차례 초청을 받으면서 나는 국경을 넘나들며 일한다는 것에 짜릿한 흥분을 느꼈다.

마음속으로 나는 연결하는 존재이자, 사람을 모으는 역할이라고 생각했다. 내가 만난 사람들을 다른 사람들에게 소개했다. 최대한 많은 정보를 모아서 최대한 많은 사람과 공유하려 했다. 여행에서 나는 친구이면서 또한 국제 장애 활동가들 가운데 중심이 될 사람들을 모았다. 칼레 쾬쾰래는 전동 휠체어를 타는 젊은 핀란드 활동가였고, 아돌프 락스카는 역시나 전동 휠체어를 타는 독일 활동가였다. 에드처럼 칼레와 아돌프도 숨을 쉬기 위해 인공호흡기를 사용했다. 그 시대에 우리는 모두 특별한 사람들이었다. 우리는 장애가 있었고 대학을 다녔다. 우리가 어떤 방식으로 돌봄을 받아야 한다고 말하는 기존의 시스템에 도전해서 그것을 뒤집어놓았다. 우리가 누구이고 무엇을 필요로 하는지를 부끄러워하지 않았고, '치료법'을 찾는 데만 몰두하는 자선단체들이 우리를 대변하도록 내버려두지 않았다. 각자의 나라에서 일하며 대화의 주제를 치료가 아니라 평등과 권리로 바꿀 수 있도록 함께 노력했다.

나는 미국에서 일하며 전 세계의 장애인 권리 문제를 우리가 다음으로 개척할 영역으로 보기 시작했다. 1980년에 에드와 나, 그리고 다른 동료 조앤 리언은 세계장애인기구World Institute on Disability(WID)를 공동 설립했다. 우리 셋은 조직의 공동 책임자가 되었다. 세계장애인기구는 국제적인 싱크탱크였다. 우리는 전 세계의 장애 이슈에 대해 조사하고, 다른 나라의 상황에 대해 연구했으며, 장애 관련 정책과 프로그램의 발전에 영향력을 행사했다. 그리고 세계의 장애인 리더들과 협력했다.

당시 내게 가장 인상적이었던 것은 의료 서비스에 대한 우리의 생각을 훌쩍 뛰어넘는 보편적 의료 서비스를 가진 나라들이었다. 예를 들어 그들은 옷을 입거나, 쇼핑을 하거나, 요리를 하는 등의 일에서 도움을 받는 것이 행복한 삶의 필수적인 부분이며 반드시 보장되어야 한다는 생각으로 의료 서비스라는 개념 아래 개인별 활동 보조를 포함하고 있었다. 거기서 끝이 아니었다. 일부 국가에서는 주택 관련 정부 부처가 자금 지원을 받아 임대든 자기 소유든 상관없이 주택이나 아파트를 장애인 당사자가 접근할 수 있도록 개조해주었다.

나는 호주에서 온 한 친구가 버클리의 내 집에서 지내던 때를 기억한다. 그때 내가 빌려 살던 집은 욕실에서 머리를 감을 수 없는 구조라 나는 주방 싱크대에서 머리를 감아야 했다. 친구는 너무나 어리둥절해하며 왜 내가 이용할 수 있게 욕실을 고치지 않느냐고 물었다. 그 친구는 미국에서는 그런 일을 할 때 비용을 지원받을 수 없다는 것을 알지 못했다.

반면에 미국은 권리 옹호의 측면에서 수준이 달랐다. 미국 사람들은 장애인이든 아니든 상관없이 변화를 지지하고 옹호하는 일에 더 몰두했다. 내가 보기에 우리는 정부에 대한 우리의 역할을 다른 나라 사람들과는 다르게 바라보는 것 같았다. 우리는 정책에 영향을 미치는 일에 엄청난 시간과 에너지를 쏟았다. 다른 나라에서 온 사람들은 이런 부분, 즉 우리가 어떻게 504조와 같은 시민권법을 통과시키고 시행되게 했는지 같은 것을 매우 흥미로워했다.

유럽에서 온 동료들은 그들이 맞닥뜨린 장벽이 인권이나 시민권의 문제가 아니라 순전히 의학적인 문제로 다뤄지는 것에 불만을 토로했다. 우리가 던진 가장 기본적인 질문은 자율성에 대한 것이었다. 장애인들은 자신이 원하는 곳에 살면서 원하는 시간에 일어나 원하는 시간에 식사를 하고, 자신을 도와줄 개인 활동 보조인을 고용하고 싶어 했다. 물론 노동자의 권리와 이익에 관한 법을 준수하면서 말이다. 이러한 지원이 의학적인 접근으로만 이루어지면 개인의 자율적 능력이 제대로 지지를 받기 어렵다. 이

것이 우리가 자립생활이라는 개념을 중시하며, 다른 나라 사람들의 생각을 귀담아 듣고 받아들이려 한 이유였다.

우리는 미국과 유럽 몇몇 국가들의 정책을 비교하기 위해 보조금을 받기 시작했고, 인턴십 프로그램을 개발했으며, 노화와 장애에 관한 첫 콘퍼런스를 열었다. 우리는 노인들을 위해 마련되고 있는 구조가 젊은 사람들이 경험하고 있는 것과 동일한 분리를 복제해내고 있는 것은 아닌가 우려했다. 그래서 먼저 장애를 얻게 될 경우 자신의 미래가 어떤 모습이기를 바라는지라는 측면에서 노화에 관해 이야기하기 시작했다. 모든 사람은 나이에 관계없이 자기 의지대로 살고 싶기 때문이다. 우리는 많은 사람의 생각을 모았고, 정책에 영향을 미칠 만큼 충분한 지식을 얻었다. 이런 과정을 거쳐 나는 다른 나라에는 504조와 같은 차별금지법이 없다는 것을 알게 되었다.

504조는 장애를 재정의했다. 장애를 의학적인 문제로 보는 대신 시민, 그리고 인간의 권리 문제로 보게 했다. 이것이 다른 나라에서 온 내 친구들이 말하는 차이였다.

세계장애인기구와 함께 전 세계를 여행하며 나는 우리, 그러니까 키티와 나, 팻과 조니, 메리 루, 메리 제인, 짐, 유니스, 프랭크 그리고 504조 서명을 위해 많은 것을 포기했던 다른 모든 시위자들이 어마어마한 일을 해냈다는 것을 알게 되었다.

사람들은 나에게 "화가 났었나요?"라고 물었다. 내가 살면서 겪은 모든 장벽과 침해와 학대에 나는 화가 났나? 그것이 나를 활동가로 이끌었던 것인가? 때때로 나는 그런 질문이 어떤 무언의 판단을 담고 있다고 여겼다. 여성이 화를 내는 것은 어딘가 좀 잘못된 일이라고 배웠기 때문이다.

우리가 세계장애인기구를 시작한 지 몇 년이 지났을 때쯤 조앤이 내게 전화를 했다. 햇살 좋은 버클리의 오후였고, 나는 침실 책상에 앉아 있었다. 조앤이 말했다.

"주디, 이사회에서 세계장애인기구에 세 명의 공동 대표를 두지 않기로 결정했어요."

조앤은 사실 그대로를 담담하게 전하려 했지만 기분이 좋지 않은 게 분명했다. 나는 속이 울렁거렸다.

"뭐라고요?"

아무 생각도 나지 않았다.

"그들은 에드를 세계장애인기구의 단독 대표로 만들려고 해요. 우리는 그의 밑으로 들어갈 것 같아요."

"하지만 아무런 절차도 밟지 않았잖아요. 그냥 이렇게 결정을 내렸다고요? 우리한테 말도 없이?"

나는 조앤이 하는 말을 믿을 수 없었다.

"그렇게 결정했대요. 그에 대해서 더 이상 이야기하고 싶지 않다고 하네요."

우리는 전화를 끊었다. 나는 크게 상처받았다. 조앤도 나만큼 기분이 좋지 않으리란 걸 알았지만, 조앤의 상황은 나와 좀 달랐다. 조앤은 장애 운동을 하는 비장애인이었기 때문에 애초에 리더 역할을 할 수 있을 거란 기대가 크지 않았다.

나는 생각할 시간이 필요했다. 이사회가 공동 책임제 구조를 좋아하지 않는다는 것, 그래서 앞으로 어떻게 할지 논의해갈 예정이라는 것은 알고 있었다. 그러나 이에 대해 우리와는 아무런 논의도 없었다. 절차에 대한 정보도 없었고, 그 결정을 어떻게 내릴 것인지에 대해서도 알려주지 않았다. 대부분이 남성이었던 이사회는 그냥 간단히 결정을 내려버렸다.

문제는 내가 아마도 그들이 옳을 거라 생각했다는 것이다. 에드는 잘 알려진 사람이었고, 나와 달리 '유명했다'. 그는 또한 캘리포니아에서 더 많은 사람을 알았고, 더 많은 인맥이 있었다. 이는 자금 확보나 그 밖의 많은 일들에 중요하게 작용했다. 그는 사람들 앞에 나가 무엇이든 말하거나 할 수 있는 사람이었다.

지금 돌이켜 보면 나도 그렇게 할 수 있었을 것 같다. 물론 방법은 달랐겠지만. 사실 나는 에드와 같은 방식으로 남들 앞에 나서지 않았다. 에드는 그것을 자연스럽게 해냈다. 마음을 열면 환영받을 거라고 생각했다. 그는 특권을 누렸다. 나에게는 그것이 해내야 할 일이었다. 내 생각과 나 자신이 선뜻 받아들여질 것 같지 않았다. 그럴 뜻이 없을 때조차도 내가 남자들에게 공손하게 대한다는 것을 깨달았다.

나의 어린 시절, 남자들은 집안의 가장이 될 거라는 기대를 받으며 자랐다. 아버지가 나를 업고 계단을 오르던 브루클린의 유대교 회당에서는 남자들이 앞에 앉았고 여자들은 뒤에 앉았다. 오직 남자들만 알리야aliyah를 받을 수 있었다. 알리야는 『토라』를 읽기 전이나 후에 그것을 읽는 단상인 비마bimah로 누군가를 불러 내 축복의 기도를 드리게 하는 것이다. 여성은 비마에 들어갈 수도, 알리야를 받을 수도 없었다.

자라는 동안 나는 두 가지 진실을 살았다. 나의 어머니는 투사였다. 그리고 아버지에게 의지했다.

나는 내가 주장하는 바를 관철하기 위해, 권위에 도전하기 위해, 나 자신을 일으켜 세우기 위해 무엇이든 하라고 배웠다. 그리고 착한 딸로 길러졌다.

버클리에서 나는 새로운 유대교 회당에 갔다. 그곳의 비마를 내가 접근할 수 있도록 만든 뒤에 랍비는 나에게 알리야를 받겠느냐고 물었다. 세상에! 지금껏 한 번도 알리야를 하라는 요청을 받은 적이 없었다. 나는 알리야 하는 법을 배웠다.

확실히 말해두지만, 나는 에드와 일하는 것이 자랑스러웠다. 그는 멋진 일들을 해냈다. 그는 열네 살에 완전히 독립적이고 체력이 넘치던 10대에서 도움에 의존하는 삶으로 옮겨왔고, 투사이자 선각자로서 세상에 등장했다. 그에게는 누구라도 '내가 세상을 바꿀 수 있다'라고 믿게 할 만한 내면의 힘과 태도가 있었다. 사람들은 에드의 집념과 아름다운 미소를 사랑하고 감탄하며 바라보았다.

에드를 보면 불가능이란 없다고 믿게 되었다. 우리는 서로를 매우 좋아했다. 마치 남매처럼 지냈다. 나는 우리가 서로를 강하게 만들어주었다고 믿는다. 에드는 내 삶을 변화시켰다. 내가 처음에 버클리로 가고, 이후 워싱턴에서 다시 버클리로 돌아간 것은 모두 에드 때문이었다. 에드와 나, 조앤은 세계장애인기구를 함께 시작했다.

그와 동시에 에드는 한 사람의 남자로서 실수도 하고, 같은 말을 되풀이하고, 지킬 수 없는 약속을 하기도 했다. 그래도 에드는 여전히 책임자의 자리에 있었다.

여성인 우리는 매번 옳은 일을 하고, 수천 가지 일을 제대로 해내고, 모든 약속을 지켰다. 우리는 150명이 샌프란시스코 연방 정부 건물을 점거하도록 이끌었고, 장애인을 위한 법을 바꿔냈다. 그러나 우리는 책임자의 자리에 있지 않았다. 사람들은 우리가 과도하게 밀어붙인다고 말했다. 에드에게는 단 한 번도 그런 말을 한 적이 없다.

이런 상황은 내게 적지 않은 영향을 미쳤다. 물론 캘리포니아에 사는 내 여자 친구들은 내 편을 들었다. 그러나 나는 늘 줄타기를 하는 기분이었다. 우리 모두가 그렇듯이 나는 내면적으로 성장해야 했다. 장애인 여성인 우리는 여성 운동의 도움을 받지 못했다. 늘 우리의 문제가 여성 운동 쪽에서 중요하게 다루어지고 지지를 받도록 애를 썼지만 대체로 무시당했다. 우리는 기본적으로 우리 자신뿐이었다.

그렇다면 이제 앞의 질문에 답을 해보자. 나는 화가 났었나? 그렇다고 말할 것이다. 화가 났다. 사실상 나는 그때 분노에 가득 차 있었다. 내가 말했던 당시의 몇몇 일들, 예를 들어 매디슨 애비뉴에서 교통 혼잡 시간에 내 휠체어와 함께, '행동하는 장애인' 친구들과 함께 길을 가로막았을 때나 보건교육복지부의 닫힌 유리문을 휠체어로 쾅 부딪쳤을 때 나는 분노했다. 그러나 그 모든 이야기를 하나하나 다 할 수는 없었다.

하지만 이런 상황에서 화를 내는 게 잘못된 일인가? 내가 어렸을 때 배웠던 것처럼 여성스럽지 못하고 이기적인 일인가? 나는 그렇지 않다고 믿는다.

우리의 분노는 뿌리 깊은 부당함에서 비롯한 것이었다. 분노해 마땅한 잘못이었다. 우리는 그 분노를 가지고 변하지 않으려는 세상에 구멍을 냈다.

미국장애인법Americans with Disabilities Act(ADA)에 관한 일들이 시작되었을 때 나는 세계장애인기구에 있었다.

우리는 504조가 오직 공공의 영역만 보장하고 있으며, 머지않아 사적 영역에서의 차별도 금지하는 국가 차원의 법안이 필요할 것이라는 이야기를 나누고 있었다. 기본적으로 우리는 1964년의 시민권법에서 제외되었기 때문에 우리 자신을 위한 시민권법이 필요했다. 1980년 즈음에 우리는 법안을 만들기 위해 힘을 모으기 시작했다.

앞서 언급한 것처럼 메리 루 브레슬린은 농성 이후 팻 라이트 및 또 다른 농성 지도자인 밥 펑크, 알린 메이어슨이라는 이름의 시민권 변호사와 함께 장애인권리교육옹호기금을 새롭게 공동 설립했다. 장애인권리교육옹호기금은 미국장애인법이 발전하고 궁극적으로 통과되는 과정에서 꼭 필요한 조직이었다.

미국장애인법 통과를 위한 캠페인은 504조 때와는 완전히 다른 과정이었다. 504조가 다른 법에 몰래 숨어 들어간 침대칸이었던 반면, 504조의 확장판인 미국장애인법은 정문을 통해 들어가는 것이었다. 지금의 우리는 공화당과 민주당이 중요한 사회 문제를 해결하기 위해 협력하는 것을 상상하기 어렵지만, 미국장애인법을 놓고는 바로 그런 일이 일어났다.

1981년에 로널드 레이건은 저스틴 다트라는 멋진 남자를 새로 설립된 전국장애인협의회National Council on Disability(NCD)의 부의장으로 임명했다.

저스틴 다트는 공화당원이었다. 소아마비로 인해 휠체어를 타고 성공한 사업가이기도 했던 저스틴은 시카고의 부유한 공화당 집안 출신이었다. 항상 카우보이모자를 쓰고 카우보이 부츠를 신었다. 그는 모든 사람을 존중했고, 그만큼 모든 사람의 존경을 받았다. 저스틴은 시민권 문제에 매우 의욕적이었으며 텍사스주와 그 밖의 곳곳에서 장애인의 권리를 위해 적극적으로 활동했다.

전국장애인협의회에서 저스틴이 가장 먼저 한 일은 미국의 장애 활동가들과 연결되는 방법을 찾는 것이었다. 그는 전국을 돌며 지역의 장애인 리더를 만나 장애인의 권리를 위한 국가 정책 수립에 대한 피드백을 듣고 또 이를 수용했다. 그 당시는 장애인이 여행을 다니려면 비용도 많이 들고 복잡한 일도 많았기 때문에 그가 이렇게 자비로 여행을 다닌 것은 이례적인 일이었다.

여행을 마친 뒤 얼마 지나지 않아 저스틴은 전국장애인협의회 이사 렉스 프리든, 전국장애인협의회 변호사 밥 버그도프와 함께 장애인을 위한 국가 정책의 초안을 작성했다. 저스틴이 여행에서 얻은 피드백을 바탕으로 한 이 초안은 협의회에서 공화당 쪽 지명자들에게 뜨뜻미지근한 반응을 얻었다. 협의회 의장이자 사우스캐롤라이나 직업재활국 책임자였던 조지프 듀젠베리가 나서기 전까지는 말이다. 듀젠베리는 협의회 앞에 서서 조용해질 때까지 기다리다 발언을 시작했다.

"신사 숙녀 여러분, 이 문서는 미국의 장애인들이 작성한 것입니다. 저는 이 법안이 가결되었다는 소식을 듣고 싶습니다. 여기서 한 글자도 수정되지 않기를 바랍니다."[5]

그동안 많은 진보를 이루어내긴 했지만, 실제로 장애인들에게 무엇을 원하는지 묻고 장애를 시민권 이슈로서 이야기하는 것은 당시로서는 여전히 급진적인 생각이었다. 이후 조지프 듀젠베리는 부분적으로 이 일로 인해 전국장애인협의회 의장직을 잃었다.

그러나 협의회는 법안을 승인했다. 제안된 초안에 대해 논의하기 위해 전국 각지에서 온 사람들이 회의를 열었고, 나는 그 자리에 참석해 국가 차원의 장애인 정책에 관한 일련의 진지한 논의를 시작했다. 바로 그 지점부터 미국장애인법 제정을 위한 운동은 빠르게 성장해나갔다. 그러나 그와 동시에 우리에게 반대하는 운동 역시 시작되었다.

미국장애인법 반대 운동은 여러 방향에서 일어났다. 기업들은 미국장애인법 때문에 시간과 돈이 얼마나 들지 걱정하며 반대하고 있었다. 레이건 대통령은 내가 윌리엄스 상원 의원실에서 일할 때 담당했던 장애 어린이를 위한 교육법, 즉 장애인교육법과 관련한 여러 규정을 약화시키려 하고 있었다. 그리고 기관들은 504조 규정을 가지고 법정 싸움을 벌이고 있었다. 가장 유명한 사례는 청각장애 여성의 간호학과 입학을 거부한 '사우스이스턴 커뮤니티 칼리지 대 데이비스Southeastern Community College v. Davis' 사건이다. 대법원은 청각장애가 있는 데이비스가 간호학과 수업에 참여하기에 적합하지 않다는 판결을 내렸다. 504조에 대한 부정적 해석에 기초한 이 판결은 향후 장애인의 요구에 대한 수용이 어떻게 해석될 것인지 의구심을 갖게 했다.

장애인권리교육옹호기금은 반격에 나섰다. 1984년에 대법원은 '콘레일 대 대런Consolidated Rail Corporation v. Darrone'이라는 새로운 사건을 접수했다. 이 사건은 504조의 차별 금지 조항이 고용 차별을 어떻게 막을 수 있는가라는 문제를 수면 위에 올렸다. 장애인권리교육옹호기금은 더 많은 비용을 투입하여 전국 단위의, 그리고 각 주와 지역의 63개 단체로부터 증언을 수집했고, 이를 토대로 법원을 상대로 고용 차별 현황을 교육하는 기능도 하고 이 문제가 의심할 여지없이 수백만의 미국인과 관계된 것임을 입증하는 법정 소견서를 제출했다. 또한 소송에서 장애인을 변론하는 변호사들과 긴밀히 협력했다.

법원은 우리에게 유리한 판결을 내렸다. 그 판결만큼이나 중요한 것은 우리가 그토록 열심히 싸워 쟁취한 504조 규정이 법정에서 크게 존중받을 만하다고 법원이 판단했다는 사실이다. 위대한 승리였다. 법원은 콘레일 사건을 통해 504조 규정을 한 단계 끌어올렸고, 이는 이후 미국장애인법의 기초가 되었다.

그러는 사이에 저스틴, 렉스, 밥은 의회에서 미국장애인법 제정을 뒷받침할 만한 사례를 만들고 있었는데, 이는 시간이 걸리는 일이었다. 1986년에 전국장애인협의회는 공식적으로 장애인 차별이 장애인들이 직면한 가장 중대한 문제 가운데 하나라는 결론에 도달했다. 수천 명의 증언에 힘입어 그들은 '자립을 향하여 Toward Independence'라는 제목의 보고서를 레이건 대통령과 의회에 제출했다. 이 보고서에는 장애인에게 동등한 기회를 보장하는 포괄적인 법안을 통과시키라는 권고가 담겨 있었다.

백악관의 반응을 보면 이러한 행동이 얼마나 급진적이었는가를 알 수 있다. 백악관의 핵심 참모진이 저스틴에게 전화를 했다.

"당신들 이 시민권 문제에 대해 무슨 생각을 하고 있는 겁니까? 대통령은 그 일에 관여할 생각이 없습니다. [보고서에서] 그 내용을 빼주시기 바랍니다."[6]

저스틴은 물러서지 않았다. 그는 법무부 인권 담당 차관보 브래드퍼드 레이놀즈와 만나 특유의 직설적인 어투로 말했다.

"브래드퍼드 씨, 저는 로널드 레이건 대통령이 3500만 미국 장애인의 자립 선언 약속을 반대하는 대통령으로 역사에 남고 싶어 한다고는 생각하지 않습니다."[7]

의미심장한 침묵이 흐른 뒤 브래드퍼드는 대통령의 승인을 받겠다고 약속했고, 실제로 로널드 레이건은 보고서 내용을 승인했다.

저스틴 다트, 렉스 프리든, 밥 버그도프는 대통령과 의회를 상대했고, 장애인권리교육옹호기금과 다른 장애인 권리 단체들은 법정에서 싸웠다. 그리고 장애인 활동가들은 시위를 조직하고 대대적인 편지 쓰기 캠페인을 전개했다.

활동가들은 접근성이 떨어지는 대중교통에 항의하기 위해 1983년에 조직된 '접근 가능한 대중교통을 요구하는 미국 장애인들Americans Disabled for Accessible Public Transit(ADAPT)'과 함께 버스를 세우고, 휠체어에서 내려와 온몸을 끌고 버스 계단을 올랐다. 나는 워싱턴에 살지는 않았지만, 캘리포니아 세계장애인기구의 내 자리에서 그 일을 지원했다. 회의에 참석했고, 청문회에서 증언을 하고 로비를 했다.

1988년 4월에 미국장애인법의 첫 번째 버전이 공화당 로웰 위커 상원 의원과 민주당 토니 쿠엘료 하원 의원에 의해 의회에 제출되었다.

대부분의 사람들이 장애 인식이 부족했기 때문에 뉴욕주 하원 의원 메이저 오언스는 정보를 수집하고, 제안된 미국장애인법의 내용을 의회에 권고하기 위해 의회 특별대책위원회를 만들었다. 그리고 저스틴 다트를 공동 의장으로 임명했다.

저스틴은 이를 특별위원회에 HIV 양성인들을 포함해 다양한 자리를 만들어 장애 운동을 다른 여러 사회 운동과 통합할 기회로 삼았다. 이는 큰 논란을 불러왔다,

"우리는 에이즈 환자들을 대표해서는 안 됩니다. 에이즈에 걸린 사람들은 곧 죽을 겁니다."

이런 이야기를 들을 때면 저스틴은 이렇게 대답했다.

"물론 그들은 죽을 겁니다. 여러분과 저도 죽을 테지요. 우리는 온정주의를 지속하려는 게 아닙니다."[8]

그는 다시 시작했다. 다시 한번 자기 돈을 들여 수천 명의 사람들을 만나고, 장애 때문에 겪은 차별 경험에 대한 수천 장의 진정서와 발언을 모았다.

미국장애인법의 첫 번째 버전은 의회를 통과하지 못했지만, 장애에 관한 교육과 인식 제고 노력은 계속되었다. 이는 활동가들의 입장에서는 전략이기도 했다.

1988년 9월 의회의사당에서는 상원의 장애정책소위원회와 하원의 선택교육소위원회가 열리기에 앞서 합동 청문회가 열렸다. 시각장애인, 청각장애인, 장애인의 부모, HIV 양성인 등 700명이 이 자리에 참석했다. 나는 청문회에서 다른 많은 사람들과 함께 증언을 했다. 에드워드 케네디 상원 의원, 톰 하킨 상원 의원,

오언스 하원 의원은 이 청문회 자리에서 쿠엘료 하원 의원과 위커 상원 의원이 시작한 일을 지지하면서 포괄적인 장애인 시민권 법안을 1989년 의회에 제출하는 것을 최우선 과제로 삼겠다고 약속했다.[9] 이 세 의원은 개인적으로 장애와 관련이 있었다. 케네디 상원 의원의 누나 로즈메리는 인지장애가 있었고, 톰 하킨의 형은 청각장애가 있었다. 그리고 토니 쿠엘료는 그 자신이 뇌전증으로 고통받고 있었다.

1989년 5월 9일 하킨 상원 의원과 데이비드 듀런버거 상원 의원은 상원에 미국장애인법의 다른 버전을 제출했다. 그와 동시에 쿠엘료 하원 의원과 해밀턴 피시 하원 의원도 하원에 법안을 제출했다. 저스틴 다트가 처음 전국을 돌며 활동가들을 만나던 때부터 8년이 흐른 뒤였다. 법안은 급진적이었고, 중대한 변화를 이끌어낼 것이었다. 법안에는 통과된 뒤로 2년 안에 모든 것이 접근 가능해야 한다고 명시되어 있었다. 모든 것.

내가 앞서 농성 기간에 팻 라이트가 뛰어난 전략가로 등장한 일이 후에 큰 영향을 미칠 거라 말했던 것을 기억하는가? 팻은 장애인 활동가 그룹을 이끌었다. 그들은 똘똘 뭉쳐서 차별에 관한 증언을 수집하고 의회를 상대로 로비를 했다. 사람들은 팻을 대장이라고 불렀다. 팻이 한 가장 중요한 일 가운데 하나는 시민권에 관한 리더십 회의Leadership Conference on Civil Rights를 통해 전통적인 시민권 단체와 파트너십을 맺은 것이다. 거기에는 협상과 대화가 있었고, 변호사 팀과 지지자들, 그리고 정책 분석가들이 있었다. 풀뿌리 로비 체계가 만들어졌고, 더 많은 사람이 증언에 나섰다. 법안 통과를 위해 일하는 임시 조직이 만들어졌고, 네트워크가 구축되었다. 그리고 수많은 청문회가 진행되었다. 각 청문회마다 무수히 많은 사람들이 연달아 장애와 관련한 자신의 경험을 증언했다.

3600만 명의 미국인이 마침내 발언할 기회를 얻었다. 결국 1989년 9월 7일 미국장애인법이 상원을 통과했다. 그러나 하원 위원회에서 열린 청문회에서는 교착 상태에 빠지고 말았다. 그리고 6개월이 지났다.

이제 당신은 궁금할 것이다. 이 길고 느린 과정이 우리를 미치게 만들었을까? 우리는 속도를 높이기 위해 어떤 다른 계획을 세웠을까? 예를 들어 왜 우리는 다시 한번 의회의사당 건물을 점거하고 농성하지 않았을까? 의회가 속도를 내도록 밀어붙이지 않았을까?

사실 법안이 하원 위원회에서 교착 상태에 빠질 무렵까지는 미칠 것 같다거나 하지는 않았다. 민주주의는 본래 느리기 때문이다. 민주적 정부의 일은 오래 걸리고, 느리고, 힘들기 마련이다. 그래야 맞다.

민주적 정부의 핵심은 특정한 사람들이 그 밖의 다른 모든 사람을 이전에 합의한 계약에 따라 통치할 수 있도록 법과 절차를 만드는 것이다. 그렇게 해서 우리는 바이킹처럼 가장 강한 부족의 지배 아래 약탈과 사냥을 일삼으며 살아가는 대신, 의미 있는 삶을 추구하며 큰 집단을 이루어 함께 평화롭게 살 수 있는 것이다. 민주주의에서는 일을 하기 위해 견제와 균형, 숙고, 분석, 협상과 타협이 필요하다. 이는 우리가 권력을 준 사람들이 서둘러 일을 처리해버리거나 경솔하게 잘못된 결정을 내리는 것을 막을 수 있게 돕는 장치들이다.

그래서 나는 느린 속도에 마음이 상하지는 않았다. 정부는 제 역할을 하고 있었다. 그리고 우리 활동가들은 정부를 감시하고, 추적하고, 그들이 책임을 다하며 솔직한 태도를 유지하도록 우리의 역할을 하고 있었다. 모두가 선의를 가지고 일하며, 서로의 의견을 경청하고, 다른 사람들의 목소리를 대화에 초대한다고 느끼는 한 우리는 그 과정이 제대로 작동하고 있는 거라고 생각했다. 다른 모든 사람에게 작동하는 방식대로 우리에게도 이런 식의 과정이 일어나고 있었다.

막판에 하원에서 결정이 보류되었을 때는 화가 났다. 우리는 이런 지연 전술이 운동을 반대하는 강력한 단체들이 로비를 벌인 결과는 아닐까 걱정되었다. 화가 나서 미쳐버릴 것 같았다.

1990년 3월 12일 수천 명의 사람들이 정부가 미국장애인법을 통과시키는 데 실패한 것에 항의하기 위해 워싱턴으로 갔다. 워싱턴 DC의 링컨기념관은 내셔널 몰이라는 긴 잔디 공원의 한쪽 끝에 있다. 다른 한쪽 끝에는 미 의회의 본거지이자 입법부가 자리한 의회의사당이 있다. 높이 85미터가 넘는 의회의사당은 눈

길을 잡아끈다. 고대 그리스, 로마를 연상시키는 고전적인 디자인으로 지어진 이곳은 세계에서 가장 잘 알려진 대의 민주주의의 상징 가운데 하나다.

의회의사당의 중앙 출입구로 가려면 83개의 대리석 계단을 올라야 한다. 워싱턴에 모인 시위대가 그 계단 앞에 섰을 때는 계절에 맞지 않게 더운 이른 봄날이었다. 사람들은 휠체어에서 내려오거나, 목발을 옆에 던져놓거나, 다른 이동 보조 장치를 한쪽에 내버려둔 채 계단을 기어오르기 시작했다. 몇몇은 친구들의 도움으로 살살 부드럽게 내려왔지만, 나머지 사람들은 휠체어에서 곧장 바닥으로 굴러 떨어졌다.

한 사람씩 한 사람씩 두 번째, 세 번째, 네 번째 계단으로 몸을 끌고 올라갔다. 몇몇은 등을 대고 천천히 앞으로, 또 몇몇은 배를 댄 채로 움직였는데 몸과 다리가 느릿느릿 따라갔다. 그들은 팔꿈치, 무릎, 어깨를 이용해 몸을 끌고 나아갔다.

뇌성마비 장애가 있는 제니퍼 킬란이라는 여성은 레스토랑 이용을 거부당하고는 온 힘을 다해 애리조나에서 DC로 왔다.

"누구도 당신이 먹는 모습을 보고 싶어 하지 않아요."

한 종업원이 제니퍼에게 말했다. 제니퍼는 활동가가 되어 의회의사당의 대리석 계단 시위에 동참하기로 결심했다.[10]

제니퍼는 팔꿈치와 무릎을 이용해 계단을 기어 올라갔다. 배를 두 번째 계단에 대고 누운 채 고개를 들어 위로 이어져 있는 계단을 올려다보았다. 단단한 대리석에 부딪혀 입술에서는 피가 흘렀다. 머리에 빨강, 하양, 파랑 반다나(머리나 목에 두르는 천이나 스카프—옮긴이)를 두르고 있던 제니퍼는 이미 땀에 흠뻑 젖은 상태였다. 잠시 멈춘 제니퍼는 물을 달라고 했다. 여러 명의 자원봉사자들이 즉시 물을 건넸다. 제니퍼와 나머지 시위대가 맨 위까지 올라가는 데는 하룻밤이 걸렸다. 60명이 넘는 사람이 계단을 올랐다.

"장애인들이 헌법이 약속하는 정의가 지켜지기를 기다리는 데 2세기는 충분히 긴 시간이었습니다."

저스틴은 시위자들이 계단을 기어오르기에 앞서 열린 집회에서 이렇게 말했다. 그가 처음 전국을 돌기 시작한 때부터 9년이라는 긴 시간이 지났다. 시위자들은 분리와 차별을 끝내기를 거부하는 나라에서 자신이 매일같이 겪어야 하는 치욕을 똑똑히 보라며 의회를 압박했다. 다음 날 『로스앤젤레스 타임스』는 퍼트리샤 슈뢰더 하원 의원의 말을 인용해 이 일을 보도했다.

> 1960년대에 시민권을 위해 했던 일들에서 우리는 장애인을 위해 해야 할 일을 잊었다.[11]

4개월 뒤 미국 하원은 마침내 미국장애인법을 통과시켰다.

1990년 7월 26일, 워싱턴 DC의 찬란한 여름날이었다. 나무는 잎이 무성했고, 태양이 떠올랐고, 하늘은 푸르렀다. 백악관 사우스론에는 3000명이 모였다. 그 앞의 단상에는 조지 H. W. 부시 대통령이 서 있었고, 그 옆에 저스틴 다트가 있었다. 부시 대통령이 연설을 시작하자 거대한 군중이 일순간 조용해졌다.

"우리는 부끄러운 배제의 벽을 마침내 무너뜨릴 것입니다."

그는 책상에 앉아 미국장애인법에 서명했다.

우리의 시간이 왔다. 서부 연안에서 동부 연안에 이르기까지, 공화당과 민주당 소속의 대통령 다섯 명을 거치며 거의 20년 가까이 투쟁한 끝에 우리는 내가 아는 한 세계에서 가장 강력하고, 가장 포괄적인 시민권법을 만들었다.

나는 마흔한 살에 마침내 동등한 시민이 되었다.

아마도 그다음에 일어난 일은 우연이 아니었을 것이다.

10장   친고나, 유능하고 나쁜 여자들

그는 어깨가 매우 넓었다. 나는 그를 바로 알아보았다. 잔디 위에서 휠체어를 조심조심 움직이며 그를 계속 주시했다. 그는 작은 무리 안에서 피크닉 테이블 옆에 앉아 있었다. 8월의 어느 저녁 오리건주 유진에는 시원한 바람이 불고 있었고, 우리는 누군가의 뒷마당에서 바비큐 파티를 하고 있었다. 나는 친구 수지 시걸이 이끄는 장애인을 위한 리더십 수련회에서 워크숍을 진행하기 위해 버클리에서 유진으로 날아갔다. 이 특별한 그룹은 멕시코에서 온 사람들이었다.

나는 그가 웃으며 느긋한 태도로 사람들 사이에서 휠체어를 움직이는 모습을 지켜보았다. 그의 머리카락은 검고 구불구불했다.

"귀엽네."

나는 친구 마리벨에게 속삭였다. 그때 나는 마흔두 살이었다.

한 해 전에 아버지와 인생과 남자에 대해 이야기를 나눴다. 결코 겁먹는 법이 없던 아버지는 두려움에 휩싸여 있었다. 몸에 암세포가 퍼지고 있었기 때문이다.

"어떤 남자를 원하니?"

그날 아버지가 물었다. 내가 평소처럼 바라는 특성들을 나열하자 아버지는 나를 빤히 쳐다보기만 했다. 너무 구체적이고 꽉 막힌 소리로 들려서가 아닐까 싶었다. 아버지는 자신의 트레이드마크인 수수께끼 같은 농담을 통해 대답했다.

"너의 시어머니 되실 분도 아직 태어나지 않은 것 같구나."

좀 더 마음을 열어야 한다는 이야기였다. 아버지는 그 대화가 있고 얼마 후 돌아가셨다.

그 남자 쪽으로 가서 내 소개를 했다. 그때 나는 일하는 중이었기 때문에 인사를 하는 게 어려운 일은 아니었다. 워크숍 참여자들과 친해지는 것은 일이기도 했다.

우리는 피크닉 테이블에 함께 앉아 이야기를 나눴다. 나는 스페인어를 몰랐지만 마리벨이 통역을 해주었다. 우리는 농장에 갔는데 말이 갑자기 내 손가락을 물었다. 그는 내 손을 부드럽게 잡으며 바라보았다. 물린 곳을 어떻게 했느냐고 물으면서. 그의 이름은 호르헤였다.

마리벨은 수지에게 통역을 도와주라고 부탁했다. 그들은 마치 여학생들처럼 나를 부추겨 호르헤와 내가 다음 날 함께 점심 식사를 하게 했다. 호르헤의 좋은 태도 덕분에 우리의 대화는 편안하게 흘러갔다. 나는 그가 워크숍 참여 그룹의 일원으로서 몇몇 활동 보조인과 함께 뇌성마비 장애가 있는 한 사람을 돕고 있다는 것을 알게 되었다. 그는 태어날 때 보행 능력에 영향을 미치는 장애를 얻었다. 멕시코에서는 다리 교정기와 목발을 짚고 걷지만 미국에 와서는 휠체어를 탄다고 했다.

그날 밤 나는 그에게 버스를 타고 식당에 가자고 제안했다. 마리벨과 수지는 그와 내가 단 둘이 따로 앉을 수 있게 하려고 애를 썼지만, 내가 "말도 안 돼"라고 하는 바람에 넷이서 같이 저녁 식사를 했다. 그 자리에서 나는 호르헤가 뇌성마비 장애를 가진 멕시코의 장애 인권 활동가 가비 브리머를 어떻게 만났는지 알게 되었고, 가비와 함께 일하기 위해 회계사 일을 그만두었다는 것도 알게 되었다. 그는 유쾌하고 친절한 사람이었다.

돌아오는 길에 우리는 휠체어로 접근 가능한 버스를 같이 탔다. 수지가 자기 집 뒷마당에 있는 작은 게스트하우스를 내주어서 그곳에서 함께 밤을 보냈다.

그는 멕시코로 돌아가는 대신에 버클리로 와서 나와 2주 동안 머물렀다. 보통 새로운 사람을 사귈 때 하는 것처럼 우리는 서로에 대해 더 많은 것을 알아갔다. 새로운 세계에 대한 희열에 들뜬 채 엉터리 영어와 사전에서 찾은 스페인어 단어, 몸짓을 섞어가며 이야기와 역사, 견해와 신념을 나누었다. 그는 나보다 여덟 살

이 어렸고, 멕시코시티의 대가족에서 큰 사랑을 받으며 살아온
사람이었다. 나는 그가 동물, 환경과 깊이 교감하는 모습에서 많
은 것을 배웠다. 그리고 그의 강력한 가치관과 원칙에 감탄했다.

한 달 후 그는 버클리로 다시 돌아왔고, 6개월 후에는 아예 나
와 함께 살게 되었다. 우리는 이듬해 5월 버클리에서 결혼식을 올
렸다. 1992년이었다.

호르혜는 버클리에서 직장을 구하고 새로운 친구들을 사귀었
다. 우리는 행복한 나날을 보냈고, 그 무렵은 우리에게 매우 즐거
운 시간이었다. 나는 그때도 여전히 세계장애인기구에서 일하며
캘리포니아의 장애 활동가 커뮤니티 한가운데서 활동하고 있었
다. 우리는 아이를 갖자는 이야기를 나누었다. 내가 마흔두 살 때
의 일이다.

나는 바깥의 맑고 푸른 하늘을 전혀 볼 수 없는 세계장애인기
구 사무실의 창문 없는 방에 있었다. 그때 전화벨이 울렸다. 전화
를 받아보니 아칸소주에 사는 한 친구의 귀에 익은 목소리가 들
렸다. 평소처럼 간단한 농담을 몇 마디 한 후에 그는 본론으로 들
어가 내가 전혀 예상치 못한 질문을 했다.

"혹시 빌 클린턴 행정부에서 일해볼 생각 있어요?"

놀라서 말이 나오지 않았다. 그는 클린턴 행정부가 어떤 사람
을 찾고 있는지, 왜 내가 그 일에 적합하다고 생각했는지 이야기
했다. 그가 말하는 동안 내 머릿속은 생각과 질문으로 가득 찼다.

물론 어깨가 으쓱해진 건 사실이다. 하지만 나는 버클리에서 지내는 게 좋았고, 호르헤와 함께하는 것도, 내 삶 자체도 만족스러웠다. 그런 비교적 평온한 삶을 정치라는 롤러코스터로 바꿔 타는 걸 내가 원하는가? 다른 한편으로 이는 내가 단지 버스에 올라타기 위해 싸우는 것이 아니라 운전석에 앉아 변화를 꾀할 수 있는 기회였다. 머릿속이 윙윙거렸다. 내가 무슨 말을 하고 있는지 깨닫기도 전에 거의 본능적으로 입에서 이런 말이 튀어나왔다.

"저는 교육부의 특수교육 및 재활 서비스국Office of Special Education and Rehabilitative Services(OSERS) 차관보 자리에 관심이 있습니다. 다른 자리는 원하지 않습니다."

우리는 좀 더 이야기를 나눈 뒤 전화를 끊었다. 나는 휠체어를 돌려 사무실 벽을 바라보았다. 방금 무슨 일이 일어난 건지 믿을 수 없었다.

나는 우리가 OSERS라 부르던 특수교육 및 재활 서비스국에 대해 잘 알고 있었다.

OSERS는 보건교육복지부가 교육부와 보건복지부로 나뉘던 1980년에 만들어졌다. 이곳은 특수교육과 재활 서비스, 관련 연구를 하나의 우산 아래 놓은 기관이었다. 내가 세계장애인기구에 있을 때 우리의 업무를 공공 정책 싱크탱크로 발전시키기 위한 중요한 보조금을 OSERS에서 많이 지원받았다. 방금 나는 그곳의 리더가 되고 싶다고 말한 것이다.

그 자리에 가기 위한 면접을 요청받고는 매우 긴장했다. 그때까지 나는 일자리를 얻기 위해 면접을 본 적이 없었다. 교사가 되기 위해서는 시험에 합격해야 했지만, 일대일 면접은 없었다. 자립생활센터에서 일을 시작할 때도 에드와 이사회, 그리고 스태프들이 나를 알고 있었기 때문에 면접을 따로 하지는 않았다. 세계장애인기구에서는 세 설립자 가운데 한 명이었다. 설상가상으로 사우스캐롤라이나의 전 주지사이자 교육부 장관인 리처드 라일리와 버몬트의 전 주지사이자 교육부 부장관인 매들린 쿠닌이 면접을 하기로 되어 있었다.

면접에서 나는 가까스로 침착함을 유지했다. 큰 압박감 속에서 그동안 언론을 상대하며 훈련한 것들을 내내 생각하며 앉아 있었다.

"잘했어요?"

집에 돌아온 내게 호르헤가 물었다.

"괜찮았어요. 좀 긴장하긴 했지만요. 그 사람들이 장애 때문에 내가 일할 수 없을 거라 생각하지는 않을까 계속 궁금했고요."

그런 느낌이긴 했지만, 결국 면접관들과 나는 같은 곳에서 만났다. 얼마 지나지 않아 나는 자리를 제안받았다.

딱 하나 남은 문제라면, 내 마음이 너무 불안했다는 것이다. 내가 그 일을 실제로 해낼 수 있을지가 걱정되었던 것은 아니다. 나는 충분히 많은 경험을 했기 때문에 자신감이 있었다. 특수교육과 재활 시스템을 거쳐 왔고, 내 평생에 걸쳐 그것들과 상호 작용을 해왔다. OSERS가 다루는 이슈에 대해서도 잘 이해하고 있었고, 좋은 팀을 만들어 지역 사회와 함께 나머지 문제들도 제대로 파악할 수 있을 거란 확신도 있었다. 내 걱정은 다른 데 있었다. 장애를 가진 여성으로서 연방 정부 안에서 존중받을 수 있을까 같은 문제들이었다. 나는 스물다섯 살 때 18개월 동안 상원에서 일한 것과 캘리포니아 재활국에서 에드와 함께 잠시 근무했던 시기를 제외하면 줄곧 장애를 가진 사람들에 둘러싸여 살아가는 장애 활동가들과 일해왔다. 그 방에서 내가 장애를 가진 유일한 사람일 거라는 사실이 퍽이나 걱정스러웠다.

하지만 더 큰 문제는 지금 살고 있는 곳에서 떠나고 싶지 않다는 것이었다. 캘리포니아에서는 아침에 일어나고, 화장실에 가고, 저녁에 잠자리에 드는 것을 도와줄 사람들을 쉽게 찾을 수 있었다. 어디로 어떻게 가면 친구들을 만날 수 있는지도 알았다. 호르헤와 나는 그곳에서의 삶을 좋아했다. 세계장애인기구에서는 일하며 도움을 받을 수 있었고, 문제가 생겼을 때 어떻게 해야 할지도 고민할 필요가 없었다. 우리는 서로 도왔다. 마치 가족과도 같았다.

DC에서의 새로운 자리는 100억 달러의 예산으로 400명의 직원을 책임져야 했다. 나는 DC에는 장애인이 운영하는 괜찮은 조직이 많지 않기 때문에 개인 활동 보조인을 찾는 일이 쉽지 않다는 것을 알았다. 누군가를 찾는다고 해도 교통이 문제였다. 버클리에서는 누구나 걷거나 자전거를 타고 가고 싶은 곳에 갈 수 있었다. 그러나 DC에서는 주로 지하철을 타는데, 그런 상황이 나를 초조하게 했다. 만약 지하철이 제 시간에 오지 않아서 내 활동 보조인이 늦는다면? 그래서 내가 회의에 늦거나 마감을 지킬 수 없다면? 새벽 5시에 일어나 이메일을 보내거나 회의 준비를 하고 싶은데 지하철이 6시부터 운행한다면 누군가 나를 도와주러 우리 집에 그렇게 일찍 올 수 있을까?

나는 호르헤에게 이 모든 공포에 대해 이야기했다. 다른 한편으로 호르헤가 걱정되기도 했다. 그가 정말로 DC로 이사하는 걸 원할까? 그의 친구나 직장은 다 버클리에 있었다. DC로 이사하는 건 그에게 큰 영향을 미칠 게 분명했다.

"내 걱정은 말아요. 한번 해봐요. 당신은 친고나chingona(스페인어로 유능한 사람이라는 뜻—옮긴이)니까요."

결국 나는 그 일을 하기로 했다. 그런데 '어반딕셔너리닷컴Urbandictionary.com'에서 친고나를 찾아보면 이런 뜻이 나온다.

"친고나는 세상에서 가장 나쁜 여자들이다. 그들을 화나게 하지 마라. 화나게 했다가는 당신의 엉덩이를 걷어찰 것이다."

나를 그 자리에 임명하는 것이 상원에서 확정되기 몇 달 전에 나는 DC로 가서 2주 동안 컨설턴트로 일했다. 그러면서 일을 배우고 회의에도 참석할 수 있었다. 나는 사무실에 앉아 결정만 내리고 있지 않았다. 내 자리에 앉기 전에 최대한 많은 것을 흡수하고 싶었다. 아침 일찍부터 밤늦게까지 수많은 사람을 만나며 가파른 학습 곡선을 그렸다. 마치 소방 호스로 물을 마시는 것 같았다. 솔직히 말해서 너무 좋았다.

하지만 2억 6300만 명의 국민과 양원제 의회로 구성된 국가의 감시 아래서 400명의 직원과 100억 달러의 예산을 관리하게 된다는 전망보다 더 어렵고 버거운 일이 무엇인지 아는가? 워싱턴 DC에서 휠체어로 접근 가능한 방 세 개짜리 아파트와 활동 보조인을 구하는 일이었다.

내가 일을 할 수 있는 유일한 방법은 두 사람이 우리와 함께 살면서 내가 아침에 일어나고 잠자리에 드는 것을 도와주고, 주말에도 나를 위해 일해주는 것이었다. DC에는 방 세 개짜리 아파트가 드물었다. 휠체어로 접근 가능한 방 세 개짜리 아파트를 찾는 것은 바늘구멍을 통해 로켓을 쏘아 올리는 것이나 마찬가지였다.

우리는 DC 전역의 아파트를 샅샅이 뒤졌다. 거의 포기할 지경이 되었을 때 하나를 찾았다. 다행히도 근처에 버스 정류장 두 개, 지하철역 두 개, 도서관, 식료품점, 그리고 식당도 몇 개 있는 멋진 동네였다. 이제 활동 보조인만 구하면 되었다.

다른 차관보들처럼 내 사무실에도 비서 한 사람과 내 스케줄 관리를 돕는 행정 담당자가 둘 있었다. 직장에서는 두 행정 담당자가 나와 함께 다니며 일과 관련된 행사에 참여하거나 화장실에 가는 일을 돕는 식으로 활동 보조인 문제를 해결했다. 진짜 도움이 필요한 곳은 집이었다. DC에서 활동 보조인 구하기가 어려우리라 예상하고 나는 이미 캘리포니아에서 몇 사람을 면접했다.

앤드리아라는 이름의 젊고 멋진 여성을 만났다. 일을 할 수 있을 것 같아 보여서 신원 조회를 하고 앤드리아를 고용했다. 그리고 서부에서 동부까지 차를 몰고 올 경비도 주었다. 우리는 마침내 문제를 해결한 줄 알았다.

도착하기로 한 날 앤드리아는 나타나지 않았다. 동부에서 서부로 오는 중에 사고나 지연이 있을 수도 있다는 생각에 어렵사리 연락을 했더니 앤드리아는 자신이 조지아에 있다면서 다음 날에 오겠다고 했다. 그러나 또다시 나타나지 않았다. 무슨 뜻인지 파악하고는 바로 전화를 걸어 "없던 일로 하지요"라고 말했다.

결국에는 좋은 사람 둘을 만났다. 그러나 이 모든 과정을 거치며 불안감이 커졌다. 상상해보라. 일상의 가장 밀접하고 필수적인 부분을 돕는 사람을 면접하고 고용하는 것은 그 자체로 이미 매우 불안한 일인데, 그렇게 뽑은 사람이 나타나지 않다니!

집을 구하고 어느 정도 정리가 끝난 뒤에 호르헤와 나는 일을 구해야 했다. 호르헤는 나를 위해 기꺼이 캘리포니아에서 하던 일을 그만두고 이사를 왔다. 그러나 DC에서 두 가지 어려움에 봉착했다. 그는 장애가 있었고, 영어를 제2외국어로서 구사했다. 그리고 진보의 보루와도 같은 버클리에 비하면 워싱턴은 매우 보수적인 곳이었다. 그래서 호르헤는 직장을 구하는 데 아주, 아주 긴 시간이 걸렸다.

이렇게 해서 나는 미국 정부에서 가장 직위가 높은 장애인이 되었다.

이제 일을 해야 했다.

OSERS는 가부장적이고 사람들의 말을 잘 듣지 않는 것으로 정평이 나 있었다. 내가 실은 교사가 되고 싶으면서도 재활국에 언어 치료사가 되고 싶다고 거짓말했던 것을 기억하는가? 그 전까지 장애를 가진 사람이 교사가 된 적이 없기 때문에 친구들은 재활국에서 내가 교사가 되는 걸 받아들이지 않을 거라고 말했었다. 그 후에 재활국은 나에게 사회복지사가 되라고 강요했다. 그 재활국이 이제 내 소관이 되었다. 그래서 무엇보다 먼저 정부 안에서 장애인들의 진짜 목소리가 들리게 하고 싶었다. 그 일은 우리 팀이 해야 했다.

나는 하워드 모지스가 부차관보가 되었으면 했다. 뇌성마비 장애인인 하워드는 엄청난 재능과 경험을 가지고 있었다. 같이 일해본 적은 없지만, 그는 매우 잘 알려져 있었고 내가 신뢰하는 사람들에게 존경받는 인물이었다. 나는 장관에게 그를 추천했고, 하워드는 그 제안을 받아들였다. 정부 일에 대한 하워드의 지식과 그의 개인적, 전문적 경험은 우리가 하려는 일에서 매우 중요했다. 우리가 당장 해결해야 할 문제는 팀원들의 사기 저하였다. 우리가 단지 뛰어난 업무 능력만이 아니라 다양한 아이디어도 원한다는 걸 팀원들이 이해해주었으면 했다. 팀원들의 사랑과 깊은 존경을 받고 있던 하워드는 이 부분에서 큰 역할을 해주었다.

하워드와 나는 최고의 인재 셋을 고용하기로 했다. 프레드 슈뢰더를 재활국의 위원으로 임명했다. 프레드는 시각장애인이었고, 교육과 재활 분야에서 경력을 쌓았으며, 전국시각장애인연맹 National Federation of the Blind 회원으로도 활발히 활동하고 있었다.

청각장애인 캐서린 실먼을 국립장애재활연구소National Institute on Disability and Rehabilitation Research의 소장으로 임명했다. 실먼이 주력해온 분야는 과학, 기술, 공공 정책, 특히 통신과 접근성 문제였다. 캐서린은 또한 발달장애인들과 함께 일한 경험도 있었다.

교육부 산하의 특수교육 프로그램 책임자였던 톰 헤허는 장애인 당사자는 아니었지만 빈곤에 처한 소수자들, 장애 학생들과 함께 일한 경험을 풍부하게 가지고 있었다. 톰은 오랜 경험을 통해 모든 어린이가 학습 능력을 가지고 있음을 확고하게 믿었다. 그의 팀은 변화를 만드는 일에 몰두했다.

OSERS는 교육부의 다른 어떤 부서보다도 많은 장애인 직원을 고용하고 있었지만 우리는 일부 직원이 효과적인 업무 수행을 위한 지원을 제대로 받지 못하고 있음을 알게 되었다. 예를 들어 수어 통역사를 여럿이 공유하다 보니 의사소통을 원활히 하지 못하는 사람들도 있었다. 시각장애인 직원들도 필요한 지원을 받지 못했다. 그래서 우리는 몇 가지 변화를 주었다. 시각장애인 직원이 텍스트를 읽을 때 도움이 필요하다면 책임지고 그 일을 할 직원을 배치했고, 청각장애인 직원을 위해 수어 통역사를 고용해 상주하게 했다. 이는 청각장애인 직원이 특정한 회의나 행사를 위해 통역사를 예약해야 했던 기존의 시스템에 큰 변화를 준 것이었다.

왜 이렇게 했을까? 당신이 국립장애재활연구소 소장이고 직원을 60명이나 거느리고 있는데, 만약 3일 전에 예약한 수어 통역을 두 시간밖에 이용할 수 없다면? 어떤 일 때문에 몇 주 동안 연락하려 애쓰던 의회의 중요 인사를 엘리베이터에서 우연히 마주쳤는데, 어이없게도 수어 통역사가 옆에 없다면? 분명 청각장애인 직원들이 모든 순간에 통역사가 필요한 것은 아니다. 그러나 통역사들은 음성 언어를 수화 언어로 바꾸는 한 가지 재능만 가진 사람들이 아니기 때문에 통역 이외에도 많은 가치 있는 일을 할 수 있다.

OSERS의 주요 역할 중 하나는 의회에서 통과된 정책과 법률을 실행하는 일뿐만 아니라, 그것을 증명하고 논평하고 법안을 입안하여 관련 법률의 발전을 지원하는 것이다.

나는 어렸을 때부터 장애가 있었기 때문에 우리 일에 대한 고유의 시각과 유일무이한 기술들을 가지고 있었다. 나는 특수교육과 재활의 수혜자였고, 자립생활 운동의 리더였다. 전 세계의 장애 이슈에 대해서도 잘 알고 있었다. 상원에서 보낸 1년 반이라는 시간은 비록 짧기는 했지만 매우 중요한 경험이었음이 분명했다. 그 시기를 통해 의회 청문회와 증언이 어떻게 이루어지는지 알게 되었고, 참모진과 정치인들에 대해서도 알게 되었기 때문이다. OSERS의 차관보 자리에 앉기 전에는 완전히 깨닫지 못했지만, 그동안 나를 준비시켜온 이 모든 경험의 정점이 바로 이 자리였다.

하워드, 프레드, 캐서린, 톰과 나는 평등이라는 한 가지 목표와 주제에 전념하기로 했다. 간단히 말해서 우리는 장애 어린이가 다른 모든 어린이와 함께 일반 학교에 다니기를 원했고, 장애를 가진 성인이 그들에게 적합한 일자리에 고용될 기회를 갖기를 바랐다. 이런 일들이 가능하도록 우리는 할 수 있는 모든 일을 하기로 했다. 이런 상황은 종종 나를 최전선에 서게 했다.

스트레스가 엄청났다. 우리는 장애인교육법이 의회의 재승인을 받는 과정의 한가운데에 있었고(미국의 장애인교육법은 1975년 장애아동교육법이라는 이름으로 제정된 장애인에 대한 특수교육 및 관련 서비스를 위한 연방 법률로, 1990년 장애인교육법으로 이름이 바뀌었고 2004년에 개정되었다—옮긴이), 공화당에서는 정서적 장애가 있는 어린이들을 학교에서 방출하는 방향으로 변화를 꾀하고 있었다. 우리는 어떤 어린이도 교육에서 배제되어서는 안 된다고 주장했다. 정서적 장애가 있는 어린이는 자신에게 적합한 환경에서 필요한 서비스를 받아야 한다는 걸 분명히 하고 싶었다. 학교에서 내쫓는 것으로는 아무것도 해결할 수 없었다. 우리의 입장은 그 어린이들이 교육받을 수 있는 방법을 찾아야 한다는 것이었다. 논의가 한창인 가운데 나는 입법 담당 차관보의 전화를 받았다.

"백악관으로 가봐야 할 것 같아요."

즉시 문밖으로 휠체어를 밀고 나갔다. 고위급 간부들이 정서적 장애가 있는 어린이를 학교에서 방출하는 것에 우리가 반대 입장을 고수할 수 있을지 논의하고 있었다. 나는 회의가 거의 끝날 무렴에 도착했지만 마지막 순간에 우리의 입장을 밝힐 수 있었다.

클린턴 행정부에서 일하던 기간 내내 나는 많은 사람의 삶이 우리에게 달려 있다는 생각 때문에 아찔한 부담감을 느꼈다. 내 삶의 경험이 이전의 OSERS 리더들과 비교했을 때 나를 조금은 다른 리더가 되게 해주었다고는 해도 나는 여전히 그 경험들이 내 안에 남긴 불안을 다스리는 중이었다. 받아들여지고 싶은 마음과 변치 않는 현실에 맞서 싸워야 한다는 것 사이에서 종종 갈등을 느끼곤 했다.

꿈속에서 어머니가 내 사무실에 들어왔을 때 나는 대기실 소파에 앉아 있었다. 나 자신을 내려다보았다. 완전히 벌거벗은 상태였다. 나는 갑자기 잠에서 깼다. 주위는 어두웠다. 옆에서 호르헤의 부드러운 숨소리가 들렸다. 시계를 보니 새벽 3시였다. 계속해서 같은 꿈을 꾸고 있었다.

법의 실행과 관련하여 우리가 해야 할 역할은 의회에서 통과된 법이 정확하게 해석되고 준수되게 하는 것이었다. 연방 정부는 법률, 정책, 프로그램, 보조금 지원 기회에 기초하여 주 정부 및 지방 정부에 장애 어린이의 교육을 위한 자금을 할당한다. 실제 지출은 개별 주와 도시들이 결정하며, 이는 정해진 방식을 따르고 연방 차원에서 모니터링된다. 우리는 이 모니터링과 자금 조성 과정을 통해 일이 돌아가는 방식에 영향력을 행사했다.

우리는 장애인과 그 부모들이 지역 차원에서 돈이 어떻게 쓰이는지 목소리를 낼 수 있는 자리를 마련했다. 그리고 교사 연수를 개선하여 교육자들이 특수교육, 다양성, 그 밖에 우리가 제공하는 서비스의 다른 중요한 측면에 익숙해지도록 했다. 경쟁적인 보조금에 대해서는 의회에서 정한 한도에 맞춰 지급 기준을 정할 수 있었다. 우리에게 할당된 돈은 10억 달러 정도였고, 이는 미국 정부의 입장에서 보면 그리 큰돈은 아니었다. 당시 미국은 연간 5000억 달러 이상을 교육에 쓰고 있었다. 그렇다 하더라도 10억 달러는 여전히 큰돈이었다. 나는 그 책임을 매우 진지하게 받아들였다.

나는 더 많은 사람이 안으로 들어올 수 있도록 힘껏 문을 밀고 창문을 열었다. 내 목표는 권력을 나누는 것이었다. 그리고 듣는 것, 협력하는 것. 나는 휠체어를 타고 홀을 돌아다니며 직원들을 만났다. 내 이런 행동은 때로 사람들을 미치게 했지만, 누구든 언제라도 나를 찾아와 이야기를 나눌 수 있었다. 나는 빌 클린턴의 두 차례 임기의 대부분인 7년 반을 그곳에서 일했다.

그래서 우리는 변화를 만들어냈을까? 나는 우리가 해냈다고 믿는다. 사람들은 우리가 OSERS의 문화를 바꿨다고 말한다. 우리는 우리 일의 대상이 되는 사람들을 중요하게 여기고, 그들에게 자기 목소리를 낼 기회를 주었다. 그렇다 해도 앞의 질문에는 시간만이 답할 수 있을 것이다.

변화는 결코 우리가 생각한 속도에 맞춰 찾아오지 않는다. 수년에 걸쳐 많은 사람들이 함께 참여하고, 전략을 세우고, 공유하고, 할 수 있는 모든 수단을 동원해야만 찾아온다. 점진적으로, 고통스러울 만큼 천천히 변화는 시작된다. 그러다 갑자기 아무런 예고도 없이 무언가가 살짝 기울어질 것이다.

11장   사람들

마을은 안드라프라데시의 외딴 구석에 있었다. 우물에서 물을 길어 올리고, 전기도 들어오지 않는 마을이었다. 나는 먼지투성이 오솔길에서 휠체어에 앉은 채 나를 빙 둘러싸고 벌어진 토론에 열중하느라 더위와 습기도 거의 느끼지 못했다. 인도 남동부의 시골에서 온 20명의 활동가들이 자신의 삶에 대해 이야기하고 있었다.

"이 아이예요."

한 남자가 목발에 몸을 기댄 채 말했다. 한쪽 다리는 다른 한쪽에 비해 눈에 띄게 작았다. 그는 엄마의 발치에 앉아 있는 어린 남자아이를 가리켰다. 겨우 두 살 정도 된 아이는 짧은 곱슬머리에 큰 눈이 아주 귀여웠고, 얼굴에 환한 미소를 띠고 있었다. 남자가 이어서 말했다.

"그 아이의 엄마는 아이가 막 태어났을 때 도와달라며 우리한테 왔어요. '시어머니가 아이한테 음식을 주지 말라고 해요'라면서. 아이가 팔이 없이 태어났기 때문에 할머니는 아이가 죽었으면 했던 거죠."

휠체어에 앉은 여성이 이야기를 받았다.

"우리는 경찰서에 갔어요. 가서 아이 할머니가 무슨 짓을 하고 있는지 이야기했죠. 경찰은 할머니에게 가서 더 이상 아이 엄마한테 아이를 굶기라고 강요하지 말라고 했어요. 보세요. 아이는 아주 튼튼해요."

우리는 그 어린아이를 내려다보았다. 아이는 자기 오른발의 첫 번째 발가락과 두 번째 발가락 사이에 마커 펜을 끼우고는 우리 중 누군가가 준 종이에 그림을 그리는 일에 몰두해 있었다.

세계은행World Bank에서 맡은 새 일 때문에 인도에 짧게 머물렀다. 빌 클린턴의 두 번째 임기가 끝나고, 조지 W. 부시가 대통령에 당선된 뒤에 나는 클린턴 행정부의 다른 사람들과 함께 교육부를 떠났다. 얼마 후 세계은행 최초의 장애와 개발 자문위원 자리를 제안받았다. 세계은행의 영향력은 어마어마했기 때문에 나는 하겠다고 했다. 인도 여행은 그때가 처음이었다.

델리의 공항에서 우리는 세계은행 인도 직원들과 만났다. 그들은 휠체어로 이용 가능한 차를 가지고 나왔다. 공항 밖의 무겁고 뜨거운 공기로 나온 우리는 엄청난 인파 사이로 차들이 돌진하고 먼지가 피어오르는 가운데 거리를 기어 다니는 남자와 여자들을 보았다. 그들은 '기어 다니는 사람들crawlers'이라고 불렸다. 휠체어가 없는 장애인들은 거리를 기어 다니는 수밖에 없었다. 그들 중 상당수가 소아마비 장애인이었다. 내가 그들 가운데 한 사람이었을 수도 있다는 생각이 나를 사로잡았다.

길모퉁이에서는 장애인들이 앉아 구걸을 하고 있었다. 자그마한 아이들, 시각장애인들, 다리가 잘리거나 팔이 없는 사람들이 그릇을 가지고 있었다. 직원 하나가 이 아이들 중 많은 수가 선천적 장애인이 아니라고 설명했다. 그 아이들은 가족들에 의해 범죄 조직에 팔려가 신체를 훼손당하고 구걸을 하게 된 거라고 했다. 끔찍한 일이었다. 그러나 가장 슬픈 일은 내가 놀라지 않았다는 사실이다. 장애인에 대한 학대는 내게 깊숙이 영향을 미쳐온 문제라 전혀 놀랍지 않았다.

지금 나는 안드라프라데시의 작은 건물 밖에서 장애가 있는 아이들을 보호하지 말고, 먹이지도 말라는 사람들 때문에 활동가들이 느끼는 압박감에 대한 이야기를 듣고 있다. 그들의 가난이나 처한 상황은 미국과 매우 다르지만, 문제는 비슷했다. 두려움. 편견. 인간으로서 우리가 지닌 가치에 대한 의문. 누구의 삶이 가치 있는지를 누가 결정할 수 있는가?

나는 사람들이 장애인에 대해 생각할 때 종종 놓치는 것이 있다고 생각한다. 할머니가 죽이고 싶어 했던 아이는 아기였고, 그러므로 당연히 전적으로 생존을 아버지와 어머니에게 의존하고 있었다. 그러나 그런 취약성은 유아기나 아동기에서 끝나지 않는다. 성인 장애인도 지속적으로 도움이 필요하고, 이는 우리를 취약하게 한다. 장애 여성의 80퍼센트 이상이 살아가는 동안 성적 학대를 당한다. 이는 비장애 여성보다 네 배나 많은 수치다. 더 심각한 문제는 그런 일이 발생했을 때 우리의 부족한 언어 능력이나 발달장애를 이유로 우리의 말을 믿지 않는다는 것이다.

이러한 현실에도 불구하고 우리의 이슈는 그 당시 인권 운동의 주요 의제로 다루어지지 않았다. 내가 참여하고 있는 국제 운동이 하나 있었고, 유엔은 우리의 상황에 대한 관심을 이끌어내기 위해 노력하고 있었다. 그러나 주요 국제 조약에서는 사실상 장애에 대한 언급이 거의 없었고, 자금 지원도 제한적이었으며, 전 세계의 여러 수치와 장애 이슈를 문서화한 데이터 같은 것도 거의 존재하지 않았다. 우리는 또한 주요 재단의 레이더 안에도 들어가지 못했다. 국제 인권 문제를 연구하는 대학원 과정에서조차 장애인 문제를 거의 다루지 않았다. 우리는 지구상에서 가장 취약한 사람들이었고, 가난한 사람들 중에서도 가장 가난했으며, 여전히 눈에 보이지 않았다. 심지어 활동가들에게조차도.

우리가 미국에서 했던 것처럼 안드라프라데시의 장애인들은 자신의 목소리를 사용하는 법과 마을에서 리더들과 함께 일하는 법을 배우고 있었다. 같은 문제에는 같은 전술이 통한다고 생각했다.

"사람들을 조직하기 시작하면서 어떤 변화가 있었나요?"

나는 거기 모인 남자들과 여자들에게 물었다. 아이는 여전히 엄마의 발치에서 마커 펜을 가지고 놀고 있었다.

"음, 사람들이 이제 우리의 이름을 부릅니다."

시각장애인인 한 남성이 말했다.

"그 전에는 절름발이, 장님, 귀머거리 등등 장애를 가지고 우리를 부르곤 했었거든요."

다른 사람이 말했다.

다른 마을에서 나는 작은 집의 현관에 앉아 있었다. 옆집에서 전기를 끌어오기 위해 코드가 창문 밖으로 나와 있었다. 주변의 마을 길에는 곳곳에 우물이 있었다. 장마철이었고 더위가 기승을 부렸다. 이 장애 활동가 그룹은 아이를 학교에 보내기 위해 신분증을 얻으려 싸우는 중증 장애 어린이의 엄마들이 다수였다. 그들을 보니 내 나라 곳곳에서 만났던, 아이의 교육을 위해 싸우던 부모들이 떠올랐다. 내 친구들의 부모님도. 그리고 나의 어머니도. 그 마을에 있는 동안 힘이 솟는 느낌이었다. 그곳의 상황은 우리와 꽤 달랐지만, 그들은 우리와 같은 문제에 관심을 두고 있었다. 바로 자율성과 존엄, 그리고 공정한 법에 대한 접근성 얻기.

이후 우간다에서 다시 먼지투성이 흙길에 물도 나오지 않고 전기도 들어오지 않는 마을에 들어갔다. 마을 한가운데의 작은 오두막 바깥에서 한 무리의 장애인들을 만났다. 한 사람이 휠체어에 앉아 있었는데, 그 휠체어는 40여 년 전에 프랭클린 D. 루스벨트가 사용하던 것과 비슷한 구식 위커 체어였다. 뇌성마비 장애를 가진 것으로 보이는 어린아이들의 부모들도 있었고, 나이 든 시각장애인 여성도 있었다. 나는 평소 습관대로 전동 휠체어를 타고 한 바퀴 돌면서 모든 사람과 악수를 하기 시작했다.

갑자기 울부짖는 소리가 공기를 가득 채웠다. 당황한 우리 모두는 무슨 일인지 주위를 둘러보았다. 두 살쯤 되어 보이는 남자아이가 엄마의 다리에 매달려 겁에 질린 채 나를 바라보고 있었다. 나는 자리로 돌아가기 위해 서둘러 휠체어를 몰았다. 내 휠체어가 움직이자 아이가 다시 울부짖기 시작했다. 확신이 서지는 않았지만 당황스럽게도 그 아이가 나를 두려워하는 것 같아 동작을 멈췄다. 내가 동작을 멈추자 아이도 더 이상 소리를 지르지 않았다. 내가 앞으로 나아가자 아이는 또다시 비명을 질렀다. 통역사가 내 쪽으로 몸을 기울여 말했다.

"정말 죄송합니다. 아이가 휠체어를 무서워하는 것 같습니다."

아이는 지금껏 전동 휠체어를 탄 사람을 한 번도 본 적이 없었던 것이다. 자기 혼자 움직이는 것처럼 보이는 물체가 공포의 대상이 될 수 있다는 것은 알고 있었다. 나는 전동 휠체어를 처음 본 어른과 어린이들이 계속해서 나를 쳐다보는 일을 수없이 경험했다. 그러나 실제로 장애인을 돕는 이 이상한 물체를 두려워한다는 것은 장애와 자립에 대한 지원이 그만큼 부족하다는 증거이기도 했다.

내가 세계은행에서 일을 시작했을 때, 펜싱에서 첼로 연주에 이르기까지 다양한 재능을 가진 호주 사람 제임스 울펀슨이 책임자 자리에 있었다. 세계은행 총재 울펀슨은 여러 가지 방식으로 기관을 개혁하는 중이었다. 그가 가장 관심을 기울이는 문제는 극빈층을 위한 개발이었다. 그것은 내가 세계은행에 고용된 이유이기도 했다. 장애와 개발 자문위원이라는 자리는 장애가 직원들의 시야에 들어올 수 있게 하여 기관 전체의 장애에 대한 시각을 통합하는 것이었다. 이는 복잡하고 도전적인 일이었다. 기관의 변화란 어려운 일이고, 특히 다양한 나라와 문화에 걸쳐 있는 조직이라면 더욱 그렇기 때문이다. 뿐만 아니라 전 세계에서 온 사람들은 그들이 어디에서 일하든 편견을 갖기 마련이다. 예를 들어보겠다. 한번은 울펀슨 총재가 세계 각국의 청년들을 초대했다. 나는 그 일에 참여해 장애가 있는 청년이 초대를 받았는지 조사했다. 없었다. 장애 청년은 단 한 명도 참석 요청을 받지 못했다.

"제가 한 사람 추천해도 될까요?"

내가 물었다. 공지가 늦어지는 바람에 3, 4일 안에 참석할 장애 청년을 찾아야 했다. 그때 나에게는 직원이 둘 있었다. 우리는 우리의 네트워크를 통해 이 소식을 널리 알렸다. 그렇게 찾은 사람 중 하나가 빅터 피네다였다. 누군가 우리에게 이렇게 적어주었다.

"빅터는 매우 똑똑하고 외향적인 청년입니다. 7개 국어를 구사하고, 전동 휠체어와 인공호흡기를 사용합니다."

다른 몇 사람과 함께 빅터의 이름을 참가자 명단에 적어 제출했다. 얼마 지나지 않아 우리 직원 하나가 그 행사를 담당하는 부서의 전화를 받았다. 그들은 빅터를 대신해 걱정하고 있었다. 빅터를 프랑스에서 열리는 회의에서 빼고 싶어 했다. 만약 파리에서 그의 인공호흡기에 문제가 생긴다면? 어떻게 해야 하는데?

나는 직원에게 내가 해결하겠다고 말하고는 그 사람에게 다시 전화를 걸었다.

"파리에서 누군가에게 의학적인 문제가 생긴다면 파리의 의료 시스템이 해결해줄 거라고 생각합니다. 파리에도 아픈 사람들은 있지 않습니까?"

내 대답을 문서화하기 위해 이 내용을 이메일로도 보냈다.

빅터 피네다는 지금은 버클리에 산다. 그는 개발과 도시 디자인을 연구하는 세계적인 학자일 뿐만 아니라, 영화 제작자이자 '포괄적 도시 연구실Inclusive Cities Lab'과 '가능한 세계World Enabled'의 설립자이다. 그는 버클리에서 학생들을 가르치고 있다. '버닝맨 축제Burning Man Festival'에 참여하고 전 세계를 여행한다. 내가 처음 소개받았을 때와 똑같이 매우 똑똑하고 외향적인 사람이다. 그러나 만약 그에게 필요한 것을 그 자신보다 우리가 더 잘 알고 있다고 생각했더라면 아마 그가 어떤 일들을 할 수 있는지 우리는 결코 알아내지 못했을 것이다.

물론 이는 하나의 작은 예에 지나지 않는다. 세계은행에서 우리가 하는 일은 훨씬 더 광범위했고, 세계은행이 만들어진 이유이기도 한 더 큰 일들을 아울렀다. 더 큰 일이란 중요한 프로젝트를 위해 여러 나라들에 대출을 해주는 것이다. 그러나 그 과정에서 사람들이 무의식적으로 선의를 담아 하는 가정들이 작지만 해로운 여러 가지 방식으로 나타나곤 한다. 이에 대응하기 위해 우리는 전체 직원을 상대로 장애와 그것이 우리의 일상에서 의미하는 바를 이해하고 배울 수 있는 다양한 기회를 제공했다.

세계은행에서 일할 때는 내가 직장 내 괴롭힘을 가장 크게 경험한 시기이기도 했다. 비장애인 남성 상사가 하나 있었다. 그는 내가 4년을 일하고 2007년에 세계은행을 떠날 때까지 내 일을 사소한 것 하나하나까지 끊임없이 간섭하며 트집을 잡았다. 나만 콕 집어 괴롭힌 것일까? 사실 그는 다른 비장애인 여성들도 괴롭혀 투서를 받기도 했다. 그러나 가장 큰 문제는 나 자신이었다. 상사가 나에게 말도 안 되는 일을 말하거나 행했을 때 나는 안으로 움츠러들었다. 오랫동안 분리된 환경에 있었던 경험은 나에게 긍정적인 면과 부정적인 면을 남겼다. 긍정적인 면은 내가 자신감을 키울 공간을 얻었다는 것이고, 부정적인 면은 자연스럽게 비장애인 커뮤니티의 일원이 되는 법을 배우지 못했다는 것이다. 괴롭힘은 종종 가장 고립되고 소외된 사람들을 향하는데, 장애인에 대한 고정관념이 그런 묘사에 딱 들어맞아 우리를 그 목표물로 만든다. 분리된 환경에서 자란 나는 비장애인 남성들과 함께 지내본 경험이 거의 없었고, 그것이 상황을 더 어렵게 만들었다. 나와 같은 지위에 있는 남성들이라면 했었을 방식으로 일에 대처하지 못했다. 예를 들어 나는 그 상사의 상관을 찾아가지 않았다. 고충 처리 부서에 괴롭힘에 대해 이야기했지만 아무런 조치가 없었다. 어떻게 대처해야 할지 내 안에서도 충돌이 일어났다. 결국 나는 일할 자격이 안 되는 사람으로 낙인찍히는 것이 두려워 아무것도 하지 않기로 했다. 불행히도 실제로 아무 일도 일어나지 않았다.

그런 일이 있긴 했지만 그래도 나는 제임스 울펀슨 세계은행 총재의 열렬한 팬이었다. 그와 정기적으로 만났다. 그가 세계은행을 떠난 뒤 나도 곧 그곳을 떠났다.

세계은행을 그만두고 얼마 지나지 않아 DC의 발달장애관리국Developmental Disability Administration과 재활서비스관리국Rehabilitation Services Administration을 책임지는 자리를 맡게 되었다. 그곳에서 3년쯤 일한 어느 날, 15번가와 케이 스트리트가 교차하는 곳에 위치한 내 사무실에서 국무부의 전화를 받았다. 국무부에서 정치 분야 인사를 담당하는 직원이었다.

"이제 막 신설된 보직에 면접을 보실 의향이 있나요?"

그 말에 곧바로 가슴이 두근거렸다. 그 사람이 말하는 자리가 무엇인지 정확히 알고 있었다.

"네, 관심 있습니다."

나는 국무부의 그 여성 직원에게 그렇게 대답했다.

8개월 전에 역사적인 선거를 통해 버락 오바마가 대통령에 취임했다. 그는 카리스마 있고, 언변이 좋으며, 자신감 넘치는 리더였다. 오바마는 경기 침체에서 벗어날 비전을 제시했고, 소수자 집단들은 그에게 기회를 주고 싶어 했다. 그가 유엔 장애인권리협약Convention on the Rights for People with Disabilities(CRPD)에 서명하기 불과 한 달 전이었다. 이것은 어마어마한 일이었다.

장애인권리협약은 장애인의 권리와 존엄을 보호하기 위한 국제 인권 조약이다. 조약을 비준한 국가는 장애인의 인권을 증진, 보호, 보장하고 장애인이 법에 따라 완전한 평등을 누릴 수 있도록 보장해야 한다. 이 협약은 당시에도, 그리고 오늘날에도 장애인을 바라보는 시각을 바꾸기 위한, 즉 장애인을 더 이상 자선, 치료, 사회적 보호의 대상으로 보지 않고 인권을 가진 사회의 완전하고 동등한 구성원으로 바라보게 하기 위한 국제 운동에서 주요한 촉매제 역할을 하고 있다.

나는 세계은행에서 일하는 동안 장애인권리협약을 만들기 위해 뉴욕의 유엔 본부에서 소집한 회의에 여러 번 참석했다. 이 협약은 많은 측면에서 미국장애인법 같은 법안을 모델로 삼았다. 그것을 이유로 부시 행정부에서는 서명이나 비준을 하지 않겠다는 입장을 취했다. 미국은 협약이 따로 필요 없다는 것이었다. 그래서 미국은 모든 정규 회기나 초안 작성 회의에 참여할 공식 대표단을 만들기는 했지만, 여러 해 동안 대표단의 구성원들이 다른 나라 대표단과 자유롭게 교류하는 것은 허락하지 않았다.

그리고 이제 오바마가 대통령이 되었다.

나는 오바마와 힐러리 클린턴 국무 장관이 미국은 장애인권리협약에 서명할 것이며, 이 협약의 비준을 위해 일할 새로운 직책을 국무부 안에 신설할 것임을 발표하는 백악관의 기념식 자리에 참석했다. 그 새로운 직책인 국제 장애인 인권에 관한 특별 보좌관The Special Adviser on International Disability Right은 상원에서 장애인권리 협약에 대한 지지를 이끌어내기 위해 노력해야 했다. 상원이 승인을 결정해야 오바마가 조약을 비준할 수 있었다. 특별 보좌관은 국무부 전체의 장애에 대한 시각을 통합하는 일도 해야 했다. 내가 세계은행에서 했던 일과 비슷한 역할이었고, 그동안 관심을 갖고 해온 많은 일들이 다 결합되어 있었다. 게다가 나는 1995년 베이징에서 열린 세계여성회의World Conference on Women에 미국 대표단으로 함께 참가했을 때부터 힐러리 클린턴을 알고 있었다. 그때 힐러리는 퍼스트 레이디였고, 나는 그를 좋아했다.

전화를 받고 일주일 후에 면접을 보러 갔다. 나에게 전화를 건 여성과 함께였다. 두 번째 면접을 요청받은 걸 보면 면접을 꽤 잘 봤던 모양이다. 이번에는 백악관 업무도 함께 맡고 있는 힐러리 클린턴의 비서실장 셰릴 밀스와 만났다. 몇 주 후에 그들은 나를 그 자리에 추천했고, 나는 오바마 대통령의 임명을 받았다. 너무나 행복했다. 호르헤에게 전화를 걸었다.

"그들이 나를 국무부의 그 자리에 추천했어요."

그에게 이렇게 말하자 그가 답했다.

"내가 말했잖아요. 당신은 친구나라고."

전화를 통해서도 그의 얼굴에 피어난 미소를 볼 수 있었다.

곧 서류 업무가 시작되었다. 기밀정보 취급 허가를 얻기 위해 지난 7년간 내가 했던 모든 해외여행을 서류로 증명해야 했다. 내가 만났던 모든 사람과 내가 했던 모든 일에 대해서도. 여기에만 거의 6개월이 걸렸다. 마침내 허가를 받고 일을 시작할 수 있었다. 나는 국무부의 민주주의, 인권, 노동 담당 차관보에게 이를 보고했다. 세계은행에서 함께 일했던 케시 건지를 한 자리에 추천했는데, 감격스럽게도 국무부에서는 이 또한 받아들여주었다. 우리의 일은 장애가 국무부의 주요 의제 가운데 하나가 되어야 한다는 메시지를 납득시키는 것이었다. 해외 원조, 외교 업무, 인권 등 다른 모든 의제와 마찬가지로.

2010년 6월이었고, 나는 63세였다.

내 첫 번째 출장지는 튀니지, 알제리, 요르단이었다. 그곳 대사관 직원들이 장애 이슈를 끌어올리는 일에 관심을 보이며 우리를 초대했다. 우리는 여행 계획 짜기에 돌입했다.

내가 가장 알고 싶었던 것은 장애인을 어떻게 눈에 보이게 할 것인가였다. 눈에 보이지 않는다면 사람들은 우리에게 관심을 갖지 않을 것이다. 그렇게 되면 우리는 자신을 더 쉽게 깎아내리고, 쉽게 상처받고, 점점 더 나쁜 상황에 처할 것이다.

우리 여행의 첫 번째 구간의 베이스캠프는 튀니지의 미국 대사관이었다. 대사는 만찬을 열어 장애인 활동가 그룹과 장애인의 권리 향상을 위해 일하는 사람들을 초대했다. 우리는 또한 만찬 이후에 할 여러 회의를 계획했다. 나는 장애인들이 말하는 주요 이슈가 무엇인지 알고 싶었고, 장애 활동가들이 대사관에 와서 대사와 직원들을 직접 만나기를 바랐다. 우리 일행은 튀니지에서 일어나고 있는 인권 침해 유형에 대해 장애인 당사자들에게 직접 듣고 싶었다. 이 여정의 실행 계획을 마련하기 위해 튀니지 현지의 국무부 직원들과 함께 움직였다.

일에 착수하자마자 여행을 계획하고 만찬을 준비하는 일 자체가 이 일을 하려는 목적에 잘 부합한다는 것이 분명해졌다. 고위직에 있는 장애인 당사자로서 나는 그렇지 않은 경우보다 더 높은 수준에서 문제 제기를 했다. 우리는 직원들이 접근성 문제를 사소한 부분 하나하나까지 살필 수 있도록 전화를 걸어 이야기해야 했다. 회의실에서 식당까지, 호텔에서 대사관 입구와 방까지 수어 통역과 점자 인쇄물이 제공되는 등 모든 것이 접근 가능해야 했다. 물론 접근 가능하지 않은 것도 많았다. 대사관조차도 접근성이 그다지 좋지 않았다. 미국장애인법의 영향력은 해외에서는 제한적이었다. 새로운 대사관과 재건축 중인 곳들이 연방 정부의 건축 기준을 따르고 있기는 하지만, 내가 알기로 대부분의 대사관은 접근성 문제를 소홀히 다루고 있었다.

흥미롭게도 여행 계획을 짜는 일은 우리 대사관의 팀에게는 물론 때로 우리가 만났던 사람들에게도 학습의 기회가 되었다. 요르단에서 우리는 암만 시장을 만났다. 접근성이 좋지 않은 시청에 들어가기 위해 세계은행에서 휴대용 경사로를 빌렸다. 그러고는 요르단 측 주요 인사들에게 "여러분은 시청이 누구나 접근 가능한 곳이 되게 하려면 무엇이 필요한지 생각해보셔야 합니다"라고 말했다. 우리가 들은 대답은 이랬다.

"그렇게 하겠습니다. 그러나 1년 정도 걸릴 겁니다."

우리는 시장과 만난 자리에서 그에게 이 대화를 들려주었다. 그러자 시장은 출입구를 살펴보기 위해 걸어 내려갔다. 2주 후에 암만 시청에는 건물의 건축 양식을 반영해 디자인한 휠체어 경사로가 놓였다. 정말로 신선한 반응이었다. 사람들의 눈에 띌 기회와 장애에 대한 지식이 부족할 뿐이었다. 이 두 가지는 우리가 직면한 가장 큰 문제였다. 특별한 일이 아니었다.

중동에서 돌아온 우리는 국무부 직원들에게 미국의 장애 권리 운동에 관한 다큐멘터리 〈살 가치가 있는 삶Lives Worth Living〉을 상영하기로 했다. 이 작품에는 2차 세계대전 이후부터 미국장애인법 통과 시점까지 우리가 했던 모든 일이 담겨 있다. 다큐멘터리 상영은 우리가 한 첫 번째 큰 이벤트였다. 우리는 세계은행, 휴먼라이츠워치Human Rights Watch 및 그 밖의 다른 조직들의 전문가 패널을 초청해 대규모 회의장에서 이벤트를 열었다. 100명이 넘는 사람들이 왔다. 국무부의 지역 사무소 중 한 곳의 책임자였던 친구가 나에게 다가왔다.

"이 다큐멘터리를 보기 전까지 장애인들의 시민권 운동이 있는 줄 몰랐어요."

나는 당황스러웠다. 미국장애인법이 통과된 지 20년이 지났고, 504조에 서명이 이루어진 지는 35년이 되었다. 그러니까 한 세대 전의 일이다. 게다가 그는 매일 인권에 관한 일을 하고, 전 세계에서 일어나는 일들에 대해서도 잘 알고 있는 사람이었다. 그런데 504조와 미국장애인법이 우리의 시민권과 인권에 관한 법이라는 사실을 이제야 처음 듣고 이해하게 되었다는 것이다. 게다가 이런 이야기를 한 것은 그 친구 한 사람만이 아니었다.

문제는 미국장애인법이 아프리카계 미국인들과 시민권 운동이 경험한 것과 같은 수준의 의식 제고 없이 통과되었다는 것이다. 그 결과 장애 권리 운동가들은 계속해서 심각한 불이익을 당했다. 내가 국무부에서 일하는 동안 〈살 가치가 있는 삶〉을 여러 차례 상영했다. 나는 아주 많은 사람들에게서 같은 이야기를 계속 들었다. 세계은행에서 경험한 것처럼, 전 세계의 다른 사람들처럼 내가 만난 사람들도 문제와 해결책에 대해 제한적인 인식만을 가지고 있었다.

국무부에서 우리는 '만델라 펠로즈Mandela Fellows'라는 프로그램을 운영했다. 젊은 아프리카인들에게는 꽤 권위 있는 프로그램으로, 선발된 사람들이 미국에 와서 6주 동안 대학에 다니며 인권과 관련된 이슈들을 배우고, 며칠 동안 DC를 방문한다. 그들 가운데 일부는 한 달간 어떤 조직에서 일을 하기도 한다. 언젠가 우리 부서 사람들이 이 프로그램의 참여자로 추천하는 사람들의 이름을 제출한 적이 있다. 신청 마감일이 다가왔을 무렵 나는 자연스럽게 추천 명단에 장애 청년이 있는지 물었다. 아는 사람이 아무도 없었다. 우리는 서둘러 조치를 취했다. 아프리카에서 장애 관련 일을 하고 있는 단체들에 연락해 장애 청년을 추천해달라고 요청했다.

우리가 소개받은 사람 가운데 한 명은 워싱턴의 아메리칸대학교에서 석사 과정을 밟고 있는 젊은 남성이었다. 우리의 추천으로 그는 프로그램에 참여하게 되었다. 얼마 후 프로그램 담당자가 우리에게 전화를 걸어 왔다. 이제 당신은 이야기가 어떻게 흘러갈지 짐작할 수 있을 것이다. 그 담당자는 그 청년의 장애를 고려했을 때 백악관과 국무부에서 요청하는 회의에 어떻게 참석할 수 있겠느냐며 걱정했다. 이 말을 듣고 나는 당혹스러웠다. 곧바로 우리 직원에게 이렇게 말했다.

"만델라 펠로즈 프로그램에 다시 전화를 걸어 이렇게 말해주세요. 그는 우간다에서 아메리칸대학교로 왔습니다. 아메리칸대학교에서 국무부와 백악관까지 갈 수 있는 건 확실한 것 같은데요."

어떤 무의식적인, 말로 표현되지 않는 논리가 지속적으로 작동하고 있었다. 장애 어린이의 교육에 관한 회의에서 어떤 사람이 나에게 말했다.

"비장애 어린이의 교육 문제 먼저 다루죠. 그런 다음 장애 어린이를 걱정합시다."

이 모든 상황은 낯설지 않았다. 기본적인 논리는 이런 것이다. 장애가 있는 사람들은 'x' 또는 'y' 또는 'z'의 혜택을 장애가 없는 사람들만큼 받지 못할 것이다. 이는 'x' 또는 'y' 또는 'z'가 필수적이지 않다는 뜻이다. 장애가 있는 사람들은 이런 혜택 없이 살아간다는 생각을 받아들여야 한다. 교육, 고용과 같은 다른 이슈들에 대해서도 마찬가지다.

하지만 이것은 무슨 논리인가? 여기에는 장애가 있는 사람들은 배울 수 있는 잠재력이 떨어지고, 사회에 기여할 능력도 부족하며, 덜 유능하다는 가정이 깔려 있다. 즉 우리가 덜 평등하다는 것이다. 우리는 정말로 그렇게 믿고 있는가?

장애는 인간사의 자연스러운 한 부분이다. 인간의 수명이 길어질수록, 더 많은 전쟁을 일으킬수록, 의학이 발달할수록 이전 시기라면 아마 죽었을 사람들이 점점 더 오래 살게 될 것이다. 아마도 장애를 가진 채. 우리는 이것을 받아들여야 한다. 이를 위한 준비를 해야 한다. 그것을 중심으로 사회를 설계해야 한다.

국무부 사람들이 조금씩 우리가 무슨 말을 하는지 이해하기 시작했다. 국무부 프로그램의 참가자 대부분을 추천하는 대사관 차원에서 직원들이 우리가 말하는 바를 더 잘 이해하기 시작했다. 다시 말해서 청년을 찾을 때 가벼운 장애를 가진 사람들만이 아니라 장애를 가진 청년, 장애를 가진 남성과 여성을 찾게 되었다. 어떤 경우에는 개별 활동 보조인이 필요했는데, 활동 보조인이 비자를 받는 비용을 주 정부가 지불하기도 했다. 누군가 다른 종류의 숙소를 원한다면, 과거보다는 그렇게 해줄 수 있는 가능성이 더 커졌다.

내가 국무부를 떠날 때까지 만델라 펠로즈 가운데 65명이 장애인이었다. 처음 시작할 때는 한 명도 없었는데 말이다. 이 가운데 많은 사람이 자기 나라로 돌아가 사회 리더가 되었다. 그 밖에 펠로즈 가운데 업무 경험을 쌓기 위해 장애인 단체로 가는 사람이 한 명도 없어서 우리는 펠로십을 할 수 있는 곳의 목록에 장애인 단체를 추가했다. 허드슨밸리 자립생활센터에서 장애 여성이 당하는 폭력에 관한 이슈를 다룰 때 한 펠로가 그곳에 가서 실습 일정을 수행했다.

물에 꽃잎을 떨어뜨리면 잔물결이 인다. 긍정적인 효과는 대부분의 사람들이 마음을 열고 배우기 시작했다는 것이다. 배움이 진행될수록 그들은 우리가 진짜로 하려는 일이 무엇인지 더 잘 이해하게 되었다.

어떤 단어들은 실제로 보거나 듣기 전까지는 그냥 단어일 뿐이라는 걸 알아차린 적이 있는가?

증오처럼. 혹은 차별처럼. 혹은 인권처럼.

미국에서 우리는 우리의 인권을 과소평가한다. 그러나 인권은 도롱뇽과 같아서 사라졌다는 것을 문득 깨닫기 전까지는 사라지는 것을 알아차리지 못한다. 나치 독일에서 아버지가 사건 이후 많은 세월이 흐른 뒤에야 그 일을 기록했기 때문에 아버지가 살았던 마을에서는 한참 뒤까지 누구도 무슨 일이 일어나고 있는지 알아채지 못했다.

상원에서 장애인권리협약의 승인을 얻기 위해 우리는 국무부에서 법무부, 보건사회복지부, 법제처의 공무원들과 정기적으로 회의를 열고 대화를 나누었다. 이 자리에서는 장애인권리협약의 요구 사항과 미국 현행법의 양립 가능성에 대한 상세한 분석이 이루어졌다. 협약에 관한 청문회도 여러 차례 열렸다. 이러한 일들은 대부분 여러 부처에서 온 공무원과 직원 대표들 사이에서 이루어졌다. 힐러리 클린턴은 일이 어떻게 돌아가는지 잘 알고 있었지만, 다른 일들과의 우선순위에서 밀려 일상적으로 깊이 관여하지는 않았다.

2013년 2월에 존 케리가 국무 장관으로 취임했다. 그는 힐러리에 비해 장애인권리협약을 훨씬 더 실행력 있게 다루었다. 우리는 케리 국무 장관과 힐러리 때보다 훨씬 더 긴밀하게 소통했다. 그는 우리가 무슨 일을 하는지 청취하기 위해 시민사회 단체들과의 회의를 주재하기도 하고, 청문회에서 증언도 했다. 나는 종종 관련 이슈에 대해 그에게 브리핑하는 팀의 일원이 되었다. 그는 상원 외교위원회에 있었기 때문에 국제 문제에도 정통했다.

이와 동시에 장애 커뮤니티에서도 협약의 승인을 위해 애쓰고 있었다. 미국장애협의회US Council on Disability는 협약의 중요성을 교육하는 일에 힘썼다. 전직 법무부 직원이었던 존 워다치가 이 일을 도왔고 수많은 장애인 단체들도 이를 지원했다. 마침내 장애인권리협약이 위원회에서 통과되었다.

그러나 협약의 비준에 반대하는 사람들도 있었다. 소문과 근거 없는 이야기들이 점점 커지며 퍼져 나갔다. 사람들은 장애인권리협약이 비준되면 유엔이 들어와 아이들을 가족으로부터 떼어놓을 거라고 말했다. 한 단체가 1000명의 사람을 모아 상원 의원들에게 전화를 거는 바람에 그들의 집 전화가 불통이 되었다.

결국 우리의 모든 노력에도 불구하고 장애인권리협약은 무산

되었다. 1990년에 공화당과 민주당이 함께 미국장애인법을 통과시킨 뒤로 20여 년이 흐르는 동안 세상이 달라졌다. 사람들은 자신의 힘을 타협하거나 합의에 도달하기 위한 방법을 찾는 고된 일에 쓰기보다는 서로 대립하며 정치적인 점수를 얻는 일에 사용하려 했다. 소수의 공화당 의원들이 협약을 지지하고 나섰지만 그 정도로는 충분하지 않았다.

미국은 일반적으로 유엔의 협약을 비준하려 하지 않는다. 그것 없이도 우리가 독자적으로 할 수 있다고 생각한다. 그러나 우리가 독자적으로 할 수 있는가 없는가는 사실 올바른 질문이 아니다. 더 나은 질문은 '우리는 어떤 나라가 되고 싶은가?'이다. 나는 미국이 가장 취약하고 소외된 사람들을 신경 쓰고 염려하는 나라라는 것을 잘 알고 있다. 미국은 역사의 어느 편에 서고 싶은가?

당신은 아마 이 무렵 미국장애인법이 어떻게 되었는지 궁금할 것이다. 특히 2015년은 미국장애인법이 통과된 지 25년이 지난 해이니 더욱 그러할 것이다. 미국장애인법이 통과된 이후 휠체어가 다닐 수 있도록 도로의 턱을 낮추거나 경사로를 설치하는 일이 일상적으로 이루어지고, 교육과 대중교통, 일자리에 대한 접근성이 커졌다. 장애 활동가들에 대해서도 더 많은 사람들이 인식하고 자세히 알게 되었다.

미국장애인법을 준수하지 않는 기업들이 법정에 섰고, 승소 혹은 패소의 판례가 만들어지며 기대감을 자아냈다. 백래시도 있었다. 그에 대응하여 조지 W. 부시 대통령 재임기였던 2008년 의회에서는 미국장애인법의 본래 취지를 지키고 되살리기 위한 노력의 일환으로 '미국장애인법 개정 법안ADA Amendments Act'을 통과시켰다.

그 후 2015년 오바마 대통령이 백악관 이스트룸에서 미국장애인법 25주년 기념행사를 연 지 한 달 만에 미국장애인법 규정의 실행을 약화시키는 '미국장애인법 교육 및 개혁 법안ADA Education and Reform Act'이 제출되었다. 이 법안은 일부 의원들이 규정이 제대로 지켜지지 않은 경우에 변명이나 핑계를 어디까지 허용하려 하는지를 보여준다.

오바마 대통령은 미국장애인법을 보호했다. 오바마 행정부는 장애인 문제를 강력한 국내 의제로 삼았다. 특히 그는 우리가 다음 단계로 나아가는 것을 목표로 했다. 도로의 턱을 낮추고 경사로를 설치하는 일은 필수적이다. 그러나 경사로를 올라간 뒤에 아무 일도 일어나지 않는다면, 누구도 경사로를 오르려 하지 않을 것이다.

오바마는 백악관에서 일할 장애인들을 고용했고, 정부 전체에 두루 장애인 직원을 임명했다. 그리고 장애인의 교육과 고용 문제에 지식과 비전을 가진 사람들을 고용했다. 많은 진전이 있기는 했지만, 여전히 비장애인 시민들에 비해 장애인들의 대학 입학률이 현저히 낮았고, 장애인은 실업 상태에 놓이거나 빈곤 속에서 살아갈 가능성이 훨씬 더 높았다.

오바마는 내가 관여했던 장애 어린이를 위한 교육법, 즉 장애인교육법에 대한 재정 지원을 늘릴 것을 권고했다. 그는 미국 정부에 10만 명의 장애인을 고용해야 한다는 의견을 재차 회부했고, 차량 개발에서 장애가 고려될 수 있도록 최고 수준의 자율주행 차량 디자이너들과 장애인들의 만남을 주선했다. 그리고 비슷한 맥락에서 다른 많은 중요한 일들을 했다.

그러나 오바마가 했던 가장 중요한 일은 오바마케어Obamacare라고 알려진, 적정부담보험법Affordable Care Act을 통과시킨 것이다. 적정부담보험법은 사전 병력 때문에 보험 가입을 거부당한 장애인이 보험에 가입할 수 있게 하고, 건강보험료를 부담 가능한 수준으로 낮추는 법이다. 이 법은 후에 어린이, 저소득층, 노인과 장애인을 위한 의료보험까지 아우르는 연방 정부의 프로그램 메디케이드Medicaid로 확대되었다.

12장 　　우리 이야기

　　때때로 할리우드에서는 우리 이야기를 하려고 한다. 당신도 본 적 있는 그런 영화들.

　　한 여성이 장애를 얻고는 죽고 싶어 한다. 그래서 사랑하는 사람에게 자신을 죽여달라고 부탁한다. 영화 〈밀리언 달러 베이비〉.

　　한 남자가 장애를 얻고는 죽고 싶어 한다. 그러나 자신의 활동보조인과 사랑에 빠지고 만다. 장애인과 평생 살아야 하는 삶에서 사랑하는 이를 '구하기' 위해 남자는 스스로 목숨을 끊는다. 영화 〈미 비포 유〉.

　　한 남자가 장애를 얻고는 고통 속에서 악당으로 변한다. 영화 〈스타 워즈 다스 베이더〉.

　　장애는 부담이자 비극으로 그려진다. 그러나 만약 그렇지 않다면? 만약 누군가의 이야기가 이런 말로 시작된다면?

"나는 나에게 장애가 없었으면 하고 바란 적이 없어요."

어머니가 나를 데리고 유치원에 등록하러 가기 전날 밤에 내가 느꼈던 감정을 떠올리는 것은 지금도 내게 힘든 일이다. 첫 등교 날에 내가 얼마나 신중하게 옷을 골라 펼쳐놓았었는지. 거절당하는 것은 얼마나 고통스러운 일인지.

내 마음속에는 내가 배울 수 있는 것 혹은 성취할 수 있는 것에 아무런 장벽이 없었다. 모든 장벽은 바깥에서 왔다. 장애가 있다고 해서 내가 본래와 다른 사람이 되었을까? 물론 나는 그 질문에 대한 답을 알지 못한다. 당신이 불교도나 이슬람교도로 태어났다면, 혹은 런던이 아니라 다카르에서 자랐다면 당신은 지금과 다른 사람이 되었을까? 당신이 그것을 어떻게 알겠는가.

내가 아는 것은 불안감을 극복하는 방법을 배워야 한다는 사실이었다. 나는 무리 안에서 더 강해지는 법을 배웠다.

나에게 장애가 없었다면 얻지 못했을 많은 기회를 장애 때문에 얻게 되었다는 것을 잘 알고 있다. 내가 그저 브루클린에서 성장한 평범한 여자아이였다면, 나는 그와 같은 기회 앞에 서지 못했을 것이다.

장애가 나를 더 열심히 공부하고, 일하고, 성취하게, 그리고 여행하게 했다는 것을 잘 알고 있다. 장애가 나를 싸우게 했다는 것도 알고 있다. 다른 사람들이 우리를 달리 보게 하기 위해서, 우리의 잠재 능력을 보게 하기 위해서.

장애가 없었다면 내가 에드, 프리다, 조니, 메리 루, 팻, 키티, 시시, 칼레, 아돌프, 유니스, 다이앤 같은 친구들을 만날 수 있었을까? 호르헤에게 마음을 열 수 있었을까? 내 인생은 완전히 달라졌을 수도 있고, 아닐 수도 있다. 우리의 삶이 어떻게 될지 누가 알 수 있겠는가.

나는 그저 운명 같은 일이었다는 것만 알 뿐이다. 나는 내가 되고자 했던 그 사람이다.

만약 당신이 내일 장애를 얻게 된다면 변화가 있을 것이다. 그러나 나는 당신에게 이렇게 말할 수 있다. 그 변화가 비극은 아닐 거라고.

우리는 모두 인간이다. 왜 우리는 장애를 인간의 다른 여러 측면과 달리 보는가? 돌이켜 보면, 504조 농성의 가장 위대한 점은 그것이 우리를 하나로 묶는 방식이었다. 우리는 우리가 얼마나 다른지에 초점을 두지 않았다. 우리는 공통의 목표, 우리 모두가 함께 추구하는 목적에 초점을 두었다. 우리 각자가 어떻게 말하고 움직이는지, 어떻게 생각하는지, 어떻게 생겼는지를 초월하여 그 너머를 바라보았다. 우리는 서로의 인간성을 존중했다.

우리는 포용성과 공동체, 평등과 정의에 대한 사랑을 옹호했다. 그리고 승리했다.

유난히 따뜻했던 2017년 1월의 어느 날, 호르헤와 나는 워싱턴의 아파트에서 텔레비전을 보고 있었다. 미국 역사상 45번째 권력 이양이 이루어지고 있었다. 도널드 트럼프 대통령 당선인이 취임 선서를 했다. 그가 말을 시작하자 의회의사당 밖에 비가 내리기 시작했다. 그의 연설은 채 20분이 되지 않았지만, 내 심장에 어뢰가 박히는 느낌이었다.

"오늘부터 새로운 비전이 통치할 것입니다. 미국을 항상 최우선에 놓을 것입니다."

나는 그 말의 뜻을 알아챘다. 그것은 백인민족주의white national-ism와 토착주의nativism에 뿌리를 두고 있었다. 짧은 연설이었지만, 트럼프 대통령이 타인에 대한 존중이 얼마나 부족한 사람인지 명백히 드러났다.

"우리가 뭘 한 거지?"

내가 호르헤에게 말했다. 내 목덜미의 머리카락이 곤두서는 느낌이었다. 그러나 사실 도널드 트럼프는 분리와 차별, 불평등을 이용해 이익을 보고자 했던 다른 정치 지도자들처럼 말했을 뿐이다. 마찬가지로 우리에게는 그와 정반대의 이야기를 지지하는 지도자도 있다. 그리고 우리에게는 우리 자신이 있다.

트럼프의 취임식 다음 날, 여성들이 거리를 가득 메웠다. 이 여성들은 타인을 존중할 줄 모르는 트럼프 대통령에게 격분했다. 여성에 대한 그의 장황하고 부적절한 발언에 항의하는 중이었다. '여성의 성기를 움켜쥔다'라는 트럼프의 말에서 착안한 고양이 귀 모양의 분홍색 모자를 쓴 여성들이 DC와 홍콩, 파리, 부에노스아이레스, 런던 등 전 세계에서 거리로 나와 행진했다(2016년 미국 대선 직전에 "당신이 스타라면 여성들의 그곳을 움켜쥘 수 있다when you're a star…… grab them by the pussy"라는 도널드 트럼프의 2005년 발언이 담긴 테이프가 공개되었다. 여성의 성기를 뜻하는 속어인 'pussy'는 고양이를 뜻하기도 하기 때문에 이에 착안한 여성들이 고양이 귀 모양의 털모자를 쓰고 시위에 나섰다—옮긴이). 2017 여성들의 행진2017 Women's March은 미국 역사상 1일 시위 참가 인원 기록을 모두 갈아치웠다. 전 세계 곳곳에서 일어난 수많은 시위가 수백만의 사람을 거리로 불러냈다.

어린 시절부터 지금까지 먼 길을 걸어왔다. 의회 통과를 위해 우리가 온 힘을 다했던 법은 여전히 유효하다. 미국장애인법, 504조, 장애인교육법, 그 밖의 수많은 연방 및 주 정부의 법률이 장애인의 시민권을 인정하고 보호하고 있다. 장애 어린이는 더 이상 교육받을 권리를 거부당하지 않는다. 어린이를 '화재 위험 요인'이라고 부르는 것은 불법이다. 미국대중교통협회 대표들은 국제회의에서 접근 가능한 교통수단에 대해 연설한다. 현재까지 177개국이 유엔 장애인권리협약을 비준했다(2022년 2월 현재 184개국이 비준했다—옮긴이). 우리도 머지않아 비준할 수 있기를 기대하고 있다.

만약 당신이 턱을 낮춘 도로, 장애 어린이 통합 교육, 자막과 음성 해설이 제공되는 텔레비전, 장애인을 사회에 통합하는 무수한 방식의 혜택을 받으며 성장했다면, 이런 것들이 본래 그런 것이고, 늘 그래왔으며, 앞으로도 그럴 것이라 믿는 것도 무리가 아니다. 당신이 이러한 권리들을 당연한 것이라 생각하는 건 이해할 수 있는 일이다.

우리 정부는 계속해서 변화하고 있다. 정부는 사람들이 모여 만들고, 사람들이 모여 변화시킨다. 이러한 사실은 우리에게 한 가지 선택지를 준다. 신뢰할 만한 정부를 창조하는 사람이 될 것인가, 아니면 우리에게 어떤 일이 닥치든 그저 수용하는 사람이 될 것인가?

도널드 트럼프는 선거 운동 기간에 장애를 이유로 한 기자를 조롱했다. 대통령에 취임한 후에는 훨씬 더 자주 조롱을 일삼았다. 트럼프는 장애 이슈들에 영향을 미칠 수 있는 많은 변화를 즉각 단행했다. 첫날부터 그는 오바마케어를 건드렸다. 백악관 집무실에 앉은 첫날 트럼프는 연방 정부 기관들이 오바마케어와 관련하여 실행해오던 것들을 축소하는 데 직접적으로 작용할 행정 명령에 서명했다. 법의 폐지로 향하는 결정적인 첫걸음이었다.

그는 교육부 장관에 장애인교육법을 잘 알지 못하는 벳시 디보스를 임명했다. 백악관 웹사이트에서 미국장애인법에 관한 페이지도 닫아버렸다. 연방 정부 부처들에 "불필요한 규제로 인한 부담을 완화하라"고 요구하는 행정 명령에 서명했다.

도널드 트럼프의 이런 행동은 시민권에 대한 공격이 어떻게 일어나는지를 보여주는 좋은 예이다. 이러한 공격이 항상 정문으로 들어오는 것은 아니다. 종종 그들만 발견할 수 있는 작은 틈을 통해 은밀하게 미끄러져 들어온다. 백악관 웹사이트에서 미국장애인법 페이지를 닫아버리고, 직원들에게 "불필요한 규제로 인한 부담을 완화하라"고 명령하고, 자신에게 실행해야 할 의무가 있는 법률을 알지 못하거나 법률이 요구하는 바를 믿지 않는 간부급 직원을 고용하거나 직원을 아예 고용하지 않는 것은 시민권법의 빈틈을 슬며시 은밀하게 찾아다니는 행위다.

디보스 교육부 장관의 관리 아래서 장애인교육법이 보장하는 장애 학생의 권리를 해석하고 설명하는 72개의 정책 가이드라인이 정부 웹사이트에서 사라졌다. 이와 같은 가이드라인, 즉 법률과 정책을 분명하게 서술하고 설명하는 문서들은 사람들이 자신의 권리를 이해하고 옹호하는 능력에 영향을 미친다. 누군가 당신의 시민권을 침해한다면, 당신이 주요하게 할 수 있는 일은 불만을 제기하는 것이다. 그러나 당신이 법과 규정에 대해 모르거나 충분히 이해하고 있지 못한다면, 불만을 제기해야 한다는 걸 어떻게 알겠는가? 이것은 아주 미끄러운 경사로다. 법과 정책이 눈에 잘 보이지 않게 되면, 어떤 행동이 당신의 시민권을 침해하는 것인지 아닌지 점점 더 알기 어려워진다.

트럼프 행정부의 공격에 대응하여 장애 활동가 커뮤니티는 시위를 조직하고, 사회적 인식을 높이고, 사람들을 교육하는 등 다각도의 노력을 본격적으로 전개했다.

호르헤와 내가 도널드 트럼프의 취임식을 본 지 6개월 후 장애인들이 상원의 다수당 대표 미치 맥코넬의 집무실 밖 바닥에 드러누웠다. 이는 '활동 보조 프로그램 개혁을 요구하는 미국 장애인들(239쪽에 등장했던 ADAPT는 1990년에 이름을 American Disabled for

Attendant Programs Today로 변경했다—옮긴이)'이 조직한 '죽은 듯이 드러눕는 시위die-in'였다. 오바마케어를 폐지하려는 본격적인 시도가 이루어지는 가운데 상원은 대체 의료 계획을 수립했는데, 여기에는 메디케이드를 대폭 삭감한다는 내용도 포함되어 있었다. 메디케이드가 자금을 지원하는 의료와 서비스가 없다면 1000만 장애인이 시설에서 살아야 하는 현실에 직면하게 될 것이다. 이 '죽은 듯이 드러눕는 시위'는 장애 활동가들이 예상되는 변화에 맞서 싸우기 위해 조직한 저항의 방식 가운데 하나일 뿐이었다.

기자들은 텔레비전 뉴스 프로그램에 '죽은 듯이 드러눕는 시위'를 내보냈다. 보안요원들이 시위자들을 강제로 휠체어에서 내리게 하여 끌고 갔다. 그 모습을 보며 우리가 조지프 칼리파노의 사무실 앞에서 경비원에게 쫓겨나던 날을 떠올렸다. 오바마케어를 폐지하려는 시도는 결국 실패했다. 상당 부분 활동가들의 노력 덕분이다. 그러나 시민권을 지키려 할 때 이러한 행동주의는 전체의 절반일 뿐이다. 나머지 반은 사법 제도와 관련이 있다.

트럼프 대통령의 초대 법무부 장관은 오랫동안 상원 의원으로 일한 제프 세션스였다. 제프 세션스 상원 의원은 장애 어린이의 교육을 지원하기 위해 내가 제정에 관여했던 장애인교육법을 공격하고 나섰다. 그는 장애인교육법이 "오늘날 미국 전역의 교사들을 가장 짜증나게 하는 단 하나의 문제"라며 "특정한 아이들에게 특별대우를 해주어 소송이 꼬리에 꼬리를 물고 이어지게 하는 연방 정부의 복잡한 규정과 법률 체계이자, 미국 전역의 교실에서 예의와 규율이 빠르게 쇠퇴하는 결과를 낳은 커다란 요인"[12]이라고 말했다. 이어서 교육 문제에 관한 모든 불만을 적은 앨라배마주 교육자들과 교장들의 편지를 여러 통 읽었다. 그들은 모든 문제를 장애 학생들과 장애인교육법 탓으로 돌렸다.

미국 학교 제도의 문제를 두고 장애 어린이의 요구를 비난하는 것은 터무니없을 뿐 아니라, 세션스의 말은 장애 어린이의 교육이 다른 어린이의 교육과 동등한 우선순위에 있지 않다는 것을 분명하게 암시하고 있었다. 다시 말해서 그는 국가의 법을 지지하지 않았다. 이런 사람을 트럼프는 국가의 최고위급 법조 공무원으로 임명해 법의 집행을 책임지게 한 것이다.

트럼프 행정부가 출범하고 2년 반 동안, 대통령은 100명이 넘는 연방 법원 판사를 지명했다. 『가디언』에 따르면, 지명된 이들은 "의료보험에 대한 접근성, 여성의 재생산권에 대한 접근성을 약화시키기 위해 지칠 줄 모르고 일한 기록이 있는 사람들, 노동자를 위한 혹은 소비자들이 의존하는 맑은 공기와 깨끗한 물을 위한 중대한 보호 장치들을 약화시키고자 하는 사람들이다. ……앞으로 30~40년간 중대하고 필수적인 법적 권리와 보호 장치들이 심각하게 침식될 것이며 여기에 의존해 살아가던 전국 수백만의 사람들이 고통받게 될 것이다."[13]

우리의 법원과 판사들은 중요하다. 우리의 사법 체계 역시 중요하다. 시민권법은 사람들이 법을 이해하고, 자기 자신과 타인을 옹호하며, 사법 체계에 의존해 법을 효과적으로 감시하고 실행할 때 의미가 있다.

내가 콘스턴스 베이커 모틀리 판사를 만나지 못해서 법원이 내게 화장실에 어떻게 갈 수 있는지 보여달라고 요구한 의사의 행동을 인정했다면? 만약 내가 걸을 수 없기 때문에 교사가 될 수 없다는 교육위원회의 판단에 판사가 동의했다면? 내 인생은 완전히 달라졌을 것이다.

이제 우리는 어떻게 앞으로 나아가야 할까?

장애를 가진 사람들이 계속해서 도전에 직면하는 것은 사실이다. 장애인은 비장애인에 비해 실업 상태인 경우가 두 배나 많다. 자립해서 살기 위해 필요한 개인 활동 보조인을 구할 재정적인 원천도 없다. 우리는 여전히 낙인찍힌 상태고, 자주 차별을 맞닥뜨린다. 사람들은 우리가 자격이 부족하고 어떤 식으로든 부담이 될 거라 생각한다. 이러한 문제를 직면한 우리가 앞으로 나아가기 위해서는 다음과 같은 질문을 던져야 한다.

"우리 사회를 위한 우리의 비전은 무엇인가?"

당신은 우리 지역 사회가 우리가 사랑하는 사람들이 나이가 들어서도 그 안에 머물고 싶다고 선택할 만한 마을과 도시가 되길 바라는가? 우리 혹은 우리 자녀 중 누군가에게 사고가 발생했을 때 변함없이 삶을 유지하며 같은 학교에 다니고 같은 직장에서 일할 수 있는 곳이기를 바라는가?

우리는 우리의 인간성을 받아들이고 그것을 중심으로 세계를 디자인해야 한다. 유니버설 디자인(성별, 연령, 국적, 문화적 배경, 장애의 유무와 상관없이 누구나 쉽게 사용할 수 있는 보편적 디자인—옮긴이)을 하고, 개인 활동 보조인을 지원하고, 고용 방식을 바꿔야 한다. 우리의 도시와 사회를 분리와 고립 대신 소속감과 공동체를 키우는 방식으로 디자인할 수 있다. 그런 일이 일어날 리 없다고 생각하는 쪽에서 그런 일도 가능하다고 생각하는 쪽으로 옮겨갈 수 있다. 비관론자에서 문제를 해결하는 사람으로 옮겨갈 수 있다. 어린이처럼.

더 큰 질문들이 내 마음속에 떠오른다.

'우리는 장애인을 어떻게 대하는가, 소수자를 어떻게 대하는가'라는 질문은 결국 인간성에 대한 우리의 근본적인 믿음으로 귀결된다. 우리는 어디 출신인지, 어떤 방식으로 움직이거나 생각하는지, 어떤 언어를 말하는지, 피부색은 어떤지, 무슨 종교를 믿는지, 우리가 사랑하는 사람인지 아닌지와 상관없이 누구나 세상에 기여할 것을 가지고 있다고 믿는가?

우리는 평등을 믿는가?

우리가 자신의 내면을 들여다보며 정말로 이것이 사실이라고 믿는지 깊이 생각해봐야 한다. 우리는 이미 사회를 공정하게 만들고, 모든 사람에게 목소리를 주고, 소외된 사람들의 권리를 보호 및 증진하며, 우리 모두를 지지해줄 공동의 제도를 만들어낼 수단을 가지고 있기 때문이다. 그것은 바로 민주주의다.

민주주의 정부를 소중히 여기고, 그것에 지속적으로 투자한다면 우리는 불평등 문제를 해결할 수 있다. 그것이 복잡하다고 느껴질 때 포기하고 싶은 유혹에 저항해야 한다. 민주주의는 복잡하고 그 과정에는 반드시 시간이 필요하기 때문이다. 민주주의는 본래 그러해야 한다.

모든 사람의 목소리를 포함하고, 소외된 사람들을 보호하고, 미국의 다양성을 드러내는 이 모든 것은 사안을 깊이 들여다보고, 다양한 토론과 회의를 거치며, 시간이 걸리는 견제와 균형의 방식을 따르기를 민주주의에 요구한다. 의사 결정에는 시간이 걸린다. 무엇보다 우리는 사실을 검증하고, 납득할 만한 객관성을 보이며, 내 말을 듣고 있다고 믿을 수 있는 정부를 원한다.

만약 이러한 것들이 우리가 생각하는 방식대로 작동하지 않는다고 해도 우리는 포기하지 않을 것이다. 불편하고 절망스럽다고 느껴진다면 무엇인가를 해야 한다. 우리는 최초의 흑인 여성 하원 의원이자 『매수되지도 지배당하지도 않는Unbought and Unbossed』의 저자 셜리 치점의 말을 기억할 필요가 있다.

"방관하고 훌쩍거리고 불평하는 것으로는 진보를 이루어낼 수 없다. 생각을 실현해내야 진보할 수 있다."

셜리 치점이 우리를 꾸짖는 것일 수도 있지만, 그 말이 전적으로 옳은지도 모른다. 우리는 더 나은 세상을 만들 수 있다.

선거에 출마하라.

투표에 참여하라.

"당신의 목숨이 거기 달려 있다는 생각으로 투표하라. 진짜로 당신 목숨이 달려 있으니까!"

저스틴 다트가 한 말이다.

장애인을 포함해 소수자의 선거권을 박탈하려는 세력과 맞서 싸우라. 활동가가 되어라. 우리는 활동가에 대해 고정관념을 갖는 경향이 있다. 심지어 그들의 위원회, 회의, 다양한 이해 관계자들을 이유로 그들을 조롱하기도 한다. 그러나 이는 우리의 전략에 어긋나는 일이다.

504조 농성은 상상을 초월할 만큼 복잡한 과정이었다. 먼저 실행 규정을 개발하고 전국 단위의 상부 조직인 미국장애인시민연합을 창설하는 데 수년이 걸렸다. 그다음으로 샌프란시스코 연방정부 건물 밖에서 할 시위를 조직하기 위해서도 수개월이 걸렸고 수많은 회의가 필요했다. 우리의 일은 시민권 단체들 간의 거대한 네트워크에 바탕을 두고 있다. 이 네트워크에는 당신이 상상하는 것보다 훨씬 더 많은 사람이 연결되어 있다. 내가 이 책에서 언급한 각각의 이름 뒤에는 바깥으로 뻗어나가는 수천 명의 다른 사람들이 있다. 우리는 위원회를 만들고 만들고 또 만들었다. 모든 사람에게 자기 역할이 있었고, 모두가 주인이었다.

왜 그랬을까?

우리 한 사람 한 사람이 변화를 만들어내는 일에서 해야 할 역할이 있다고 믿었기 때문이다. 우리는 우리의 성공이 협력에 달려 있다는 것을 알고 있었다. 우리의 힘은 오로지 운동과 일체감을 느끼고 주인의식을 갖는 사람들에게서 나왔다. 지금도 나는 여전히 이런 방식으로 일한다.

우리, 그러니까 모든 사람, 특히 소외된 사람들은 함께 일해야한다. 넓은 범위의 시민권 운동 안에 장애는 늘 없었고 지금도 그렇다. 보이는 장애와 보이지 않는 장애는 모든 소수자들 사이를 가로지른다. 우리는 아프리카계 미국인이고, 라틴계 혹은 아시아계 미국인 혹은 아메리카 원주민이며, 게이 혹은 이성애자 혹은 트랜스젠더이고, 중산층 혹은 부유층 혹은 빈곤층이며, 힌두교도혹은 기독교도 혹은 무슬림이다. 우리는 어떤 소외된 집단이 앞으로 나아갈지 선택할 수 없다. 결국 우리 모두는 가족과 세상을돌보며 함께 앞으로 나아가야 한다.

사회 안에서 전체 집단이 다른 사람들로부터 분리될 때 민주주의의 구조는 약화된다. 서로 거리를 두고 분리되다 보면 이해와 공감에 실패하고, 궁극적으로 불의를 초래하거나 타인의 권리를 부정하는 결과를 낳게 된다. 우리가 다른 사람의 입장이 되어상상할 줄 모르는 사람들의 나라로 서서히 변해가는 것을 내버려둔다면 우리는 차별이 어떻게 발생하는지, 어떻게 느껴지는지그 복잡성을 이해할 수 없을 것이다. 잘 알지 못하는 사람들에 대한 존중이 부족하면 불평등과 가난의 책임을 사회 구조가 아니라개인에게로 쉽게 돌리게 된다. 서로를 비난하는 데만 급급하다면평등을 중요하고 가치 있게 여기는 사회를 어떻게 만들 수 있겠는가.

앞으로 나아가는 데에는 종종 많은 시간이 필요하다. 우리는 수동적인 태도, 즉 우리가 혼자이고 개별적인 목소리일 뿐이라고 느끼는 데서 벗어나 능동적으로, 모두 함께 목소리를 내야 한다. 마침내 학교에 다니게 되고 처음으로 캠프에 참여하면서 나는 같은 경험을 하고 있는 장애인 친구들을 만났다. 우리 모두가 혼자라는 느낌을 지나온 뒤였다. 우리는 왜 우리가 사회에서 배제되어야 하는지 궁금했다. 다른 사람들과 같은 기회가 주어지지 않는다면 우리가 어떻게 아메리칸 드림을 이룰 수 있겠는가. 우리는 함께 모여 무엇이 잘못되었는지, 그리고 무엇이 가능한지 명확하게 표현하기 시작했다.

우리가 힘을 모으자 마치 하룻밤 사이에 진전이 일어난 것처럼 보였다. 함께하면서 우리는 용기를 얻었다. 확신과 힘도.

그렇다, 화가 날지도 모른다. 정부가 하는 일이 마음에 들지 않을 수도 있다. 걱정도 될 것이다. 그러나 우리가 힘을 가졌다는 것을 기억해야 한다. 우리는 변화를 만들어가는 중이다. 하원 의원 바버라 조던이 말했다.

"우리 각자가 이 나라의 미래를 만드는 일에 기꺼이 참여할 때 정부는 활기를 띨 것이다."

우리는 포용과 통합, 사랑, 평등, 그리고 정의의 리더이니까.

감사의 말

주디와 크리스틴이 함께

무엇보다 이 책의 많은 이야기에 등장하는 놀랄 만큼 멋진 활동가들과 지지자들께 감사의 말을 전하고 싶다. 몇몇은 더 이상 우리와 함께하지 않지만, 우리는 그들이 미친 영향이 조금도 줄어들지 않았다고 생각한다. 애니타 에런, 잰 발터, 제럴드 밥티스트, 조이스 벤더, 프랭크 보우, 메리 루 브레슬린, 조니 브레브스, 마카 브리스토, 켈리 버클랜드, 필 버튼, 제인 캠벨, 시어도어 차일즈, 빌 클린턴, 힐러리 클린턴, 앤 코디, 토니 쿠엘료, 리베카 코클리, 키티 콘, 앨런 크랜스턴, 애니 쿠폴로, 낸시 디앤젤로, 데니즈 대런스버그, 저스틴과 요시코 다트, 에릭 디브너, 필 드래퍼, 바버라 던컨, 에드워드 드와이어, 닉 에데스, 프레드 페이, 데니즈와 패트리시오 피규어로아, 유니스 피오리토, 렉스 프리든, 홀린 디릴 폴러, 밥 펑크 클라우디아 고든, 케시 건지, 톰 하킨, 톰 헤허, 수전 헨더슨, 랠프 하치키스, 레이철 허스트, 마거릿

'더스티' 어빈, 조이스 잭슨, 닐과 데니즈 제이콥슨, 데버라 캐플런, 테드 케네디, 존 케리, 칼레 퀸퀼래, 존 랭커스터, 줄리 랜도, 짐 러브렉트, 조앤 리언, 메리 레스터, 바비 린, 다이앤 립톤, 브래드 로맥스, 더그 마틴, 알린 메이어슨, 스티브 맥클리랜드, 데니즈 맥퀘이드, 조지 밀러, 비어트리스 미첼, 하워드 모지스, 제프 모이어, 아리 니이먼, 버락 오바마, 메리 제인 오언, 메이저 오언스, 마틴 페일리, 캐런 파커, 에벌린 프로타노, 조 퀸, 아돌프 락스카, 로라 라셔, 졸레타 레이놀즈, 커티스 리처즈, 리처드 라일리, 에드 로버츠, 앤 로즈워터, 캐서린 샐리나스, 그레그 샌더스, 프레드 슈뢰더, 캐서린 실먼, 조 샤피로, 시기 샤피로, 바비 실버스타인, 데비 스탠리, 맥스와 콜린 스타크로프, 글로리아 스타이넘, 수전 시걸, 프리다 탄카스, 리넷 테일러, 마리아 타운, 레이 우제타, 리사 워커, 스테파니 워커, 론 워싱턴, 시시 위크스, 세실 윌리엄스 목사, 해리슨 윌리엄스, 마이클 윈터, 존 워다치, 팻 라이트, 레이 자넬라, 시다 자와이자, 헤일 주카스 그리고 여기 다 적지 못할 만큼 많고 많은 이름들.

이 원고의 여러 버전을 읽고 귀한 피드백과 논평을 해준 사람들, 특히 존 워다치, 조앤 리언, 개브리엘 조지, 니콜 뉴넘, 로빈 머레이, 데니즈 피규어로아, 베티 맥멀드런에게 감사한다. 뉴질랜드 오타고 대학의 수전 워델은 대단히 포괄적이고 유익한 기록을 제공해주었고, 캐서린 메인, 케이티 스미스, 라라 그린웨이, 켈리 테일러도 마찬가지다. 우리는 홀린 디릴과 그의 책『24일 만에 현

실이 되다: 미국 시민권을 위한 1977년 504조 시위의 한 참가자 이야기Becoming Real in 24 Days: One Participant's Story of the 1977 Section 504 Demonstrations for U.S. Civil Rights』, 그리고 장애 권리 운동가들을 인터뷰하는 놀라운 선견지명을 보여준 UC 버클리의 뱅크로프트 도서관 구술사 프로젝트에서 큰 도움을 받았다. 둘 다 504조 농성에 관한 매우 가치 있는 기록을 제공해주었다.

이 프로젝트는 존 밀러와 스튜어트 제임스가 준 강력한 자극과 격려가 없었다면 결실을 맺지 못했을 것이다. 존과 스튜어트는 당신에게는 꼭 해야 할 이야기가 있다며 주디를 설득했고, 우리 두 사람을 파트너로 맺어주었다. 샌드라 다익스트라 저작권 에이전시의 질 마, 그리고 그래비티 스퀘어드 엔터테인먼트의 케빈 클리어리와 존 비치는 우리를 꾸준히 격려하고, 우리가 이 책을 끝마칠 수 있을 거라는 믿음을 주며 작업을 앞으로 끌고 나갔다. 편집자 조애나 그린은 편집자의 관점에서 탁월한 피드백을 주었고, 비콘 출판사의 모든 팀이 다 훌륭했다.

끝으로 우리가 서로에게 배우고, 또 함께 일할 기회를 얻은 것에 감사한다. 주디의 입장에서는 비장애인인 크리스틴이 자신의 입장을 이해할 수 있다는 것, 그리고 좀 더 일상적인 수준에서는 이 책이 먼 거리에서도 쓰일 수 있다는 것을 믿게 된, 믿음의 도약이라 할 만한 작업이었다. 크리스틴의 입장에서는 자신이 장애 권리 운동의 진정한 협력자가 되지 못하고 어렴풋하게만 이해하고 있었음을 깨닫고 부끄러워하는 페미니스트이자 활동가로서 성장하는 계기가 되었다. 우리가 함께한 여행에 무한한 감사를 표한다. 특히 함께 대화하고, 토론하고, 논쟁했던 모든 시간을 소중히 간직하고 있다.

주디의 말

나와 내 일을 언제나 변함없이 지지해준 남편 호르헤 피네다에게 감사한다. 1991년 오리건주의 유진에서 그를 처음 만난 순간부터 우리의 세계는 완전히 달라졌다. 우리가 추구하는 가치는 가족에 대한 사랑과 평등을 위한 투쟁에 맞춰 움직인다. 호르헤는 나와 함께하기 위해 자기 나라를 떠나 나의 나라로 건너왔다. 이는 내가 늘 감사하게 생각하는 부분이다. 나는 그에게 많은 것을 배웠다. 그는 내게 음악을 사랑하는 마음과 맛있는 음식을 주었고, 라틴계 미국인들이 미국을 구성하는 데 큰 기여를 하고 있음에도 차별당하는 현실을 이해할 수 있게 해주었다. 우리는 멕시코를 여행하며 그의 가족과 훌륭한 식사를 했고 놀랍도록 멋진 박물관들을 둘러보았다. 나는 조카들과 친밀한 관계를 유지하는 특권을 누렸다. 조카들은 이제 다 성장하여 수년에 걸쳐 우리를 찾아와주고 있다. 최근에 우리는 우리가 왜 서로 사랑하는지에 대해 이야기를 나누었다. 그는 내가 멋진 여성이자 활동가라고 말했다. 말이 나왔으니 하는 말인데, 서로에게 시간을 내기란 늘 어려운 일임을 잘 알고 있다. 나는 그가 1990년대에 내게 첫 번째 스마트 기기를 사준 날을 후회하고 있을 거라 확신한다.

지난 수년간 나의 이야기를 할 수 있게 지지해주고 용기를 준 친구들에게 감사의 말을 전하고 싶다. 내 이야기는 다른 많은 사람의 이야기와 비슷하다. 그들이 장애가 있든 없든 말이다. 우리 자신의 이야기를 하는 것은 불의에 맞서 계속해서 싸워 나갈 힘을 키우는 일이다. 우리가 살아갈 세상이 어떤 모습이 되기를 원하는지 함께 이야기하는 것, 그리고 이러한 꿈과 비전을 현실로 바꾸는 것이 우리 모두가 해야 할 일이다.

나의 어머니와 아버지, 일제 휴먼과 베르너 휴먼에게 나와 함께, 나를 위해서 포기하지 않고 계속해서 싸워준 것을 감사드린다. 장애 영역에서뿐만 아니라 인종 차별에도 맞서며 자신만의 조용하고 집요한 방식으로 정의를 위해 싸우는 법을 가르쳐준 나의 롤 모델이 되어준 어머니께, 그리고 어머니의 타협 없음에 감사한다. 어머니는 내게 다양한 사람들이 연대하는 일의 중요성을 가르쳐주었다. 나를 믿어주고 어머니가 하는 일을 지지해준 아버지, 우리가 참석했던 모든 회의와 부모님도 참여했던 시위들, 드와이어 박사와 함께하는 노래 수업까지 수없이 나를 태워다주었던 아버지께 감사한다.

내 동생 조지프와 리키 또한 오늘의 내가 있기까지 많은 도움을 주었다.

크리스틴의 말

부모님께 진심으로 감사드린다. 내가 매일같이 그리

위하는 나의 어머니 로럴 워닉 조이너는 하루 종일 일을 하고 돌아와 저녁 식사를 준비하며 글 쓰는 법을 알려주었고, 지금 눈에 보이는 것들에 항상 의문을 가져야 한다고 가르쳤다. 그리고 나의 아버지 브라이언 조이너는 비판적으로 생각하는 법을 가르쳐 주었다. 남부에 뿌리를 둔 아버지의 이야기 방식과 상점까지 걸어가는 길 내내 나를 웃게 하는 능력을 가진 할머니와 고모할머니에게 감사한다. 놀랄 만큼 따뜻하고 훌륭한 논평을 해준 나의 새어머니 리니 클레먼스에게 감사드린다. 친척 팻과 캐스 샌드브룩은 늘 애정 어린 지지를 보여주었다. 남자 형제 데이비드는 기꺼이 하던 일을 멈추고 내게 와서 조언과 피드백을 해주었다. 또 다른 형제 케빈도 내게 늘 큰 영향을 미치고 있다. 내가 근무 시간을 유연하게 활용할 수 있도록 관대함을 보여준 퍼퍼스 캐피털의 이사 빌 머피에게도 감사를 전한다.

나의 영혼의 자매들이 없었다면 이 작업을 해내지 못했을 것이다. 그들 모두의 이름을 여기 적고 싶은 마음이다. 내 가장 가까운 친구 루신다 트리트는 내가 이 프로젝트를 해낼 수 있을 거라고 설득했고, 모든 글을 읽어주었으며, 내 이야기를 언제나 끝까지 기꺼이 들어주었다. 제니퍼 맥아이버와 마고 스자미어는 내가 분별력을 유지하도록 나를 잡아주었다.

나의 아름다운 가족에게 거듭 감사의 마음을 전한다. 줄리언, 올리버, 올리비아는 이른 아침 주방에서 스카이프로 하는 긴 회의를 잘 참아주었다. 내 무릎에 앉아 원고 정리를 돕고(올리비아),

아주 매력적인 이야기를 제안하고(올리버), 차별에 관한 장시간의 토론에 참여하기도 했다(줄리언). 무엇보다 나를 웃게 해주었다. 그리고 나의 남편 존 샌드브룩은 내 삶에 이 작업을 위한 공간을 만들어주기 위해 다정하게 내 앞의 눈길을 쓸어주었다. 내가 여러 달 동안 어떤 집안일도 하지 않게 해준 것, 학기 중에 동전 던지기로 목적지를 정해 여행을 떠나며 내가 혼자서 집에 조용히 있게 해준 것, 그리고 새벽 5시에 일어나 함께 초고를 읽어준 것에 감사한다. 그가 없었다면 나는 길을 잃고 헤맸을 것이다.

주

1 HolLynn D'Lil, *Becoming Real in 24 Days: One Participant's Story of the 1977 Section 504 Demonstrations for U.S. Civil Rights*(N.P.: Hallevaland Productions, 2015), 130. 점거 농성 사건에 관한 내 설명은 *Becoming Real in 24 Days*의 상세한 설명에서 인용했다. 이 책의 112~115쪽을 참고하라.

2 Andrew Grim, "Sitting-in for Disability Rights: The Section 504 Protests of the 1970s," National Museum of American History, Behring Center, *O Say Can You See?* (blog), July 8, 2015, https://americanhistory.si.edu/blog/sitting-disability-rights-section-504-protests-1970s.

3 워싱턴으로 향하던 여정과 그곳에서 우리가 경험한 것에 관해서는 직접 인용을 포함하여 모두 HolLynn D'Lil, *Becoming Real in 24 Days*의 140~165쪽을 참고했다.

4 Adrienne Phelps Coco, "Diseased, Maimed, Mutilated: Categorizations of Disability and an Ugly Law in Late Nineteenth-Century Chicago," *Journal of Social History* 44, no. 1 (Fall 2010): 23-37 https://www.jstor.org/stable/40802107.

5 Brian T. McMahon and Linda R. Shaw, *Enabling Lives: Biographies of Six Prominent Americans with Disabilities* (Boca Raton, FL: CRC Press, 2000), 78-79.

6 McMahon and Shaw, *Enabling Lives*, 79.

7 McMahon and Shaw, *Enabling Lives*, 79.

8 McMahon and Shaw, *Enabling Lives*, 80.

9 Arlene Mayerson, "The History of the Americans with Disabilities Act: A Movement Perspective," Disability Rights Education and Defense Fund, 1992, https://dredf.org/about-us/publications/the-history-of-the-ada.

10 "The Little Girl Who Crawled Up the Capitol Steps 25 Years Later: Jennifer Keelan and the ADA," *CP Daily Living*, July 24, 2015, http://cpdailyliving.com/the-little-girl-who-crawled-up-the-capitol-steps-25-years-later-jennifer-keelan-and-the-ada.

11 William Eaton, "Disabled Persons Rally, Crawl Up Capitol Steps: Congress: Scores Protest Delays in Passage of Rights Legislation. The Logjam in the House Is Expected to Break Soon," *Los Angeles Times*, March 13, 1990, https://www.latimes.com/archives/la-xpm-1990-03-13-mn-211-story.html.

12 2020년 5월에 있었던 제프 세션스의 미국 상원 연설.

13 Tom McCarthy, "All the President's Judges: How Trump Can Flip Courts at a Record-Setting Pace," *Guardian*, May 11, 2019, https://www.theguardian.com/law/2019/may/11/trump-judge-nominees-appointments-circut-court-flip.

옮긴이의 글

　　1960년대에 시작된 미국의 시민권 운동은 모든 인간의 자율성과 권리를 보장해야 한다는 사회 전반의 인식으로 확장되었고, 이는 연방 정부의 지원을 받는 프로그램에 참여하는 장애인의 시민권을 보장하는 504조의 발의로 이어졌다. 닉슨 대통령은 예산상의 이유로 이 조항을 포함한 재활법 504조 서명을 1972년과 1973년 두 차례나 거부했지만, 결국 서명하였다. 재활법 504조는 연방 정부 수준에서 장애인에 대한 차별을 금지한 세계 최초의 법률이었으며, 1990년 미국장애인법이 장애인의 기회의 평등, 완전한 참여, 자립생활을 법으로 보장하기까지 장애인 차별 금지를 국가의 책임으로 인정하는 법적 근거가 되었다. 이후 미국장애인법에서 이 조항은 연방 정부의 지원과 상관없이 대중에게 서비스를 제공하는 모든 기관과 조직에 적용되는 것으로 확대되었다.

　　이것이 내가 미국의 장애 인권사를 공부할 때 재활법과 미국장애인법에 관해 배운 내용이다. 내가 공부해온 자료들에서는 재활법 504조 개정과 미국장애인법 제정 과정을 마치 사법부가 견인해온 것처럼 서술했다. 그 역사에 주디스 휴먼과 동료 장애인들의 모습은 보이지 않았다. 장애인의 역사에서도 주인공인 장애인의 모습은 전면에 드러나지 않았다.

닉슨 대통령이 504조 개정안에 거부권을 행사하자 주디스 휴먼이 조직한 '행동하는 장애인' 구성원들은 맨해튼 매디슨 애비뉴의 차선을 점거하는 농성을 벌인다. 1973년에 마침내 법안이 통과되었지만 실제 집행은 이루어지지 않았다. 하워드대학교의 한 중증 장애 여성이 504조 시행 규정을 마련할 것을 보건교육복지부에 요구했지만 받아들여지지 않았고, 그는 보건교육복지부 장관을 상대로 소송을 제기하였다. 원고가 승소하였고 1976년 컬럼비아 지방 법원은 보건교육복지부가 504조의 시행 규정을 "빠르고 신중하게" 발표하라는 판결을 내렸다. 이듬해 임기를 시작한 카터 대통령은 시행 규정을 마련하겠다고 약속했지만, 조지프 칼리파노가 보건교육복지부 장관이 되며 답보 상태에 머무르게 된다. 대학과 병원 등 연방 정부의 공적 지원을 받는 기관들이 장애인의 접근성을 보장하기 위해 시설을 개선하려면 너무 많은 비용이 든다며 칼리파노가 시행 규정에 서명하지 않도록 로비를 벌였기 때문이다. 주디스 휴먼과 동료들이 24일간 샌프란시스코 연방 정부 건물을 점거한 것은 이와 같은 이유 때문이었다.

칼리파노가 주디스 휴먼과 장애인 동료들의 긴 점거 농성에 굴복하고 재활법 시행 규정에 서명한 이후에도 장애인의 삶이 극적으로 변하지는 않았다. 1980년대에 와서도 미국의 장애 활동가들은 접근성이 떨어지는 대중교통에 항의하기 위해 버스를 세우고, 휠체어에서 내려와 버스에 기어올랐다. 1988년 미국장애인법 초안이 의회에 제출되었지만 하원에서 결정이 보류되자, 장애 운동가들은 휠체어에서 내려와 의회의사당 계단을 기어 올라가는 시위를 진행했다. 결국 1990년 미국장애인법이 통과되었다. 이후로도 활동 지원 서비스의 제정을 위해, 장애인의 탈시설을 위해 장애 운동가들은 다양한 방식으로 연대하고 투쟁해왔다.

비교적 최근인 2017년에도 장애 인권 단체인 '접근 가능한 대중교통을 요구하는 미국 장애인들'은 트럼프 정부의 메디케이드와 적정부담보험법 개편에 반대하며 의회의사당을 점거했다. 경찰은 시위자들을 휠체어에서 끌어내려 의사당 밖으로 옮겼는데, 이곳은 30년 전 장애 운동가들이 미국장애인법 제정을 촉구하며 기어올랐던 바로 그 계단이었다. 미국의 장애 인권사는 재활법 504조로 시작한 것도 아니고, 미국장애인법으로 마무리된 것도 아니다. 재활법 504조 이전과 이후에는 변화를 준비하고 만들어온 장애인들이 있었다. 그 변화는 현재 진행형이며, 그 중심에는 늘 주디스 휴먼이 있었다. 이 책은 주디스 휴먼의 자서전이자, 장애인들이 만들고 써내려간 미국의 장애 운동사 그 자체이기도 하다.

책을 번역하기로 했을 때 이 책이 연구자의 언어가 아니라, 변화의 최전선에서 그 시간을 고스란히 통과해온 주디스 휴먼의 언어로 쓰였다는 점에 큰 의미가 있다고 생각했다. 그리고 재활법 504조 서명과 미국장애인법 제정을 위해 싸웠던 장애 운동가, 클린턴과 오바마 정부에서 일한 최초의 장애 권리 행정가였던 주디스 휴먼이 아니라 수많은 장벽 앞에서 화를 내고 눈물을 흘리기도 했던 사람, 장애인·여성·유대인이라는 정체성 사이에서 때로 중심을 잡지 못하고 흔들렸던, 그러나 동료들에게서 힘을 얻어 한 걸음씩 나아갔던 인간 주디의 이야기라 반가웠다. 함께 변화를 일구어낸 동료들의 이야기도 읽을 수 있어서 더욱 좋았다.

책을 번역하며 가장 인상적이었던 부분은 샌프란시스코 연방 정부 건물을 점거했을 때 건물이 폐쇄되자 청각장애인들이 창문을 사이에 두고 수어로 메시지를 전달하던 장면, 그리고 흑인 인권 단체 블랙 팬서의 구성원들이 시위대가 먹을 음식을 한가득 가지고 들어오던 장면이다. 서로 다른 공간에서 각기 다른 모습의 차별을 경험하던 사람들이 하나의 목표 아래 연대하고, 각자의 언어와 속도로 서로에게 힘을 주고 힘을 받던 장면들. 이제 내가 기억하는 미국 장애 인권의 역사는 그 선명하고 알록달록한 사람들의 모습으로 가득 채워지게 되었다.

장애 인권 이슈에 관심이 있는 독자라면 책에서 만나는 미국 장애 운동의 역사가 크게 낯설지 않을 것이다. 한국의 장애 인권 운동도 그와 유사한 포물선을 그리며 성장해왔기 때문이다. 2001년 한 중증 장애인이 엘리베이터가 없던 오이도 지하철역에서 수직형 리프트를 타다가 추락하여 사망하는 사건이 있었다. 이 추락 사고는 장애인들이 이동권 문제에 대해 각성하는 계기가 되었다. 얼마 후 '장애인이동권연대'가 출범했고, 이들은 그동안 가시화되지 못했던 장애인의 존재를 사회에 드러내는 방식으로 장애 운동을 전개해나갔다. 버스를 점거하고, 지하철 선로에 족쇄로 몸을 묶어 지하철 운행을 방해하는 시위를 진행했다. 또한 휠체어를 타는 장애인들이 '장애인과 함께 버스를 탑시다'라는 버스 타기 및 버스 점거 투쟁을 약 4년에 걸쳐 이어갔다. 장애인의 이동권을 고려하지 않는 사회에 대한 공격적인 방식의 문제 제기였다. 투쟁 과정에서 시민들의 저항이 없었던 것은 아니지만, 이는 시민들이 장애인을 공동체의 일원으로 인정하는 과정이기도 했다. 이렇게 존재를 드러내는 방식의 장애 운동을 통해 한국 사회에서 장애인의 존재가 조금씩 눈에 보이기 시작했다.

이후 장애인 복지의 토대가 되는 법률이 제정되고, 각종 서비스가 마련되는 성과도 있었다. 2000년대 초 일련의 장애인 권리 투쟁을 통해 「교통약자의 이동편의 증진법」, 「장애인차별금지 및 권리구제 등에 관한 법률」이 시행되었다. 장애 운동가들은 이동권뿐만 아니라 장애인이 활동 지원을 받을 권리를 인정받기 위해 투쟁을 계속해나갔다. 2006년 4월 휠체어에서 내려온 장애인들이 한강대교를 기어서 건너는 시위를 벌였고, 2007년 마침내 장애인 활동 지원 서비스가 시행되었다. 싸움은 여전히 계속되고 있다. 장애 운동가들은 2021년 12월 장애인 권리 실현을 위한 예산 확보를 목표로 출근길 지하철 시위를 시작했고, 이 글을 쓰는 오늘까지 두 달 가까이 시위를 이어오고 있다.

미국 장애 운동의 역사와 한국 장애 운동의 역사가 놀랄 만큼 유사한 궤적을 만들어왔듯이, 장애를 가진 내 삶은 한 세대만큼의 시간적 거리에도 불구하고 주디스 휴먼의 삶과 많은 부분이 포개어진다. 나는 그의 경험과 감정을 매우 가까운 거리에서 공감할 수 있었다. 사탕 가게에 가는 길에 "너 아프니?"라는 말을 듣고 자신이 남들과 다르다는 사실을 알게 된 주디의 모습에서, 운동장으로 뛰어나가던 친구들의 뒷모습을 지켜보던 어린 시절의 내가 떠올랐다. 대학에 입학한 후 수업에 들어가거나 화장실에 가기 위해 누구한테 도움을 부탁할까 전전긍긍하던 주디의 모습에도, 누군가와 데이트를 하는 섹슈얼한 존재가 되고 싶어 갈망하던 주디의 마음에도, 장애를 가진 동료들과 장애 문화를 공유하며 비로소 '나'로 존재하게 되었다는 서술에도 내가 있었다. 좌절하고 분노하면서도 자기 삶에 놓인 장벽들을 동료들과 함께 하나하나 넘어서던 주디의 삶에서 누구의 응원보다 더 큰 용기를 얻었다. 나는 이것이 장애 정체성이 가진 힘이라고 생각한다. 살아온 시대도, 지역도, 계층도, 삶의 궤적도 다른 사람들이 장애로 인한 제약과 그것을 넘어서기 위해 분투한 경험을 공유하며 서로 가깝게, 단단하게 연결되는 것. 거기서 비롯하는 강력한 힘.

주디스 휴먼은 견고한 장애 정체성을 가진 장애인인 동시에, 여성이며 유대인이고 운동가이자 행정가이기도 했다. 다양한 정체성을 가진 그의 여러 에피소드는 이 책이 더 많은 사람과 연결되는 지점이라고 생각한다. 주디스 휴먼이 운동가이자 행정가의 자리에서 여성으로서 겪은 딜레마는 우리 사회의 많은 여성이 경험하고 있는 것이기도 하다. 무언가를 주장해야 하는 상황에서 '강하게' 보이는 것과 '우호적이지 않게' 보이는 것 사이에서 여성들은 늘 아슬아슬한 줄타기를 한다. 정당한 분노를 표현할 때도 그것이 '여성스럽지' 못한 일일까 봐, 이기적이라는 평가를 들을까 봐 지레 겁을 먹는다. 주디스 휴먼 역시 이런 염려 속에서 자기 길을 만들어갔다. 그 길을 따라가며 더 많은 여성이 내가 느꼈던 연결감을 느끼고 앞으로 나아갈 힘을 얻기를 바란다.

찰스 라이트 밀스는 개인의 생애사와 역사를 연결하는 것이 '사회학적 상상력'의 핵심이라고 이야기했다. 주디스 휴먼의 생애는 우리에게 장애 인권의 역사를 개인의 생애사와 연결해 살펴야 하는 이유를 보여준다. 그의 이야기는 사소한 에피소드에서 시작하지만, 사적인 경험으로 끝나는 것이 아니라 당시의 사회 구조와 연결되고, 당대의 인식, 정책과 제도에 대한 비판으로 확장된다. 주디가 휠체어를 탄다는 이유로 학교에 입학할 수 없었던 것, 교사 채용에서 부당하게 탈락한 경험은 개인의 비극이면서 동시에 장애인을 동등한 시민으로 간주하지 않고 사회에서 분리하고자 했던 시대의 산물이다. 주디는 그저 시대의 희생자로 살 수도 있었지만, 장애를 가진 다른 동료들과 그 불합리한 상황을 사회적 문제로 해석하고 소송을 제기하고 조직을 만들어 투쟁하는 삶을 '선택'했다. 우리는 주디의 인생 이야기를 읽으며 사회 결정론에 빠지지 않고, 구조의 제약 속에서 결국 변화를 만들어내는 행위 주체의 힘을 발견하게 된다. 또한 역사 속에서 살아가는 한 개인이 사회 구조라는 틀 안에서 어떤 사람들과 관계를 맺고, 어떤 선택을 하며, 그 관계와 선택들이 어떤 역사적 변화를 만들어내는지를 관찰하면서 공적인 역사에서 발화되지 않았던 진짜 주인공들의 역사를 만날 수 있다.

이 책을 읽고 한국 사회의 좁고 척박한 인권의 현장에서 장애인들이 어떻게 자신의 자리를 조금씩 넓혀왔는지 궁금해진 독자가 있다면, 『유언을 만난 세계』(정창조 외 지음, 오월의봄, 2021)를 함께 읽어보기를 권한다. 골목골목에 박힌 문턱과 싸운 김순석, 노동을 통한 장애인의 자립을 위해 투신한 최정환, 이덕인, 박흥수, 그리고 장애인의 조직화를 목표로 했던 정태수, 생존권과 최저생계비 현실화를 위해 투쟁한 최옥란, 활동 지원 서비스의 제도화를 요구한 박기연과 우동민을 만날 수 있다. 우리가 이 책을 통해 미국 장애 인권사의 여러 장면들에서 울고 웃고, 분노하고 환호하며 사랑과 우정을 나누는 주디스 휴먼과 동료들의 구체적인 얼굴을 만난 것처럼, 한국 장애 운동가들의 이야기 속에서 고유한 빛깔을 가진 장애인 개인들을 만나볼 수 있을 것이다.

끝으로 이 책을 한국 사회에 소개한 서울장애인자립생활센터 박찬오 소장님, 책이 나오기까지 모든 과정에서 성심성의껏 애를 써준 이진 편집자님과 사계절출판사에 감사드린다.

－ 옮긴이를 대표하여 문영민

주디스 휴먼은 장애인 인권 운동의 길이란 어떤 것
인지, 어떻게 힘을 모아 싸우고 버티고 변화를 만들어가야 하는지
를 삶을 통해 보여준 인물이다. 소송, 점거, 시위, 조직과 연대, 그
리고 법률과 제도의 마련까지 주디의 인생을 채운 모든 이야기는
곧 우리 장애 운동가들이 걸어온 길이다. 오늘도 거리에 선 우리
는 주디의 책을 읽으며 힘을 얻는다. 이 책을 통해 장애인이 차별
받지 않는 세상을 만들기 위해 장애인 당사자의 힘이 어떻게 결
집되어야 하는가에 대한 다양한 토론이 이루어지기를 기대한다.

— 박경석(전국장애인차별철폐연대 공동 대표)

ooo

신기한 경험이었다. 주디스 휴먼의 이야기 속에는
마치 시간과 공간을 훌쩍 뛰어넘어 그 자리로 건너간 것처럼, 혹

은 하얀 솜뭉치에 물방울 하나를 떨어뜨린 것처럼 순식간에 흡수된 내가 있었다. 횡단보도를 건너던 행인들이 성큼성큼 20~30센티미터의 턱을 가볍게 올라가는 것을 놀라운 눈으로 바라보던 주디 옆에는 어느덧 내가 있었다. 친구 집 초인종을 누를 수 없어 소리치던 주디 옆에는 동네 슈퍼마켓 계단 아래서 주인을 소리쳐 부르다 닫힌 문 안쪽에서 들려오는 웃음소리에 내 목소리가 묻히지 않을까 불안해하던 내가 있었다. 지나가던 아이들의 "너 아프니?"라는 물음에 당황한 주디 옆에는 동생들과 산책을 나갔다가 휠체어 탄 장애인을 신기한 구경거리처럼 쳐다보던 사람들, 가엽다는 듯 혀를 차거나 한숨 쉬던 사람들에 위축되던 내가 있었다. 그런 순간마다 나는 마음속 깊이 감당할 수 없는 뜨거움을 느꼈다. 나는 남들과 다르다는 것을 알았다. 구경거리가 되는 신기한 존재였다.

이런 경험은 두려움이 되어 사는 내내 끊임없이 나 자신을 검증하고, 내 말과 행동을 제한했다. 언제 어디를 가도 이런 일이 일어날 거라는 공포가 늘 나를 따라다녔다. 매순간 나는 방어적으로 행동했고, 이를 극복하기 위해 나 자신과 계속 싸워야 했다.

장애를 의식하지 않고 함께 놀던 친구들이 학교에 입학하고, 학교에 갈 수 없었던 나는 친구들의 세계에서 떨어져 나왔다. 오랜 세월이 지난 어느 날 그 친구들이 내게 "자주 찾아오지 못해 늘 미안했다"고 말했을 때 며칠 동안 몹시 우울했다. 함께 놀았던 친구로서 보고 싶었다는 말이 아니라 '미안했다'는 말을 들은 순간, 그들에게 내가 친구로 기억되지 않는다는 것을 알았다. 그들은 단지 장애인을 외면했던 게 미안했을 뿐이다. 나는 그들이 나와 놀아줘서 고마웠던 게 아니었는데 말이다. 학교에 가지 못하고, 함께 놀던 동네 친구들과 멀어지던 주디의 모습은 곧 내 모습이기도 했다.

장애 여성 활동가가 된 지금도 어떤 것이 부당하다고 느껴질 때 나는 여전히 갈등한다. 우아하게, 착하게, 선하게, 이해심 많게 행동하는 사람이 될 것인가. 아니면 결과는 나중에 생각하고 일단은 문제 제기를 할 것인가. 생각하고 판단하는 것은 결국 내가 해야 할 싸움이다. 나 스스로 끊임없이 넘어야 하는 높은 언덕이고, 나는 매순간 이 언덕을 넘는다.

나는 선택되는 사람이 아니라, 다른 이들의 삶을 관람하거나 고민을 들어주는 조금은 비켜난 위치에 놓이는 경우가 많다. 책을 읽을 때도 보통은 멀찌감치 앉아 있는 관람객 같은 기분이다. 그런데 주디의 이야기는 곧 내 이야기였고, 책을 읽는 동안 나는 관람객이 아니라 무대 위의 주인공이었다. 그 무대는 한 가지 기억과 함께 막을 내렸다.

바닥에 깐 모포가 얇은 탓인지 등이 배겼다. 발은 시리고 목은 끈적였다. 분명 전등이 켜져 있었지만, 천장이 높아 어둠은 더 깊었다. 혼자 누워 있는 방 안에서 고개를 돌려보니 내 전동 휠체어가 거인처럼 곁에 있었다. 차가운 철창 건너편으로 의자에 경찰이 앉아 있는 것이 보였다. 이 낯선 풍경은 무엇일까 생각해보니 전날 밤 나는 장애인 활동 보조 서비스의 제도화를 요구하는 집회를 했고, 경찰 특장차를 타고 서초경찰서의 비좁은 유치장으로 연행되어 들어왔다. 그날 밤의 기억이 장애인도 이 사회에 한 사람으로 살고 있음을 위해 투쟁했던 내가 시공간을 넘어 주디와 만나는 지점이었다. 이 지점이 있어 좋았다. 참 좋았다.

— 박김영희(장애인차별금지추진연대 상임 대표)

000

　　장애 운동이라는 개념조차 잘 몰랐던 대학 시절, 장애인 잡지 『함께걸음』의 연재물 「동정은 없다」에서 읽은 주디의 삶은 장애 운동의 영웅이라 할 만했다. 주디는 동료인 에드 로버츠와 함께 장애인들이 시설에서 나와 지역 사회에서 자립생활을 해야 한다는 새로운 패러다임을 만들고 있었다. 이들은 두 손을 자유롭게 쓰는 나보다 훨씬 심한 장애를 가진 사람들이었다. 그들의 활약을 보면서 나는 조금 부끄럽기도 했다. 당시에는 나에게도 경증 장애인만 장애를 '극복'할 수 있다는 편견이 있었다. 그들의 삶은 내게 큰 도전이 되었다. 당시 나는 주디를 보는 것만으로도 장애 운동을 할 용기가 났다.

　주디와 동료들의 활동을 모델로 삼아 나는 우리나라에서 자립생활센터를 해보려고 했지만, 일을 하면 할수록 나 자신이 소진되는 느낌이었다. 마침 좋은 기회가 있어 2002년 9월 동료들과 함께 주디를 만나러 워싱턴 DC로 갔다. 당시 세계은행에서 일하던 주디는 우리를 사무실로 초대해 한국의 장애인들이 처한 상황과 장애 운동의 현황을 이야기해달라 했고, 많은 사람을 소개해주었다. 우리는 주디가 살던 아파트의 게스트하우스에 머물면서 매일 저녁을 주디 부부와 함께 먹으며 많은 이야기를 나누었다. 주디는 내 이야기를 진지하게 경청했고, 쉬운 영어로 말하며 나를 격려해주었다.

내가 자립생활이 뭐냐고 묻자 주디는 "장애인이 자기 삶을 스스로 주도(통제)하는 것이다"라고 했다. 나는 미국 같은 나라에서는 가능하지만 사회경제적으로 열악한 환경에서는 어떻게 자립을 하느냐, 휠체어도 없는 형편에서는 재활도 힘들지 않느냐고 또 물었다. 주디는 휠체어조차 없어 길바닥을 기어 다니다 땅에 박힌 돌에 매일 상처를 입는 한 장애인이 그 돌을 없애기 위해 자신의 고충을 알리고 돌을 치우자며 주변 사람들을 설득하는 일이 자립이라고 했다. 또한 누군가 해결해주기를 기다리는 것이 아니라 장애인 스스로가 자신의 문제를 이야기하고, 주변의 동의를 얻고, 자원을 조직하여 해결 방법을 모색하는 것이 장애 운동이라고 했다.

나는 서울에 돌아와서 장애인이 살기 좋은 사회를 만들기 위해 뭐라도 해야겠다고 결심했다. 어려운 현실을 핑계 삼지 말고 내가 할 수 있는 일을 하자, 동료들과 함께 고민하고 대안을 요구하자, 그리고 재미있게 하자고 다짐했다. 그 후로는 소진되는 느낌

없이 즐겁게 장애 운동을 할 수 있었다. 2002년에 서울시의 지원금을 받아 송파구에 자립생활센터를 만들고, 지역 사회에서 장애인들이 자립해서 살아가기 위해 내가 할 수 있는 일들을 찾아서 하고 있다.

"나는 더 많은 사람이 안으로 들어올 수 있도록 힘껏 문을 밀고 창문을 열었다"라고 말하는 주디 덕분에 많은 장애인들이 지역 사회에 통합되어 살아가게 되었다. 주디는 이런 성과는 동료들이 있었기에 가능했다고 말한다. 장애 운동은 장애 대중의 힘이 있어야 가능하다면서. 물론 맞는 말이지만, 그럼에도 불구하고 나는 주디라는 한 사람의 힘이 작은 파동을 만들고 결국에는 큰 파도를 일으켰다고 생각한다.

이 책을 읽으면서 학교 가는 옆집 아이를 부러워하던 내 어린 시절의 마음, 집회에서 힘이 부족해 다른 사람들 손에 들려 나갈 때의 분함이 떠올라 몇 번이나 눈물을 흘렸다. 그렇게 내 감정을 해방시킨 뒤에는 다시 힘이 솟았다. 책을 읽고 나서 나는 마치 주디에게 동료 상담을 한 기분이었다. 독자들도 주디를 만나 울고 웃고 대화하고 힘을 얻기를 바란다. 주디는 온 삶을 통해 단지 시도하지 않았을 뿐 불가능한 것은 없다고, 우리가 함께한다면 분명 변화를 만들어낼 수 있을 거라고 말한다. 우리 함께 즐겁게 도전하자.

— 박찬오(서울장애인자립생활센터 소장)

주디스 휴먼 연보

1947   뉴욕 브루클린 출생.

1949   소아마비 발병.

1952   '화재 위험 요인'이라며 유치원, 유대교 학교 입학을 거부당함.

1953   뉴욕시 교육위원회에서 제공하는 가정교육을 받음.

1956   공립학교 내 장애 어린이 대상 특수교육 프로그램 '건강보호 21'에 입학.
         오크허스트 캠프 참여(이후 10년간 참여).

1961   십스헤드 베이 고등학교 입학.

1964   롱아일랜드대학교 입학. 학생회 활동. 교원 자격증 준비.

1969   롱아일랜드대학교 졸업.

1970   장애를 이유로 교사 면허를 불허한 뉴욕시 교육위원회를 상대로 소송 제
         기. 로이 루카스 등 변호사들의 도움과 미디어의 대대적인 보도에 힘입
         어 법정 밖에서 합의를 이루고 교사 면허 취득. 3년간 교사로 근무. 장애
         인들이 주체가 된 시민권 단체 '행동하는 장애인' 설립.

1972   '행동하는 장애인' 동료들과 리처드 닉슨 대통령의 재활법 개정안 서명
         거부에 항의하며 맨해튼 매디슨 애비뉴 차선 점거.

1973   에드 로버츠의 제안으로 캘리포니아대학교 버클리 캠퍼스의 공중 보건
         석사 과정에 진학. 버클리 자립생활센터 일에 합류.

1974   워싱턴의 해리슨 윌리엄스 상원 의원실 입법 보좌관으로 근무. 재활법
         504조, 이후 장애인교육법으로 발전할 장애아동교육법 관련 업무를 담

당함.

1975   미국장애인시민연합 공동 설립. 장애인이라는 이유로 비행기 탑승을 거
부당해 항공사를 상대로 소송 제기.

1976   버클리로 귀환하여 자립생활센터 부소장으로 일함. 미국장애인시민연합
과 함께 504조 시행 규정에 대한 의견 제시, 포드 행정부의 보건교육복지
부 장관에게 서명 요구.

1977   자립생활센터 부소장으로서 키티 콘을 리더로 하는 '504조 회생 위원회'
동료들과 재활법 504조 시행 규정에 서명하지 않는 카터 행정부의 보건
교육복지부 장관에게 항의하며 샌프란시스코 연방 정부 건물 점거. 100
명이 넘는 사람들이 24일간 농성을 지속하며 청문회, 언론 보도, 워싱턴
에 대표단 파견, 백악관 방문, 촛불 시위 등 다방면의 압력을 가한 끝에
보건교육복지부 장관 조지프 칼리파노가 504조 시행 규정에 서명함.

1980   에드 로버츠, 조앤 리언과 함께 세계장애인기구 설립. 미국장애인법 제
정 운동 전개.

1992   호르헤 피네다와 결혼.

1993   클린턴 행정부의 교육부 특수교육 및 재활 서비스국OSERS 차관보로 임명
되어 7년 반 동안 일함.

2002   세계은행 최초의 장애와 개발 자문위원을 맡아 4년간 장애 문제를 국제
사회의 주요 현안으로 다룸.

2007   워싱턴의 발달장애관리국과 재활서비스관리국의 책임자로 일함.

2010   오바마 행정부의 국무부 국제 장애인 인권에 관한 특별 보좌관으로 임명
되어 2017년까지 일함.

2017   포드재단의 선임 연구원으로 2년간 일함.

2020   자서전 출간. 주요 출연자로 참여한 넷플릭스 오리지널 다큐멘터리 〈크
립 캠프〉 공개.

찾아보기

장애 운동가 주디스 휴먼 자서전

나는, 휴먼

2022년 3월 18일 1판 1쇄
2022년 9월 30일 1판 2쇄

지은이 주디스 휴먼·크리스틴 조이너
옮긴이 김채원·문영민

편집 이진·이창연·홍보람 **디자인** 김효진
제작 박흥기 **마케팅** 이병규·양현범·이장열 **홍보** 조민희·강효원
인쇄 천일문화사 **제책** J&D바인텍

펴낸이 강맑실 **펴낸곳** (주)사계절출판사
등록 제406-2003-034호 **주소** (우)10881 경기도 파주시 회동길 252
전화 031)955-8588, 8558 **전송** 마케팅부 031)955-8595 편집부 031)955-8596
홈페이지 www.sakyejul.net **전자우편** skj@sakyejul.com
블로그 blog.naver.com/skjmail **페이스북** facebook.com/sakyejul
트위터 twitter.com/sakyejul

값은 뒤표지에 적혀 있습니다. 잘못 만든 책은 서점에서 바꾸어 드립니다.

사계절출판사는 성장의 의미를 생각합니다.
사계절출판사는 독자 여러분의 의견에 늘 귀기울이고 있습니다.

이 책은 저작권법에 따라 보호받는 저작물이므로 무단전재와 무단복제를 금합니다.

ISBN 979-11-6094-911-7 03300